청소년이해론

김선애 지음

신정

본 저서는 2023년도 나사렛대학교 교내연구비 지원으로 이루어졌음.

머리말

청소년을 이해하는 것은 쉬워 보이나 단순한 일은 아니다. 사람의 생애에 있어서 청소년기라는 특정 연령구간을 설정하여 그 안에 속해 있는 사람인 청소년을 고정되어 있는 모습으로 보고 이해하는 건 그리 어렵지 않다. 하지만 청소년기를 다른 발달단계에 비해 심리, 정서, 행동, 사회, 문화, 정치, 경제 등 다양한 측면에서 변화무쌍하고 예측 불가능한 유동성이 심한 시기로 본다면 청소년을 이해하는 일은 거의 불가능에 가깝다. 따라서 청소년을 이해한다고 할 때는 이 두 가지 지점을 잘 판단하고 분석하며 살피는 일이 필요하다. 청소년을 이해하기 위해서는 청소년을 지금 현재에서부터 미래의 무한한 가능성을 가진 존재로 보아야 하며, 청소년을 보는 성인의 시각에서부터 청소년 스스로가 갖는 주체적 인식까지 알아보고, 나아가 청소년이 발달단계 속에서 겪어나가는 여러 사회 부문과의 부딪힘과 조율 그리고 적응과 변화까지 고려해야 한다.

이 책은 청소년의 특성과 그 발달에 따른 개인의 심리와 사회 그리고 문화 등과의 관계와 그 안에서 일어나는 문제와 상황 등에 대한 종합적 서술이자 청소년의 실체에 대한 논의이다. 또한 청소년을 알고 이해하고 그들과 함께 하고자 하는 시도이기도 하다. 물론 인간의 발달단계 중 무척 변화가 많은 청소년기의 성격과 특징을 포괄적으로 다루는 데는 어려움이 있다. 그럼에도 불구하고 교육과 심리, 사회, 문화 등 다양한 학문과 실천 분야에서 언급되고 있는 청소년에 대한 논의의 기초적 구성으로 이 책의 의미를 두고자 한다.

청소년이해론은 다음의 목적을 갖는다.

하나는 아동과 청소년 관련 학문 분야에서 청소년을 종합적이고 포괄적으로 아는 데 도움이 될 수 있는 자료를 구조화해서 다양한 청소년분야(심리, 교육, 복지, 보호, 정신, 비행 등)에 기초적 도움이 되는 것에 있으며, 다른 하나는 청소년에 대한 단편적이고 서술적인 구성을 전개하는 과정에서 청소년기와 청소년에 대해서 고민하고 새로운 문제(issue)를 제기하는 실마리를 마련할 수 있도록 철학적 구조의 관점을 제시하는 데 있다. 즉, 청소년에 대해서 이해하는 수준을 넘어서 함께 고민하고 생각할 부분에 대한 작은 단서도 기술하려고 하였다. 앞으로 청소년과 관련한 학문과 실천현장에서 일하는 사람들 모두에게 긍정적인 논란을 보일 수 있으면 하는 바람이다.

이 책은 총 5부 14장으로 구성되었다. 제1부는 청소년의 이해, 제2부는 청소년 심리와 발달, 제3부는 청소년 환경과 문화, 제4부는 청소년 문제, 제5부는 청소년 권리와 복지이다. 제1부에서는 청소년의 개념, 청소년 특징과 사춘기를 다루고, 제2부에서는 청소년의 신체와 성, 심리 · 사회 · 정서발달, 인지와 도덕성 발달, 진로발달 등 청소년 심리와 발달에 관한 부분을 살펴본다. 제3부는 청소년을 둘러싼 환경과 문화로 성과 사랑, 가족, 학교, 문화를, 제4부는 청소년비행과 청소년 정신건강과 약물 중독 등의 청소년 문제에 대해 고민한다. 제5부에서는 청소년 권리와 복지에 대한 부분으로 청소년 인권과 참여, 청소년복지를 개괄적으로 다루고 있다.

이 책은 청소년에 관한 개론서의 성격을 갖는다. 아울러 청소년상담사 자격검정을 위한 교과목인 「청소년이해론」을 포괄하는 역할을 한다. 따라서 청소년과 관련한 학문을 연구하며, 청소년 상담과 교육, 활동 등 실천현장에서 청소년을 이해하고 탐색하는데 기초 교재로 활용될 것을 기대한다. 또한 더 나아가 청소년에 대한 깊이 있는 심리와 사회적 논의에 기초가 될 수 있을 것이다. 청소년과 관련한 다양한 학문 분야에서 청소년을 총체적으로 이해하는 내용의 책이 부족한 실정에서 이 책이 작은 보탬이 되기를 바란다.

비록 청소년을 전반적으로 이해하는 내용을 담고 있지만 때로는 청소년의 특정한 발달 성격과 실체 그리고 상황 등을 선택적으로 강조한 모습도 부인할 수 없다. 청소년에 대해 연구하고 고민하며 함께 가는 분들의 조언과 지도를 통해서 풍부하고 질적으로도 평가할 수 있는 균형 잡힌 글로 발전할 수 있기를 바란다. 또한 저자의 역량과 주의 부족으로 많은 학자들과 여러 글을 인용하는 과정에서 누락되거나 오역과 오해가 있다면 너른 양해와 함께 많은 관심과 편달을 바란다.

영유아와 아동, 청소년에 대한 열정으로 만나 가감 없이 그들의 청소년기를 보여주고 청년으로 성장하여 성인으로 우뚝 선 나사렛대학교 제자들과 그 모든 과정에 힘이 되는 동료 교수께 고마움을 전한다.

학문의 발전을 위해 새로운 정보와 지식을 공유하고 소통하고자 헌신하시는 도서출판 신정의 최용구 대표님과 이 책이 나오기까지 하나하나 정성 어린 손길로 함께 해주신 여러분께 감사를 드린다.

2024년 1월

저자 김선애

차 례

PART 01
청소년의 이해

CHAPTER 01

청소년 개념

1. 청소년의 개념

청소년은 발달단계 중 청소년기(adolescence)에 해당하는 사람을 말하며, 흔히 청소년기는 열정과 좌절, 고통과 불안, 두려움과 함께 환희와 설렘 그리고 대담함과 복잡하고 다양한 감정으로 가득 차 있는 시기라고 한다.

사람은 태어나서 살다 죽는다. 태어나고 살아가고 죽는 과정은 사람이라면 피할 수 없는 자연스러운 현상이다. 이러한 유한한 삶의 과정에서 관심을 가져야 할 부문은 '살아가는' 일이다.

그런데 '생명과 살아가는 일'은 매우 복잡한 현상으로 얽혀 있다. 우선 주어진 생명도 사람마다 다르다. 너무 일찍 죽거나 상대적으로 오래 사는 사람도 있다. 여기에 생명을 가진 동안 사는 일까지 생각하면 사람은 매우 다양한 모습과 형태를 보인다.

이처럼 삶은 사람에게 다르게 주어지지만, 사람은 타인과 사회를 형성하여 살아가기 때문에 인간 성장의 시간적 과정을 일반적으로 몇 단계의 발달단계로 구분한다.

영아(嬰兒), 유아(乳兒), 유아(幼兒), 아동(兒童), 청소년, 청년, 중년, 장년, 노년 등 사람의 생애주기에는 사람의 생명이 시작해서 끝나는 과정에 따라 시기별로 다양한 이름이 붙는다.

이를 단순화하면 태어나서 성인으로부터 보살핌을 받는 아동기와 보호자인 성인기로 구분할 수 있다. 청소년기는 이 두 시기 사이에 위치하며, 아동기가 갖는 여러 행동양식에서 벗어나 성인기를 준비하는 매우 중요한 생애 과도기이다(Kessler, Avenevoli & Merikangas, 2001). 생애에 있어서 청소년기는 매우 중요한 심리사회적 공간을 차지한다. 즉, 청소년기의 시작이라고 볼 수 있는 사춘기부터 생리와 심리 그리고 사회문화적으로 성숙한 성인이 되기까지의 기간으로, 아동기와 성인기 사이에 놓여 있는 다리에 비유할 수도 있다(Sprinthall & Collins, 1995).

변곡점이라는 용어가 있다. 수학의 기본 함수인 y=f(x)와 관련이 있다. 국어사전에는 '굴곡의 방향이 바뀌는 자리를 나타내는 곡선 위의 점'이라고 나와 있다. 아래로 오목한 모양에서 위로 볼록한 모양으로 향하는 또는 바뀌는 중간지점의 점을 말한다. 전환점(turning point)과 같은 말이라고 볼 수 있다. 즉 변화의 전환점이라고 할 수 있다.

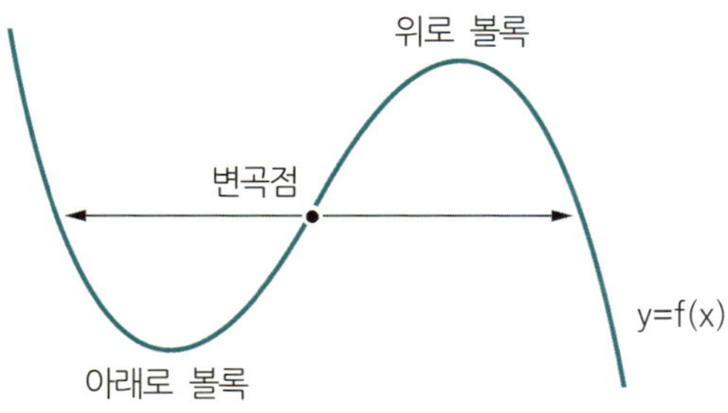

그림 1-1 **변곡점**

인생을 사계절에 비유한다면 어느 순간 봄에서 여름이 되고 또 단풍이 물들어서 낙엽이 지고, 앙상한 가지만 남는 겨울이 오는 것과 같다. 그렇지만 어느 시점에 봄에서 여름으로 바뀌고 또 가을, 겨울이 되는지는 세심하게 살피지 않으면 잘 모른다. 어떻게 보면 물 흐르듯이 자연스러운 현상이다. 이처럼 계절에서 계절로 넘어가는 찰나를 변곡점이라고 할 수 있다. 나무라는 자연현상은 그대로지만 그 주변을 둘러싼 환경의 변화에 따라서 나무의 모양과 형태가 바뀐다. 이처럼 변곡점은 사람에게 있어서도 사람의 생명체가 달라지는 것이 아니라 사람의 속성과 성격 등이 바뀌는 지점이라고 볼 수 있다. 이런 의미에서도 청소년기는 생의 매우 중요한 변곡점이다.

우리는 살아가면서 입학, 졸업, 취업, 결혼 등 여러 가지 개인과 사회적 사건을 통해서 예상했든 그렇지 않든 많은 변곡점을 맞는다. 이 중에서도 특히 한 개인의 생애 전반에 걸친 성장과 발달 속에서 생리 · 신체 · 심리 · 정서가 바뀌는 결정적인 변곡점이 바로 청소년기라고 볼 수 있다.

아이는 청소년기에 들어서면서 아이와 성인의 모습을 함께 갖고, 개인의 성향이나 가정, 또래집단, 사회와의 상호작용(function)을 통해서 새로운 어른의 모습으로 전환하기 시작한다. 이렇듯 변곡점은 다른 말로 청소년이 아이와 어른의 두 가지 모습의 공존과 경계에서 어른으로 탈바꿈하는 생애전환기(point of inflection)라고 할 수 있다.

청소년기라는 변곡점을 그리 예민하지 않게 지내는 청소년이 있는가 하면 아주 민감하게 반응해서 고통스럽고 괴로워하는 청소년도 있다. 어떤 청소년은 변곡점을 잘 활용해서 뛰어난 상상력과 자신만의 세계를 구축해 나가기도 한다.

이처럼 청소년은 아동과 같이 가정과 사회로부터 보호를 받아야 되는 시기인 동시에 보호자의 역할을 하는 성인이 될 준비를 갖추는 생애 변곡점, 즉 결정적 전환기이다. 이러한 양면적 상황과 특성으로 인해 청소년을 경계인 또는 주변인이라 부르며, 청소년기를 제2의 인생의 탄생 또는 출발기로 부르기도 한다.

청소년(adolescent, youth)이라는 용어는 라틴어 adolescere에서 비롯되었다. 이 말은 '자라다', '성장하다'라는 뜻이다.

• **youth**

어원의 의미는 '젊음'이며 신체적으로나 정신적으로 힘이 넘치는 시기에 있는 사람을 지칭하며, 아동기와 성인기 사이의 시기를 생애 독특한 발달단계로 이해하여 이 시기 청소년(청년)의 자율성과 책임성, 사회적 권리와 참여 등을 강조하는 사회적 관점의 용어

• **adolescent**

라틴어의 adolescere(성장하다)에서 유래한 용어로 신체적으로 급격히 성장하고 자아에 대한 개념이 성숙하는 아동기에서 성인기로 이행하는 발달단계를 지칭하는 발달적 관점의 용어

그런데 인간의 삶을 생애주기로 분류한 것은 그리 오래되지 않았으며, 특히 청소년기는 근대사회 이후 산업혁명으로 인한 노동력을 새롭게 조명하면서 등장하기 시작했다. 이러한 청소년 또는 청소년기는 오래 전부터 사회에서 그리 긍정적인 평가를 받지는 못하는 듯하다. 기원전 함무라비법전에도 기록되었다는 "요즈음 젊은이들은 버릇이 없어서…"라는 말은 지금과는 다른 개념일 수는 있으나 청소년에 대한 부정적이면서 우려 섞인 목소리를 나타내고 있다. 다른 의미에서 보면 예전이나 지금이나 청소년은 청소년이고 어른은 늘 어른인 것 같다. 그리고 앞으로도 청소년이 버릇없다는 평가는 이어질 것이라고 예상된다. 왜냐하면 세상은 일반적으로 성인이 사회의 주된 세력이며 그렇기에 성인의 시각이 더 보편성을 가진다고 보는 경향이 있기 때문이다.

사회에서 청소년에 대한 다소 염려스럽고 부정적인 시각이 없어지거나 약해

진 것은 아니겠지만 산업혁명 이후 사람의 생애, 특히 청소년에 대한 새로운 인식이 생겼다. 그 배경에는 산업혁명부터 촉발된 급격한 산업화의 발전이 있다. 산업혁명은 근대와 현대사회에 혁명적인 발전을 일으킨 역사적 사건이다. 100년 가까이 걸쳐서 영국을 시발점으로 진행된 산업화는 제조업을 활성화 시켰고 그 이전에는 보지 못했던 생산기술의 변화와 기계화를 이루어내고 이에 따라 노동집약적인 산업을 육성했다. 또한 이에 따른 사회조직도 큰 변화가 일어났고 산업혁명은 결국 우리가 오늘날 살고 있는 자본주의 경제의 확립을 가져왔다.

이처럼 산업화가 빠르게 진행됨에 따라서 높은 수준의 기술력을 필요로 하거나 혹은 기계화된 산업현장에 맞는 숙련된 노동자를 요구하게 되었다. 산업현장에서 기술력이 요구되는 일을 하기 위해서 일정한 기간의 교육과 훈련이 필요해졌고, 따라서 신체와 정신적으로 학습능력이 높은 아동에 대한 교육과 훈련에 초점이 맞추어졌다. 변화된 노동환경에 적합한 인력으로 만들어 자본중심의 사회성원으로 적응하게 하고 사회 생산성을 높이는 데 힘을 쏟아야 했다. 즉, 지속적으로 발전을 거듭하는 상황에서 새로운 기술을 습득하는 한편, 규격화된 제품과 상품을 만들기 위해서 공통의 매뉴얼을 함께 이해하고 공유해야 하는 형편에 이르게 된 것이다. 이에 따라서 아동들에게 이전과는 다른 제도적이고 조직적인 교육이 필요했고 이들을 예비노동자로서 이해하게 되었다. 다른 한편으로는 자본주의가 가속화되면서 아동기를 벗어나면 혼례를 치르던 관습이 현실적으로 힘들어지고 혼인 연령이 점차 높아졌다. 또한 영양수준이 향상되면서 10대 아동들의 신체 및 정신적 성숙이 두드러지게 빨라지는 현상을 보였다.

이러한 배경을 통해서 자연스럽게 아동과 성인의 중간 연령 시기를 청소년기로 구분하기 시작했다고 볼 수 있다.

청소년기를 갈등과 역동의 시기로 구분한 것은 1904년 미국의 심리학자인 스탠리 홀(G. S. Hall)부터이다. 그는 진화론, 즉 적응적 가치에 따른 변형에 영향을 받아서 인간이 생활하는 환경과 행동을 연구하고, 그런 맥락에서 아동도 아니고 성인도 아닌 어디에도 속하지 못하는 애매한 시기인 청소년기에 주목했다. 홀은 아동기와 성인기의 중간단계를 청소년기(Adolescence)라고 이름 붙이고 이 시기야말로 원시인에서 현대인으로 진화하기 위한 관문이라 강조했다. 원시사회에서 문명사회로 인류가 발달되었듯이, 개인의 발달도 원시적인 유아기에서 청소년기를 거쳐 성인기로 발달한다는 재현이론을 주장하였다. 홀은 청소년기가 문명세계에 놓인 원시인의 모습과 비슷하다고 보았다. 당연히 원시인이 현대문명을 보면 두려워하고 놀랄 것이고, 또한 문명인들이 원시인을 보면 야만적이라고 생각할지도 모른다. 홀은 청소년이 이와 같다고 생각했다. 그래서 청소년기를 '질풍노도(Sturm und Drang)의 시기'라고 이름 붙였다(Hall, 1904). 질풍노도의 시기에 있는 청소년은 활력 대 지루함, 명랑함 대 우울함, 허풍 대 비하, 민감함 대 무감각함, 연약함 대 야만성 등을 오가는 정서혼란, 불안정과 불균형의 격변기를 거친다. 스탠리 홀은 청소년기를 인간발달단계 중 한 단계로 체계화하며 청년심리학의 아버지라 불리게 되었다.

표 1-1 홀의 재현이론

발달단계	발달적 특징
유아기 (0–4세)	기어다니는 유아의 특성은 동물적이고 원시적인 발달을 재현
아동기 (5–8세)	아동의 술래잡기, 장난감 총 놀이는 과거 동굴생활과 고기잡이와 사냥의 수렵활동을 재현
전청소년기 (9–14세)	읽기, 쓰기, 셈하기 등을 익히기 위해 연습과 훈련을 통해 기술을 획득하는 것은 원시시대의 단조로운 삶 재현
청소년기 (15–25세)	다양하고 급격한 변화가 출현하며 안정적이지 못한 삶은 인류가 야만적인 생활에서 문명 시대로 접어드는 것을 재현

청소년기를 갈등과 정서적 혼란으로 가득한 격변기로 보는 홀의 견해와 마찬가지로 안나 프로이트(Anna Freud)도 생식기에 출현하는 성적 충동이 청소년의 심리적 갈등과 변덕스러운 행동을 유발하여 발달적 혼란을 가져온다고 보았다.

청소년의 특징을 생물학적인 관점으로 설명하며 모든 인류에 청소년의 갈등과 반항적 현상이 보편적으로 나타난다고 보는 홀의 견해는 마가렛 미드(Margaret Mead, 1928)의 사모아 섬의 청소년들에 대한 관찰에 의해 부정되었다. 마가렛 미드는 청소년의 기본 성질은 생물학적인 특징이 아니라 사회문화적 특징을 갖는다고 주장하였다. 느긋한 사회적 관계와 성에 대한 개방적인 문화로 인해 사모아 섬의 청소년들은 조용하고 스트레스 경험이 없는 청소년기를 보낸다는 점에 주목하며 미드는 사회적 환경의 중요성을 강조하였다. 이후 연구자들에 의해 사모아 섬의 청소년기가 아무 문제가 없는 시기가 아닌 것이 발견되었으나 미드의 연구는 청소년기에 미치는 사회적 문화적 영향에 관심을 기울여야 한다는 것을 보여주었다.

벤두라(Bandura, 1964)는 청소년들이 반드시 질풍노도의 시기를 겪는 것은 아니며 그럴 필요도 없다고 하였다. 청소년기를 질풍노도의 시기로 보는 것은 성인들이 청소년이 보이는 반항적인 행동에 지나치게 관심을 가지고 과장하는 것뿐이라고 주장하며 이 시기를 평온하게 보내는 청소년들이 많음을 근거로 제시하였다. 청소년기에 발생하는 부모 자녀간의 갈등은 이미 자녀가 사춘기에 진입하기 이전 시기부터 부모 자녀 관계의 상호작용에 문제가 누적되어 있었던 경우가 많다. 우리 사회에는 청소년을 문제의 시각으로 바라보는 고정관념이 존재한다. 성인들과 대중매체의 청소년들에 대한 부정적인 고정관념은 자기이행적 예언으로 작용하기도 하여 청소년 스스로 자신의 행동을 부정적인 고정관념에 맞추는 현상이 나타나기도 한다.

오늘날에는 생물학적인 특징과 사회문화적인 특징이 결합하여 청소년 발달에 영향을 미친다는 절충적 관점이 청소년기를 이해하는 데 사용된다. 생물학적 변화는 인류 모든 종족과 문화에서 보편적으로 나타나지만, 청소년기를 지나고 있는 청소년들에게 쏟아지는 요구와 압력은 사회나 문화마다 크게 다르다.

에릭슨(Erikson)은 청소년기를 질풍노도의 시기만도 아니고 동조와 조용함의 시기만도 아닌, 자신의 정체성 확립을 위한 시기로 보았다. 청소년기에 진정한 자기 자신을 찾아가는 노력은 어떤 때에는 반항으로 어떤 때에는 동조의 모습으로 다양하게 나타날 뿐이다. 에릭슨의 자아정체감 개념은 청소년기를 생물학적인 특징으로, 또는 사회문화적인 특징으로 바라보는 대립되는 견해의 해소를 가져온다.

2. 청소년연령 규정

청소년기에 연령은 민감한 사안일 수 있다. 연령에 따라서 청소년의 지위가 결정되어 사회적 처우가 달라질 수 있기 때문이다. 기본적으로 법에 규정된 연령은 청소년에게 가정과 학교 그리고 사회로부터 지원받아야 할 내용과 함께 해야 할 일 그리고 하면 안 되는 일 등을 나타내고 있다.

청소년은 전통적으로 흔히 중고등학교 재학 연령인 13-18세에 해당하는 사람을 말하고 있다. 초등학교 연령은 어린이로 그리고 대학교 재학 이상의 연령은 성인으로 인식하고 있는 경향이 있다. 사실 영어권에서도 청소년을 'teenager', 'young adult'로 부른다. 즉 10대를 청소년으로 이해한다. 그러나 청소년의 법적 연령은 사회통념적인 연령과는 달리 관련 법률에 따라 다소의 차이를 보임을 알 수 있다.

우리나라에서 청소년연령은 기본적으로 '청소년기본법'에 따른다. 청소년기본법에 따르면 청소년이라 함은 9세부터 24세까지를 말한다. 다만 '청소년기본법'에는 만일 다른 법률에서 청소년에 대한 적용을 달리할 필요가 있는 경우에는 청소년연령을 따로 규정할 수 있도록 하고 있다(청소년기본법 제3조 정의).

국내 각 관련 법률에 나타난 청소년에 대한 연령 규정과 다른 나라의 청소년연령은 다음과 같다.

1) 국내의 청소년연령

청소년연령 규정에서 주목할 점은 아동복지법에서는 아동을 18세 미만으로 규정하고 있어 청소년기본법에 규정된 청소년 중 9세부터 18세까지는 법에 의해서 아동 또는 청소년으로 불릴 수 있다는 것이다.

또한 청소년연령 규정에 대해서 사회적 쟁점이 되는 법이 소년법이다. 소년법은 반사회적 환경에 놓여 있는 소년(청소년)을 처벌보다는 교정하는 것을 목적으로 한 법률이다. 소년법은 법을 통해서 성인처럼 형사처분을 하기보다는 해당 소년이 처한 환경을 조정하고 행동을 교정하기 위해 보호처분을 주 내용으로 한다. 그래서 소년법 제1조(목적)에는 "반사회성(反社會性)이 있는 소년의 환경 조정과 품행 교정(矯正)을 위한 보호처분 등의 필요한 조치를 하고, 형사처분에 관한 특별조치를 함으로써 소년이 건전하게 성장하도록 돕는 것을 목적으로 한다."고 나타내고 있다.

이 중 형사처분에 관한 특별조치는 간혹 심각한 청소년 범죄가 발생할 때 논란이 되고 있다. 소년법(제4조 제1항 제2호)에 따르면 범죄를 저지른 10세 이상 14세 미만 청소년, 즉 촉법소년은 형사처벌 대신 보호처분을 받도록 되어 있다. 살인 등 중한 범죄를 저질러도 보호처분을 받기 때문에 법의 악용 문제가 끊임없이 제기되고 아울러 10세 미만은 처분 대상조차 되지 않는다는 점에서 논란이 끊이지 않는다. 이런 논란이 제기되는 이유는 소년법의 목적이 유엔아동권리협약에 근거하여 징벌보다는 예방적 법률의 성격을 지닌다는 것과 시대 변화에 소년의 연령 범위가 새롭게 설정되어야 하는 등의 다양한 시각이 있기 때문이다.

표 1-2 우리나라의 청소년 연령기준

관련법	명칭	연령 범위
청소년기본법	청소년	9세 이상 24세 미만
청소년활동진흥법		
청소년복지지원법		
청소년보호법	청소년	19세 미만(단, 19세에 도달하는 연도의 1월 1일을 맞이한 자는 제외)
아동·청소년의 성 보호에 관한 법률	아동·청소년	19세 미만(단, 19세에 도달하는 연도의 1월 1일을 맞이한 자는 제외)
아동복지법	아동	18세 미만
소년법	소년	19세 미만
형법	형사미성년자	14세 미만
민법	미성년자	19세 미만
근로기준법	연소자	15세 미만인 자(초·중등교육법에 따른 중학교에 재학 중인 18세 미만인 자를 포함)
게임산업진흥법	청소년	만 18세 미만 또는 고등학교 재학 중인 학생 포함
공연법	연소자	만 18세 미만 또는 고등학교 재학 중인 학생 포함
한부모가족지원법	아동 청소년/한부모	18세 미만/24세 이하의 부 또는 모

출처: 노혁(2020). 청소년복지의 이해에서 수정 보완

한편, 근로기준법에도 청소년에 대해서는 별도의 규정을 두고 있다. 법 제66

조(연소자증명서)에는 “사용자는 18세 미만인 사람에 대하여는 그 연령을 증명하는 가족관계기록사항에 관한 증명서와 친권자 또는 후견인의 동의서를 사업장에 갖추어 두어야 한다.”고 명시하고 또한 제69조(근로시간)에는 “15세 이상 18세 미만인 사람의 근로시간은 1일에 7시간, 1주에 35시간을 초과하지 못한다. 다만, 당사자 사이의 합의에 따라 1일에 1시간, 1주에 5시간을 한도로 연장할 수 있다.”고 규정하고 있다. 그리고 제70조(야간근로와 휴일근로의 제한)에서는 18세 미만인 청소년의 동의가 없이는 사용자는 18세 이상의 여성을 오후 10시부터 오전 6시까지의 시간 및 휴일에 근로시키지 못하고, 아울러 18세 미만 청소년을 오후 10시부터 오전 6시까지의 시간 및 휴일에 근로시키지 못하는 것으로 정하고 있다.

2) 외국의 청소년연령

국제적으로 청소년은 청년을 포함하는 개념으로 youth를 많이 사용하고 주로 10대 중반에서 20대 중반까지 연령을 지칭한다.

유엔아동권리협약에서는 아동을 18세 미만으로 규정하고 국제노동기구(ILO)와 세계보건기구(WHO)에서는 15세부터 24세를 청소년(youth)으로 규정한다.

다른 나라도 우리와 거의 비슷한 연령대로 청소년을 구분하고 있다. 하지만 나라마다 청소년의 명칭과 연령 범위는 조금씩 다르다. 그리고 우리처럼 법률적 필요에 따라서 규정하고 있는 나라도 적지 않다.

예를 들면 일본은 법에 따라서 미성년자(未成年者), 소년(少年), 아동(兒童), 연소자(年少者) 등으로 구분하여 사용하고 있다. 우리와 비슷하게 소년법에서는 미성년자로 20세 미만, 형법에서는 형사미성년자를 14세 미만으로, 그리고 아동복지법에서는 18세 미만을 아동으로 규정하고 있다.

미국은 청소년을 연방 청소년정책 조정에 관한 법률 2009(Federal Youth Coordination Act of 2009)에 따라 24세 이하로 규정하고 있지만 법령별로 다른 기준을 갖고 있다(김정숙 · 김기헌 · 황세영, 2015). 가출청소년법(Runaway and Homeless Youth Act)에서는 청소년을 21세 이하로, 인력투자법(The Workforce Investment Act)은 14세 이상 21세 이하를 청소년으로 지칭하고 있다.

호주의 경우에는 아동 · 청소년법(Children and Young Persons-Care and Protection-Act)에 따르면, 특수한 경우를 제외하고 일반적으로 아동(child)은 16세 이하 어린이, 청소년(young person)은 16세 이상에서 18세 미만을 의미한다. 그리고 18세 이상은 성인으로 간주한다(청소년정책분석평가센터, 2015). 단, 청소년의 범위가 반드시 청소년에 관한 법적 정의(18세 미만)에 한정되는 것은 아니며, 실제로는 보다 넓게 24세까지 지원 대상에 포함시키는 경우가 다수이다.

러시아 청소년청에서는 법적 정의는 아니지만 청소년을 15세에서 29세로 규정하고 있다. 투표권은 18세에 부여되며 피선거권을 갖는 연령은 21세, 법적 성년 나이는 18세이며 범죄 처벌 연령은 14세이다(김정숙 · 김기헌 · 황세영, 2015).

독일은 가족 · 노인 · 여성 · 청소년부(Bundesministerium für Familie, Senioren, Frauenund Jugend)와 독일연방청소년협의회(Deutscher Bundesjugendring)가 규정한 청소년연령은 12부터 26세이다. 그리고 청소년보호법에서는 14세 미만 연령을 아동(Kind)으로, 14세 이상 18세 미만 연령을 청소년(Jugendliche)으로 규정하고 있다.

표 1-3 외국의 청소년연령범위

<table>
<tr><th>국가</th><th>명칭</th><th>연령범위</th><th>근거</th></tr>
<tr><td rowspan="3">미국</td><td>아동</td><td>13세 미만</td><td>아동온라인보호법</td></tr>
<tr><td>청소년</td><td>14세 이상 21세 이하</td><td>인력투자법</td></tr>
<tr><td>청소년</td><td>21세 이하</td><td>가출청소년법</td></tr>
<tr><td>중국</td><td>청소년</td><td>14세 이상 28세 이하</td><td>공청단</td></tr>
<tr><td>러시아</td><td>청소년</td><td>15세 이상 29세 이하</td><td>러시아연방교육과학부 청소년청</td></tr>
<tr><td rowspan="2">독일</td><td rowspan="2">청소년</td><td>14세 이상 18세 미만</td><td>청소년보호법</td></tr>
<tr><td>18세 이상 21세 미만</td><td>아동청소년지원법</td></tr>
<tr><td rowspan="2">프랑스</td><td rowspan="2">청소년</td><td>3세 이상 30세 이하</td><td>체육·청소년·대중교육·지역사회부</td></tr>
<tr><td>26세 미만</td><td>기회균등법</td></tr>
<tr><td>호주</td><td>청소년</td><td>16세 이상 18세 미만</td><td>아동청소년법</td></tr>
<tr><td rowspan="5">일본</td><td>아동</td><td>18세 미만</td><td>아동학대방지 등에 관한 법률</td></tr>
<tr><td>청소년</td><td>18세 미만</td><td>청소년의 안전하고 안심할 수 있는 인터넷 이용환경정비 등에 관한 법률</td></tr>
<tr><td>연소자</td><td>15세 이상 18세 미만</td><td>노동기준법</td></tr>
<tr><td>미성년자</td><td>20세 미만</td><td>민법</td></tr>
<tr><td>젊은이</td><td>규정 없음(30대 포함)</td><td>자녀 젊은이육성지원추진법</td></tr>
<tr><td>스페인</td><td>청년</td><td>16세 이상 25세 이하</td><td>청년일자리와 고용안정촉진 및 실업자지원 제도 기간 만료 시 재취직교육훈련을 위한 프로그램의 유지에 관한 국왕령</td></tr>
</table>

출처: 김정숙, 김기헌, 황세영(2015), 청소년정책분석평가센터(2015), 한국청소년정책연구원(2016) 등 자료에서 재편집

CHAPTER 02

청소년 특징과 사춘기

1. 청소년의 특징

청소년기는 급격한 신체 변화가 생기며 이로 인해 심리정서적으로는 적지 않은 당혹감과 혼란과 함께 미래에 대한 희망이 교차하는 시기이다. 급격한 신체변화로 시작해서 심리정서 그리고 사회적으로 성숙한 상태를 향해가는 과정의 시기인 청소년은 아동과 성인 어디에도 속하지 않으면서도 아직 성인이 아닌 사람으로 여전히 아동과 비슷하게 사회환경의 제약이 이어짐에 따라 많은 고통과 갈등 그리고 어려움을 겪는다.

청소년기는 개인에 따라서 다양성과 복잡한 삶을 가진 생애 주요한 시기임에도 불구하고, 우리는 청소년에 대해 많은 선입견과 편견을 갖고 있기도 하다. 청소년은 열정적이며 창의적이라는 긍정적 평가와 함께 고집스럽고, 반항적이며, 무책임하고 반사회적이며 비밀스럽고, 게으르고, 지저분하다는 등 부정적 평가가 늘 교차한다. 또한 청소년은 통제하기 힘들며 그렇기 때문에 항상 일정한 사회적 자극이 필요하다고도 한다. 셰익스피어는 〈로미오와 줄리엣(Rome and Juliet)〉에서 청소년을 "자기 파괴적이고, 충동적이며, 무책임하고 열정적인 존재'라고 말하고 있다. 이와 같이 청소년에 대한 사회적 선입견은 오래도록 이어진 듯하다. 이러한 청소년에 대한 전형적인 인식은 모든 청소년이 공통의 성격을 공유하고 있다는 사실을 은연중에 내포하고 있다(Krueger, 1996).

청소년에 대한 부정적인 사회적 인식은 모든 청소년을 비슷한 범주의 상황으로 몰아가는 경향이 있다. 이것은 청소년기에 갖는 독특한 각자의 개성을 무시하는 결과를 나타내게 된다. 그러면서도 성인과 사회는 청소년들에게 개별적이면서도 창의적인 생각과 태도 그리고 행동을 추구하라고 말한다.

대부분의 청소년들은 부모와 가족 그리고 친지와 동료들과 다채로운 관계 속에서 성장하고 있다. 물론 많은 청소년들이 기성세대의 권위에 도전하고 더 많은 자유를 원하기도 한다. 이것은 결코 반항적인 것도 또한 자신들만의 세상을 구축하려 하는 것도 아니다. 다만 생리와 신체 그리고 어쩌면 정신적으로도 가장 젊은 시기에 갖는 생애주기에 따른 특권이며 그들도 아이와 어른과 똑같이 하나의 개체로서 청소년기를 경험하면서 지나는 것이라고 본다.

이와 같은 청소년기의 특징을 신체와 심리, 사회적 특성으로 구분하여 살펴보면 다음과 같다.

1) 신체적 특징

(1) 신장과 체중의 증가

청소년기는 신장과 체중이 급속히 변화한다. 일반적으로 성장에 있어 남녀가 약간의 차이를 보인다. 여성은 남성보다 약 2-3년 정도 앞서 신체적 성숙을 하는데, 그만큼 발달도 일찍 정지된다. 특히 여성은 이 시기에 체지방이 증가하여 '둥근' 외모를 갖게 되고 신장이 급격히 커지고 몸무게와 체형의 증가가 이루어지는 종적 다음에 횡적인 확장이 온다. 반면 남성은 지방질 감소로 보다 '모가 난' 외모를 지니게 된다. 체형도 남성은 남성호르몬인 안드로겐의 분비 증가로 어깨뼈가 커지고 엉덩이에 비해 어깨가 넓어지며 몸통에 비해 다리가 길어져 각선이 직선적이고 허리가 넓으며 어깨의 폭이 넓은 것이 특징이다. 여성은 각선이 완곡하고 허리가 가늘고 어깨의 폭이 좁으며 몸통에 비해 다리가 짧아진다.

(2) 성적인 성숙

성적인 변화는 청소년기에 있어 가장 커다란 변화이다. 사춘기 직전부터 성선 자극 호르몬은 여성의 난소에 작용하여 에스트로겐(estrogen) 분비를 증가시키며, 남성의 고환에 작용하여 안드로겐(androgen) 분비를 증가시킴으로써 이차성징을 발현시킨다. 남성은 12, 13세경, 여성은 10, 11세경 이러한 현상이 나타나 여성성과 남성성을 높여준다. 남성의 생식샘인 고환은 11세에서 15세경부터 성숙을 시작하며 15세에서 19세 이후에야 완전히 성숙된 정자와 남성호르몬을 분비한다. 여성의 경우에는 초경(menarche), 유방의 융기, 음모의 발생이 이차성징으로 나타나는데 난소호르몬인 에스트로겐의 작용에 의한 것이다. 근래 영양상태가 좋아짐에 따라 여성의 초경이 점차 빨라지는 경향이 있다.

(3) 신체 내부의 변화

청소년기에는 신체 외부뿐만 아니라 내부에서도 변화가 일어난다. 청소년의 성장하는 신체를 유지하기 위하여 소화기관, 심장 및 폐의 크기가 증가한다.

이에 따라 효율적으로 소화와 호흡, 그리고 순환이 이루어지며 신진대사가 원활해진다. 남성들은 여성들보다 심장과 허파가 크고, 혈액의 양도 많으며 혈압도 더 높은 차이를 나타낸다(김소야자, 2004).

2) 심리정서적 특징

청소년기는 풍부한 정서적 발달이 일어나는 시기이다. 감성이 풍부해지며, 자주성이 강해진다. 또한 성충동의 급격한 증가로 인한 정서적 혼동을 경험한다. 청소년기는 질풍노도기라고 표현할 정도로 자기도취, 우울, 열등감, 수치심, 불안 등 부정적 정서가 휘몰아치는 시기이다. 이러한 부정적 정서는 크게 두 가지로 볼 수 있는데, 하나는 급격히 하루하루 변하는 신체적 발달에 대한 서툰 적응이고, 다른 하나는 가족이라는 테두리에서 벗어나 사회로의 발을 내딛음으로 인해 겪게 되는 긴장과 갈등을 들 수 있다. 또한 청소년기는 지적 발달을 통해 추상적 개념을 이해하고 논리적인 사고를 한다. 이에 따라 철학적 문제나 인생에 대한 진지한 고민이 시작되는 시기라 할 수 있다. 자아의식을 갖고 자신을 발견하며 자아정체감을 확립하면서 성숙으로 나아가고자 하는 시기이기도 하다.

3) 사회적 특징

인간의 성장은 가정, 특히 어머니로부터 심리적 · 정서적인 보호에서 벗어나 자신 스스로 서게 되는 과정이라고 해도 지나친 말이 아니다. 청소년기는 자아정체감을 확립하면서 가정으로부터의 의존에서 벗어나 독립하려는 시기이다. 이때 아동기에 거의 무비판적으로 수용했던 부모와 가정의 가치관을 인지

발달로 인해 논리적으로 분석하고 평가함으로써 부모와의 적지 않은 갈등에 휩싸이게 된다. 특히 가정의 보호와 가정으로부터의 독립의 경계선상에서 고민하며 성장하는 청소년에게 가정과의 괴리는 일정 부분 불가피하다. 문제는 얼마나 적절히 신체 · 정서적으로 점진적 독립을 획득하느냐에 있다.

또래집단은 청소년에게 소속감을 갖게 하고 새로운 규범과 행동기준에 준거가 된다(노혁, 2020). 또래집단과의 직접적인 상호작용과 관찰은 사회화 과정의 기초가 되며, 청소년기가 되면서 또래집단의 지지와 이해는 점점 더 중요해진다.

이를 종합하면 다음과 같다. 첫째, 신체 · 생리적 변화와 관련해서 청소년들은 일반적으로 여자는 10세 전후, 남자는 12세를 전후해 급격한 성장을 하다가 3년에서 4년 후에는 성장 속도가 둔화하기 시작한다. 이와 함께 성호르몬의 발달 및 이차성징의 발달이 이루어진다. 둘째, 인지적 발달과 관련해서는 청소년기를 지나면서 연역적 또는 가설적 사고가 가능하고 형식적 사고를 할 수 있게 된다. 셋째, 정서적 특성과 관련하여 청소년은 신체 변화로 인한 성적 변화가 급격히 일어남에 따라 심리와 정서적으로 매우 변화폭이 커지고 예측하기 어려워지기도 한다. 넷째, 사회적 특성과 관련하여 청소년은 부모, 학교, 사회로부터 보호 또는 의존성에서 벗어나 독립적인 사회적 관계를 구축하고 사회적 기술이 보다 정교해지며 또래집단에 대한 관심이 높아진다.

2. 사춘기와 청소년기

사춘기(puberty)는 이차성징이 나타나며 생식기능이 완성되기 시작하는 시기라는 사전적 의미를 갖는다. 사춘기는 평균적으로 11세에서 13세부터 시작되나 유전적 요인에 의해 그 시기나 속도는 남성과 여성 그리고 사람마다 매우 다양할 수 있다.

사춘기의 가장 큰 특징은 생리와 신체적인 변화와 그에 따른 심리와 정서의 변화라고 볼 수 있다. 사춘기가 되면 신체의 성장에 따라 성호르몬의 분비가 증가하고 이차성징이 나타나 성인의 몸으로 바뀌게 되며 생식기능이 완성된다. 즉 이 기간을 통해 아이는 새로운 생명을 창조하는 힘을 가진 성인이 되어간다. 단순히 생리적이고 신체적인 변화만으로 아이에서 성인으로의 전환이 완성되는 것이 아니다. 성인이 되기 위해서는 심리적으로도 사회적으로도 여러 면에서의 성숙의 과정이 필요하다. 신체적인 변화와 심리적 성숙이 이루어지는 그 기간을 사춘기라 한다.

아이와 성인 사이 발달과정의 경계를 청소년이라 부른다. 청소년기는 생리현상이 나타나기 시작하는 사춘기로부터 출발한다. 사춘기는 청소년기의 시작일 뿐만 아니라 생애에 있어서 자신을 만들어 나가는 결정적 시기이다.

어느 사회를 막론하고 청소년기를 표현하는 용어들은 그리 긍정적이지 않다. 자격지심, 근거 없는 우월감, 자신도 모르는 반항심, 특히 중2병이라는 말로 청소년이 갖는 불확실성과 좌충우돌의 감정까지 고려하면 지금도 청소년기는 성인 입장에서는 똑같이 청소년기를 겪어왔지만 여전히 이해하기 쉽지 않고, 난감하고 때로는 종잡을 수 없는 세계인지도 모른다.

사춘기는 호르몬의 급격한 변화, 남성은 테스토스테론이 분비되고 여성은 에스트로겐이 분비되어 남성성과 여성성이 더 분명해지는 시기이다. 이런 생리적 변화를 신체적으로 감당해야 하고 이와 함께 마음의 성숙도 뒤따라야 하기 때문에 때로는 매우 혼란스럽다. 더욱이 오늘날 사회는 청소년이 갖는 성적 성숙, 즉 성적인 욕구와 표현을 충분히 수용하기 어려운 구조이기에 더욱 사회적 표현과의 괴리가 클 수밖에 없다.

1) 사춘기의 성

사춘기는 영어로 'puberty'라고 하며 '성장한다', '발모(發毛)하다', '꽃피우다', '어른의 시대'라는 라틴어 'pubertas'에서 유래되었다. 또한 사춘기는 한자로 思春期(사춘기)로 '봄을 생각하는 시기', '생각이 봄처럼 시작되는 시기'를 의미하며, 春(춘)에는 봄, 젊은 때, 남녀의 연정이라는 뜻이 있어 春精(춘정)과 같이 이성에 대한 욕구와 관련된 용어에 사용된다. 춘정은 사전적 의미로는 남녀 사이에 성적으로 끌리는 마음을 의미한다. 이처럼 사춘기는 성적인 성숙이 이루어지는 시기를 말한다.

한편, 성(sex)은 한자로 성품 性(성)을 쓰는데, 마음 心(심)과 날 生(생)이 합쳐진 것으로 사람이 날(生) 때부터 타고난 마음(心)을 性(성)이라 한다. 또한 날 생(生)은 싹이 흙 위로 돋아나오는 동작이나 살아가는 모습을 표현한 것으로 마음이 살아 움직이는 것, 마음(心)이 우러나오는(生) 것을 성이라고 할 수 있다. 사람의 성질과 됨됨이는 마음이 우러나는 성품이므로 태어나면서부터 결정되는 성별과도 같아 성(sex)을 표현하는 한자는 성품, 바탕, 성질, 됨됨이, 목숨, 성별의 뜻을 갖고 있다. 이때의 성(sex)은 생물학적인 성을 의미한다.

사람은 다른 사람과 대인관계를 맺고 사회화 과정을 거치면서 살아간다. 이 과정에서 환경의 영향과 교육 등을 통해 남성성과 여성성의 성 정체성을 갖게 된다. 이 성은 생물학적 성과 구별이 되는 사회문화적 성인 젠더(gender)로 표현된다. 즉 생물학적이고 신체적으로 남녀를 구분하는 것뿐만 아니라 사회문화의 영향에 따라서 남성다움과 여성다움이 생긴다는 것이다. 사회문화적 성인 젠더(gender)는 성이라는 단어에는 생물학적 속성 이외에 사회적인 속성도 들어 있음을 강조하는 것이다. 대부분의 사람들은 성 정체성과 생물학적 성이 일치하나 그렇지 않은 경우도 있다. 성 정체성은 태어나면서 고정되는 것은 아니며 생리적 요인 못지않게 성장 과정에서의 사회문화적 요인들의 영향을 받는다.

사춘기의 성은 모든 만물이 새로운 힘으로 충만하여 살아 움직이기 시작하는 봄과 같다. 봄의 생동함처럼 사춘기의 변화는 신체적인 발육과 성장에서 시작되어 이성에 관심을 가지며 춘정을 느끼게 되는 마음의 우러남으로 이어진다. 생식기능이 완성되기 시작하는 시기이나 여전히 돌봄을 받는 사춘기 청소년들은 이러한 변화 앞에서의 불안감을 경험하게 된다.

2) 사춘기의 혼란

사춘기는 성적 성숙을 통해서 새로운 생명을 가질 수 있는 역량이 주어지는 시작점이다. 남아는 정액의 분비를 통해서, 여아의 경우는 생리를 통해서 생식능력이 갖추어졌다는 사실을 발견할 수 있다. 이와 같은 생리적 변화는 신체적인 성숙이 기반이 된다. 즉, 신체 장기와 몸 자체가 급격히 커지면서 일어나는 현상이 많다.

미국 플로리다 주립대학의 한 연구에 의하면 10대 소년들은 아동이나 성인과는 달리 감정과 관련되는 뇌(腦)의 부위가 매우 활성화된다고 보고하고 있다. 이에 따라서 행동에 따른 처벌에 위협을 느끼지 않는 반면 도박적 행동으로부터 얻게 될 이득에 대해서는 많이 흥분하는 반응을 보였다. 청소년기와 뇌 발달의 상관관계를 나타낸 [그림 2-1]에서 보듯이 사람은 태어나서 필요 이상으로 촘촘한 뇌신경 세포망을 갖고 있다가 사춘기에 들어서면서 가지치기를 한다. 전전두엽 부위(Prefrontal cortex)가 상대적으로 완만하게 발달하는 반면, 피질하 부위(Subcortical cortex)의 발달은 급속도로 이루어진다. 색상으로 표시된 두 발달과정 사이의 갭(gap)이 위험행동을 유발하는 요인이다(Somerville, Jones, & Casey., 2010).

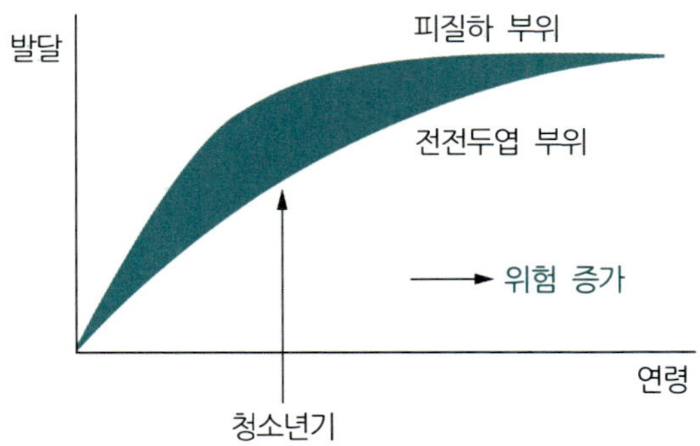

▌그림 2-1▐ 청소년기와 뇌 발달

출처: Somerville et al. (2010), Brain and Congnition, 72(1).

역설적이게도 이러한 엄청난 변화를 시작하는 예고하는 징후는 하루아침에 일어난다. 호르몬의 변화로 인해 남성은 정액을 만들어 내고 여성은 생리를 시작한다. 어느 날 자고 일어났는데 이전과는 다른 몸의 상태가 되었다면 무척 당혹스러울 것이다. 사춘기는 그렇게 시작된다. 이때부터 청소년은 스스로 묻는다. 도대체 "나는 누구이며 사는 것은 무엇이고 어떻게 살아야 하는 것인지" 등에 대한 답을 찾으려 한다. 이러한 과정이 자신의 정체성 형성과 관련된다. 즉, 다른 사람과 나를 구분짓는 독특성과 개별성을 만들어 나간다.

3) 사춘기와 청소년기

청소년기본법에 따르면 9살은 청소년이라 볼 수 있다. 1991년 청소년기본법 제정 당시에는 9살 연령이 청소년이 될 수 있는가에 대한 논란이 꽤 있었다. 그러나 법이 제정된 지 30년이 되어가는 지금은 별로 어색하지 않다. 왜냐하면 청소년기 시작의 징표라고 하는 사춘기의 시작이 빨라졌기 때문이다. 더욱이 여성 청소년에게 9살은 빠르다고만 할 수 없는 상황에 이르렀다.

사람은 끊임없이 변한다. 생물학적으로 우리는 태어나서 성장하다가 소멸한다. 이러한 과정의 하나로서 이름 붙인 사춘기가 있다. 분명히 어제와 똑같은 몸인데 갑자기 변한다. 스스로 어리다고 생각하고 가족과 다른 사람 눈에도 그렇게 보이던 여아가 갑자기 몸이 이상해지면서 첫 생리를 한다. 반면 남아는 어제와 다를 것 없이 잠을 자던 중 몽정을 경험한다.

이러한 사춘기가 점차 빨라지고 있다. 반면에 초혼연령은 늦어지는 추세이다. 2022년 기준 평균 초혼연령은 남성 33.7세, 여성 31.3세이다. 이는 10년 전과 비교해 남성은 1.6세, 여성은 1.9세 늘어난 수치다. 20년 전과 비교하면 남성은 3.9세, 여성은 4.3세 늘었다(통계청, 2022년 혼인 · 이혼 통계).

일반적으로 사춘기는 남아는 12세 안팎, 여아는 10세 안팎에 시작되는데, 영양상태의 호전, 산업화에 따른 환경호르몬, 스트레스 등의 요인으로 사춘기 시작 연령이 빨라지고 있다. 이와 관련해서 앤더스 율(Anders Juul) 덴마크 코펜하겐대 교수 연구팀은 1970년대 이후 여아의 사춘기 시작 연령이 10년마다 약 3개월씩 빨라졌다고 보고하였다(2020년 미국의사협회지 소아과학, www.dongascience.com/news.php?idx=54542).

이러한 사실은 청소년기의 시작이 빨라짐과 함께 청소년기라고 부르는 기간은 점차 길어진다는 것을 뜻한다. 즉, 청소년기가 이전보다 생애 더 많은 기간을 차지하고 있다는 의미이다. 이제는 사춘기와 청소년기의 끝이 맞닿아 있는 것이 아니라 사춘기가 끝난 이후에도 청소년기가 계속된다고 볼 수 있다. 가정으로부터의 독립, 진로 준비와 결정 그리고 연애와 혼인 등 성인이 되기 위한 기간이 길어지며 또한 개인에 따른 편차가 심한 상태가 되고 있다.

PART 02
청소년 심리와 발달

CHAPTER 03

청소년의 신체와 성 발달

청소년기는 키와 몸무게 등 신체 외형뿐만 아니라 몸의 내장기관과 많은 조직이 급격히 발달한다. 이와 함께 남녀로서 성호르몬이 분비되고 이차성징이 나타나며 2세를 만들 수 있는 몸으로 변화를 경험한다.

1. 신체발달

1) 발달 특징

청소년의 신체발달은 사춘기를 시작으로 급속한 변화를 겪는다. 사춘기는 아동에서 성인으로 바뀌는 생애 중요한 전환기이다. 성별과 개인에 따라 다르지만 평균적으로는 11세 전후에 시작해서 2-3년 사이에 일어난다. 사춘기를 거치면서 남아는 성인 남성의 몸으로, 여아는 성인 여성으로 몸으로 변한다.

이로 인해 생식할 수 있는 몸으로 서서히 발달한다. 즉, 성장에 따른 이차성징(性徵)을 통해 생식능력을 획득할 수 있게끔 순차적으로 생물학적 변화가 일어나는 시기이다.

- 일차성징: 출생 시 생식기에 의한 신체의 형태상의 성차특징
- 이차성징: 청소년기 들어 성호르몬의 분비에 의해 나타나는 신체상의 형태적, 기능적인 성차특징

이 시기에는 폭발적으로 성장하는(growth spurt) 현상이 나타난다. 남녀 청소년 모두 신장과 체중에서 두드러진 변화가 생긴다. 사춘기에는 아동기에 비해 성장 속도가 약 2배 정도 급속히 빨라진다. 그리고 사춘기를 시작하는 시점이 아동기부터 충분한 영양이 공급되어 점차 빨라지고 있다. 일반적으로 여성이 남성보다 2-3년 정도 빨리 신체적으로 급격한 변화를 경험한다. 이렇듯 여성과 남성이 차이를 보이는 까닭은 여성이 남성보다 성숙한 골격과 신경구조를 갖고 태어나며 아동기를 지나면서 성적 차이가 점차 증가하기 때문이다. 그러나 이 시기 이후에는 남성이 여성을 능가한다. 한편, 체중은 어른 체중의 50%를 청소년기에 얻으며 신장은 20-25%, 골격계는 50%를 얻게 된다(Tanner, 1962).

그럼에도 불구하고 인간의 발달과정 중에서 사춘기에 일어나는 발달변화는 다른 어떤 때보다도 개인적인 차이가 심하다고 볼 수 있다. 또한 신체발달은 유전 등 선천적인 요인뿐만 아니라 자연환경 그리고 개인의 영양과 운동 상태, 가족의 사회적 위치 등 사회경제적 요인도 작용한다.

(1) 신장과 체중의 발달

청소년기는 2차 성장급등기이다. 인간발달 단계 중 출생 후 첫 2년간을 1차 성장급등기라 부른다. 태어날 때의 몸무게는 출생 후 3-4개월이 되면 2배가 되고, 1년이 되면 3배, 2년이 되면 성인의 1/5에서 1/6 정도로 증가한다. 신장은 4세가 됐을 때 출생 시의 2배가량이 된다. 2-3세 이후 성장은 다소 둔화되어 평균적으로 1년에 신장은 5cm, 체중은 2kg 정도 증가하다가 청소년기에 들어 다시 빠른 변화가 일어난다. 영아기와 아동기의 두미 방향성장은 사춘기 동안 역전된다. 성인과 같은 신체적 형태는 영아기의 머리, 손, 발부터 시작하여 아동기와 청소년기의 팔, 다리, 몸통 순으로 완성된다. 청소년기에는 팔과 다리의 길이가 길어지고 몸통이 커지며 골격의 급격한 성장과 함께 몸집이 늘어난다. 이 패턴은 몸의 비율을 어정쩡하면서도 길쭉하게 만들어 이상한 모습으로 보이게 한다. 출생 이후부터 여성이 남성보다 약간 빠른 성장속도를 보이지만 청소년기에는 남성의 성장과 발달이 여성에 비해 더 빨라지며 더 오랜 시간 이루어져 남성 청소년의 신장과 체중이 여성 청소년을 앞서게 된다. 성 호르몬의 작용으로 신체비율에서의 성차도 발생하게 된다. 남성 청소년의 어깨는 엉덩이에 비해 더 크고, 여성 청소년은 엉덩이의 비율이 어깨나 허리에 비해 더 커진다.

(2) 근육과 지방의 발달

청소년기에는 신장과 체중 등의 증가와 함께 근육과 지방도 급속도로 발달한다. 일반적으로 남성이 여성보다 근육의 증가 속도가 빠르며, 그 결과 근육조직의 전반적인 발달량은 여성보다 커진다. 이후 청년기 그리고 성인이 되어서도 계속 발달한다. 근육발달의 최고점은 신장의 최고점 바로 직후에 나타나며, 남성의 증가 속도가 여성보다 더 빠르다. 이와는 반대로 지방은 성장 기간에는 발달률이 감소한다. 지방의 성장 속도 감소율은 여성보다 남성이 더 크다.

사춘기 기간 동안에 일어나는 근육발달은 힘의 증가로 나타난다. 힘이 가장 크게 증가하는 것은 신장과 체중이 최고점에 도달한 약 1년 후 정도이다. 사춘기 전의 남녀는 힘이 비슷하지만 사춘기 이후에는 남성의 힘이 훨씬 더 강하다. 남성 청소년의 골격과 근육은 더 단단하게 커지고 넓어지면서 남녀 간 외형적 차이가 현저해진다.

한편, 청소년기는 급속한 성장 · 발달로 인해 근육이나 골격 및 신체조직의 크기가 빠르게 증가하기 때문에 여성들이 임신하고 아이에게 수유하는 시기를 제외하고는 단백질, 비타민, 칼슘, 철의 필요량이 가장 높은 것으로 보고되고 있다(Ministry of Health and Welfare & Korean Nutrition Society, 2015).

(3) 내부기관의 발달

사춘기에는 폐, 소화기, 간장, 심장과 같은 내부기관도 급속히 커진다. 또한 근육 발달로 인해 힘이 생기지만 심장과 폐 그리고 혈액의 심장 수축력의 영향도 있다. 한편, 내분비샘이 발달하고 지방이 지나치게 많아져 여드름이 나기도 한다. 청소년기 남녀 모두 근육이 증가하지만, 특히 남성 청소년에게서 훨씬 더 많은 증가가 이루어져 골격근육, 심장, 폐 기능 등이 더 많이 발달한다. 또한 남성 청소년은 적혈구 수의 증가로 폐에서 근육으로의 산소 운동능력을 향상시켜 여성 청소년들에 비해 남성 청소년들이 운동을 더 잘하게 되는 결과를 가져온다.

(4) 뇌의 발달

뇌와 관련해서 뇌의 시각피질의 시냅스(synapse)[*1] 연구를 통해 시냅스의 생

---

*1 뇌는 뉴런(neuron)이라고 부르는 신경세포의 집합체로 구성되어 있으며, 뉴런은 세포체(soma),

성과 소멸을 통한 청소년기의 뇌 발달 양상이 밝혀졌다. 시냅스는 생후 1-2세 경까지는 계속 증가하다가 11세 전후부터 가지치기를 시작하여 16세경에는 성인의 시냅스 수준까지 감소한다. 이와 같이 사고와 활동을 지배하는 전두엽에서 사용되지 않는 시냅스의 계속적인 제거를 거쳐 성인 수준에 도달하는 뇌 발달과정은 청소년 초기부터 중기 무렵까지 진행된다.

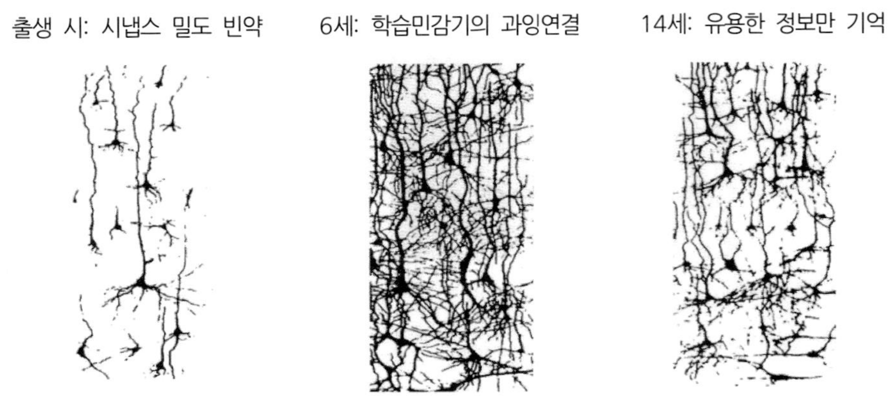

▮그림 3-1▮ 연령에 따른 시냅스 밀도 변화

출처: Rima Shore(2003). Rethinking the Brain.

청소년 중기인 10대 중후반 무렵에 이르면 뇌의 포도당 대사율이 성인 수준까지 도달한다. 이것은 뇌의 발달이 10대 중후반 무렵까지 활발하게 진행된다는 것을 뜻한다(허혜경 · 김혜수, 2010). 또한 뇌 영역 간의 연결이 강화되며 자극을 받는 신경섬유의 성장과 수초화가 촉진된다. 이 중 전두엽과 다른 대뇌

수상돌기(dendrite), 축색(axon)의 세 부분으로 구성되어 있다. 수상돌기는 뉴런과 뉴런이 의사소통할 때 다른 뉴런으로부터 정보를 받아들이는 수용부의 역할을 하며, 축색은 받아들인 정보를 다음 뉴런에게 전달하는 역할을 한다. 축색의 끝부분은 다른 뉴런의 수상돌기와 서로 접해 있는데 이를 시냅스(synapse)라 하고 이것은 새로운 지식이나 기능을 습득하는 것과 관계를 갖고 있다(허혜경 · 김혜수, 2010 참고).

영역들의 연결은 의사소통의 확대와 신속함을 가능하게 하여 청소년의 주의 집중, 정보통합, 자아조절 등의 인지발달을 가져온다. 뉴런은 사춘기 동안 흥분성 신경전달물질에 더 잘 반응하므로 청소년은 스트레스 상황에 더 강하게 반응하고 즐거운 자극을 더 강하게 경험하기도 한다. 또한 청소년들은 빛에 대한 신경학적 민감성이 증가하여 뇌가 잠드는 시간을 조절하는 방식이 달라져 더 늦게까지 깨어 있게 된다. 그러나 필요로 하는 수면시간은 아동기 때와 동일하므로 만성적인 수면 부족에 시달릴 수 있다. 수면 부족은 오전 시간대의 인지 과제 수행의 저조함으로 이어지므로 이에 대한 주의가 필요하다.

한편, 뇌는 다른 청소년기의 신체부위와 달리 거의 성장하지 않는다. 정상적인 사람의 뇌의 무게는 10세 때까지 성인의 약 50%에 이르며 청소년기에는 95%에 달한다(Scammon, 1930).

(5) 호론몬의 변화

내분비계의 자동조절체계인 시상하부는 자동온도감지기 역할을 담당하여 내분비기관의 호르몬이 일정한 수준 아래로 떨어지면 뇌하수체에 영향을 주고, 뇌하수체는 생식샘으로부터 성호르몬의 생성과 유출을 자극하여 각종 호르몬을 분비시키는 역할을 담당한다. 시상하부와 뇌하수체, 생식샘의 연결체계는 사춘기가 되면서 더욱 활성화된다.

성적 성숙을 가져오는 신체 변화는 성호르몬의 변화로 대표되는데 남성은 안드로겐(androgen)과 테스토스테론(testosterone), 여성은 에스트로겐(estrogen)과 프로게스테론(progesterone)의 호르몬의 분비가 증가한다. 이에 따라서 사춘기에 접어들면서 남녀 모두 신체가 커지고 음모가 발달하고 겨드랑이에 털이 나고 여드름이 나는 특징을 보인다. 남성은 근육이 발달하고 변성기가 오고 수염이 나며 음경과 고환이 발달한다. 여성은 유방이 커지고 골반이 넓어지며 월경을 시작한다.

사춘기와 호르몬

사춘기와 관련되는 내분비샘은 뇌하수체(pituitary gland)와 성샘(sex gland)이다. 뇌하수체 전엽과 생식샘 분비의 변화가 사춘기에 일어나는 신체변화에 영향을 준다. 뇌하수체는 매우 중요한 내분비샘으로 후배엽, 중배엽, 전배엽 등으로 나뉜다. 이러한 세 가지는 생식샘의 활동을 자극하기 때문에 향생식샘 호르몬(gonadotropic hormone)이라고 부른다. 이러한 향생식샘 호르몬에 의해 자극을 받으면 생식샘은 자체 호르몬을 분비하기 시작한다.

여기서 남성호르몬인 안드로겐(androgen)은 음경의 발달 그리고 정액과 2차적인 성적 특징을 담당한다. 안드로겐 중 특히 테스토스테론은 남성의 이차성징의 발현을 촉진하고 남성 생식기의 발달을 촉진한다.

한편, 여성 생식 호르몬인 에스트로겐(estrogen)은 자궁, 질, 유방 그리고 여성의 2차성 특징의 발달과 관련된다. 에스트로겐은 월경주기와 정상적인 자궁수축과 같은 여러 기능에 영향을 주고 유선조직의 성장을 조절한다. 특히 프로게스테론은 여성의 월경 주기에서 중요한 역할을 하는데, 난소에서 분비되는 스테로이드 계열의 호르몬으로서 임신과 임신 유지 활동을 준비하는 역할을 한다.

여성과 남성호르몬은 태어날 때부터 있지만 미미한 수준이다. 그런데 사춘기에 이르면 그 양이 급격히 증가되며 여성의 경우에는 월경기간 동안 주기성을 띠게 된다.

2) 남성과 여성의 사춘기

(1) 여성의 사춘기

사춘기의 시기는 개인차가 있지만, 보통 우리나라 여아의 사춘기는 평균 11세(8-13세)에 시작되어 약 4년 정도의 기간 동안 여성은 신체 변화를 경험한다.

한쪽 또는 양쪽 젖꼭지에 멍울이 생겨 엎드리거나 만질 때 통증이 느껴지며 유방의 유두가 돌출되며 유륜과 유방이 커진다. 치골 부위에 음모가 생기는데 처음에는 숱이 적은 부드러운 직모가 나다가 점점 외음부의 음모가 굵어지고 곱슬해진다. 음모가 나오고 2년 후쯤 되면 겨드랑이털이 출현하며 복부와 허리에 지방이 증가하고 신장의 성장이 이루어지면서 지방은 유방과 엉덩이로 재분배되며 차츰 여성형 몸매를 형성하게 된다. 이후 초경이 시작되고 키는 성장이 줄어들며, 초경 후 1-2년 정도가 지나면 성장이 멈추게 된다.

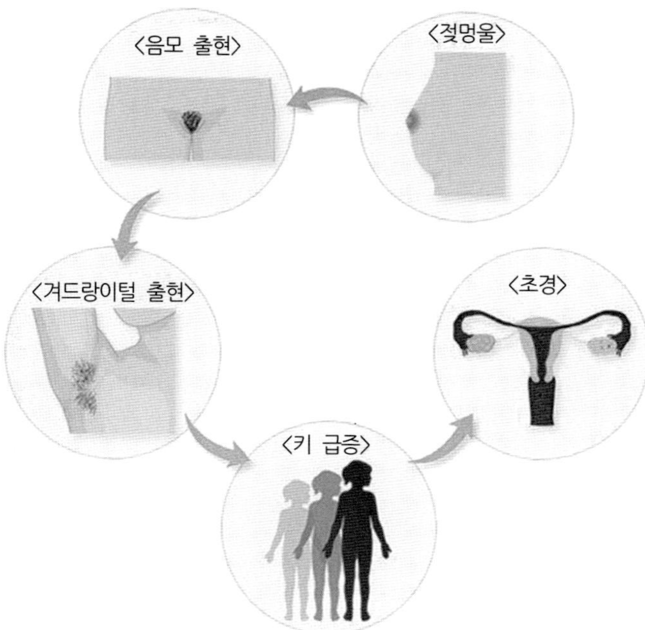

▌그림 3-2▌ 여아의 사춘기 진행 순서

출처: 보건복지부, 대한의학회.

(2) 남성의 사춘기

남아는 평균 12.7세(9-14세)에 사춘기 변화가 시작되며 약 3년 정도의 시간 동안 진행된다. 고환과 음낭의 크기가 출생 시의 거의 두 배가 되면 본격적인 사춘기가 시작된다. 이 시기에는 고환의 크기가 커지면서 음낭의 피부가 어두워지고 음낭에 융기를 동반한 모낭이 생겨난다. 외성기의 솜털 같았던 음모가 짙어지고 분포가 확산되며 고환의 성장도 지속됨과 함께 음경의 길이가 길어지고 그 후 폭이 커진다. 신장 성장이 촉진되면서 후두의 크기 또한 커지고 목소리가 깊어지며 갈라지기도 하는 변성기를 경험한다. 자위를 통해 또는 밤에 무의식적으로 사정을 경험하며 평균적으로 13세경부터 코밑 주변에 솜털이 나고 구레나룻은 15세경부터 돋으며 가슴까지 털이 나기 시작한다.

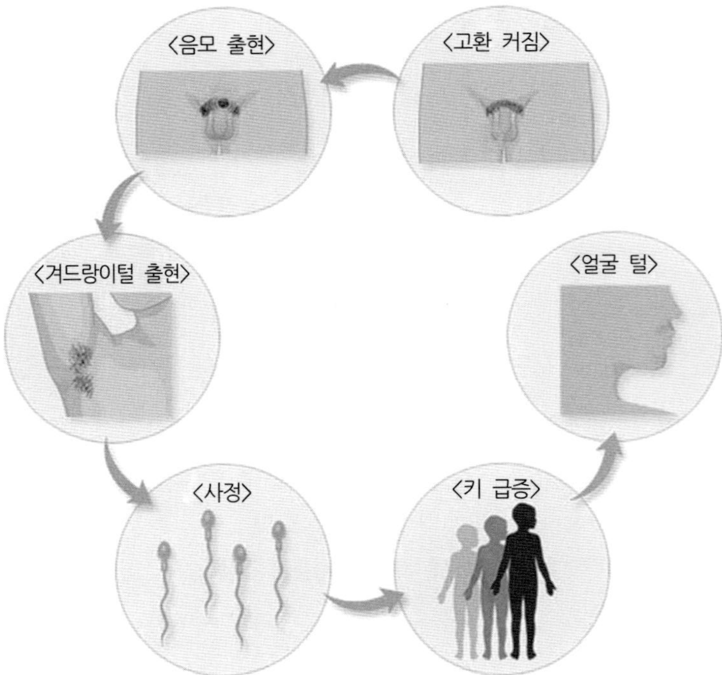

▌그림 3-3▐ 남아의 사춘기 진행 순서

출처: 보건복지부, 대한의학회.

3) 사춘기의 문제

(1) 여성

① 늦은 사춘기

사춘기의 지연은 예상되는 시기에 성적 성숙이 시작되지 않는 것을 의미한다. 남아나 여아 모두 중학생 정도의 학령기가 지났는데도 사춘기의 특성이 나타나지 않을 때 사춘기가 늦다고 볼 수 있다. 여아의 경우 12세에서 13세까지 유방의 발육이 전혀 일어나지 않거나 15세까지 무월경인 경우 사춘기가 지연되고 있다고 할 수 있다. 간혹 질환으로 인해 성적 발달이 지연될 수 있으나, 대부분의 경우 늦은 사춘기는 가족력이거나 체질적 지연인 경우가 대다수이다. 사춘기 지연이 있는 청소년은 또래에 비해 신장이 작을 수 있고 사춘기 지연으로 인한 심리적 스트레스를 받을 수 있다.

사춘기 지연을 진단하기 위해서는 신체검사, 골 성장 연령을 규정하는 손목 X선 검사, 불확실한 호르몬의 원인을 찾기 위한 혈액 속의 호르몬 용량 검사 및 유전자 검사, 골반 초음파 검사 등을 한다. 그 결과 아동이 유아의 생식기를 그대로 갖고 있고 음모가 없는 것으로 나타나면 의사는 충분한 시간을 갖고 성장의 발달을 측정하기 위해 매 3개월에서 6개월마다 대상 아동을 진찰한다. 대부분은 호르몬 기능이 정상이지만 전체적 성숙이 더딘 것으로 나타난다. 이런 경우 시간이 얼마가 걸리든 사춘기는 정상적으로 맞게 될 것이고 신장과 성적 발달은 조화롭게 이루어질 수 있다.

흔치 않은 경우로는 염색체 이상으로 나타나는 사춘기의 지체현상을 볼 수 있다. 여성의 경우 터너증후군(Turner Syndrome)이 있는데, 이 경우는 잘 접히지 않고 낮게 처진 귀, 처지고 간격이 넓은 유두, 신장과 심장의 기형과 같은 용모 특징이 나타난다.

② 이른 사춘기

여아에게는 8세 이전에, 남아에게는 9세 이전에 이차성징이 나타나는 경우를 이른 사춘기라고 한다. 지나치게 이른 사춘기는 대부분 심각한 건강의 위험신호가 될 수 있다. 따라서 반드시 의사의 진찰과 검사를 받아야 한다.

성조숙증

성조숙증은 사춘기 발현이 또래에 비해 2년 이상 일찍 시작되는 것으로 여아는 8세 이전에 유방의 발달이 있거나 남아는 9세 이전에 고환 크기가 어른의 엄지 손가락 한 마디 이상 커지는 경우 의심할 수 있다.

사춘기가 빨라지는 요즘 이른 사춘기가 모두 성조숙증은 아니다. 성조숙증인지 이른 사춘기인지를 알려면 병원에서 성장판 검사와 성조숙증 자극 검사 등 이에 관련된 검사를 받아야 한다. 최근 키에 대한 관심이 증가하면서 성조숙증이 아닌데도 사춘기를 늦추는 무분별한 치료가 늘어나는 실정이다. 성조숙증에 대한 정확한 진단을 하는 것이 중요하다. 성조숙증이 아닌데 치료를 할 경우 오히려 아이의 성장을 저해할 수 있는 부작용이 발생할 수 있어 주의해야 하며 진단이 확실한 경우에만 치료를 하는 것이 좋다.

성조숙증은 진성 성조숙증과 가성 성조숙증으로 구별된다. 진성 성조숙증은 성호르몬의 분비로 생식샘이 조기 발달하고 이차성징이 나타나며 성숙한 정자 또는 난자가 생산된다. 진성 성조숙증의 경우 대부분의 원인은 알려져 있지 않다. 가성 성조숙증은 생식샘의 성숙은 없지만 난소나 그 외 다른 장기에서 성호르몬이 과다분비되어 이차성징이 빨리 나타나는 경우이다. 난소 내 낭종이나 종양이 있거나 선청성 부신 과형성증이라는 병이 있어도 아이가 빨리 자랄 수 있다. 원인에 따라 치료가 달라지기 때문에 성조숙증이 있는 경우 원인이 무엇인지를 밝히는 것이 중요하다.

성조숙증인 경우에는 정상 아이들보다 빨리 성장하여 사춘기 초기에는 또래 아이들보다 키가 크고 잘 자라지만 성장판이 빨리 닫혀 성장이 멈춤으로 또래보다 컸던 아이가 오히려 성인 키는 크지 않거나 작아지는 문제를 동반한다. 준비되지 않은 상태에서 갑작스러운 신체 변화가 나타나 자기조절능력이 떨어지므로 아이가 정서적으로 위축되기 쉽다. 또한 또래관계에서 남과 다름으로 인한 부적응 현상이 나타날 수 있다.

③ 월경통

여성이 월경할 때 일어나는 하복부의 통증을 말한다. 사춘기의 여성들에게 흔히 생기며 첫 생리 후 1년 또는 2년 사이에 시작된다. 이를 일차성 월경통이라 한다. 월경 기간 중 24시간 내지 48시간 동안 여성들은 경련성 통증을 느끼게 되는데, 이 통증은 자궁의 급작스런 수축으로 인해 발생하며 골반을 기준으로 등이나 엉덩이 끝으로 옮겨진다. 여러 가지 원인이 있겠지만 주로 기계적으로 수축된 가능성(실제적 증거는 없음)과 심리적 원인(여성스러움을 거부하는 한 형태, 생리현상에 대한 부정적 반작용)에 의한 것으로 알려져 있다. 현재는 프로스타글란딘(prostaglandin)이라는 물질이 월경통을 일으키는 원인으로 알려지고 있다. 자궁에서 분비되는 이 물질은 자궁근육을 수축시키는 강력한 힘을 갖고 있는데 월경통으로 고통을 받는 여성들은 이 물질이 정상적인 사람보다 2배 내지는 10배 더 분비되고 있는 것으로 보고 있다. 프로스타글란딘의 증가가 월경통의 원인이 되므로 이를 억제하는 소염진통제가 치료제로 사용된다.

이전에 월경통이 없었는데 갑자기 시작된 경우는 이차성 월경통이 아닌지 진찰을 받아 봐야 한다. 자궁내막증, 자궁선근중, 자궁내장치 등의 부인과적 질환이 이차적 월경통의 원인이다.

④ 월경불순

불규칙한 월경주기, 월경기간 중에 보이는 출혈, 5일 이상의 월경 기간 등을 말한다. 과도한 스트레스, 불규칙한 생활 패턴, 식생활의 문제 등으로 월경불순은 흔히 나타난다. 또한 배란이 여의치 않거나(1년에 5또는 6회), 질(膣, vagina) 상태가 좋지 않을 경우에도 생리가 불완전해진다. 여성호르몬의 불균형과 다낭성난소증후군, 급격한 체중 변화, 갑상선기능항진증과 같은 내분비 질환 등은 월경불순의 원인이 될 수 있다. 월경불순은 자궁과 난소의 기능이 원활하지 않음을 나타내는 지표이며, 월경통을 유발하고 무월경으로 이어질 수 있으므로 전문의의 진료와 치료를 요한다.

⑤ **월경의 부재 또는 무월경**

사춘기 여성 아이들에게 흔히 일어난다. 특히 월경이 없는 경우는 사춘기가 늦어진다고 볼 수 있다. 한편, 처음 몇 번은 월경을 하다가 갑자기 수개월 동안 월경을 하지 않기도 한다. 만일 일시적으로라도 성관계를 갖고 월경을 하지 않으면 임신의 가능성이 있지만, 다른 이유로도 월경이 중단될 수 있다. 즉, 일상생활의 변화 또는 감정이 급격히 변하는 등 심리적 문제 또는 만성 질병 등에 의해서 월경이 없기도 한다. 그렇지만 수개월이 지나도 월경이 없으면 의사에게 진찰을 받아야 한다.

(2) 남성

① **늦은 사춘기**

남아의 늦은 사춘기는 13세 또는 14세까지 고환 확대가 부재하거나 생식기 성장 시작에서 완료까지 4년 이상의 시간이 경과할 경우를 말한다. 신체적으로 건강할 경우에는 체질적 지연일 가능성이 높아 치료를 받을 필요는 없으나 남아의 경우 사춘기 지연으로 인한 놀림이나 괴롭힘 등으로 인해 신체 이미지와 자존감에 부정적인 영향을 받을 수 있으므로 가족과 친구 등 주변의 추가적인 지원이 필요할 수 있다.

남아의 사춘기 지연을 진단하기 위한 검사는 여아와 동일하며, 일반적인 지연의 경우 정상적 발달을 확인하기 위한 주기적 진찰이 이루어질 수 있다. 간혹 고환의 위축, 유방의 돌출, 미약한 지적 발달의 지체현상이 나타나는 클라인네펠터증후군(Klinefelter Syndrome)이 있을 수 있다.

남성의 경우 늦은 사춘기가 심각한 스트레스로 작용할 경우 호르몬 요법이 성장발달에 도움이 될 수 있다.

② 사정

사정(射精, ejaculation)은 남성의 생식기관에서 정액이 배출되는 것을 말한다. 이것은 남성의 성적 자극의 최종 단계이자 자연스러운 목적이며, 임신의 필수 요소이다. 사춘기가 되면서 남성 청소년의 경우 잠자는 동안 자주 사정을 한다. 정상적인 상황인데 이러한 수면 중 사정(몽정)은 8세부터 발생할 수 있다. 그렇지만 사춘기 이전의 사정은 진정한 수태능력을 가진 정자가 아니고 정액일 뿐이다. 사정은 어떤 면에서 청소년기의 남성들이 긴장을 해소하기 위한 방편으로서의 의미가 더 크다고 볼 수 있다.

③ 성기와 발기

남성 청소년은 성기의 크기에 관심을 갖는다. 성기의 크기와 두께는 성교행위와 생식능력과 상관관계가 없다. 성적 기능은 음경의 크기에 의존적이지 않다. 성적인 기쁨은 마음과 심리적 상황에서 일어나는 것이 더 크고 신체 구조에만 의존하지는 않는다.

한편, 발기할 때 고통스러운 청소년이 있다. 귀두에 간혹 어린 시절 알지 못했던 해부학적 이상이 있을 수 있다. 이러한 경우 발기 시에 고통과 불편을 준다. 포피의 섬유질이나 염증이 있는 협착 부분인 음경이나 또는 귀두에서 포피까지의 점막을 이어주고 있는 섬유질이 피부가 자연스럽게 이어지는 것을 막아 발기할 때나 또는 자위행위 시에 고통을 일으킬 수 있다. 이에 더하여 비뇨생식관과 귀두 아랫부분에서 음경과 연결되는 끈 모양의 포피소대(frenulum of prepuce of penis) 사이에 팽팽한 힘을 주는 성기의 소대가 짧아짐으로써 발기의 순간에 포피가 늘어날 때 고통을 받을 수 있다. 이러한 문제는 국부마취를 통해 거북함을 없애주어 포피의 자유로운 움직임이 이루어지게 할 수 있다.

신체적 매력과 또래 적합성으로 본 사춘기 시작 시기에 따른 영향

조숙한 남아	만숙한 남아
여유 있고, 독립적이고, 자기 확신이 있고, 신체적으로 매력 있다고 생각. 인기아, 리더십 발휘, 운동경기 스타	불안하고, 지나치게 말이 많고, 주의를 받으려 하는 경향
조숙한 여아	**만숙한 여아**
인기 없고, 위축되고, 자기 확신이 부족하고, 불안해하고, 리더 위치에 서는 경우 적음. 정서적, 사회적 어려움을 갖고 청소년기를 시작함. 스트레스는 학업수행을 방해하고 불리한 또래 압력을 줌으로써 부적응이 확대되고 심화됨	신체적 매력 있고, 활발하고, 사교적이고, 리더로 간주됨

2. 성 개념과 성 발달

1) 성의 개념

(1) 생물학적 성과 사회적 성

생물학적 성(sex)은 남성 또는 여성으로 구분하는 생리적 성별 특성을 말하고, 사회적 성인 젠더(gender)는 어떤 특정 사회가 걸맞다고 구성한 남성성과 여성성에 관한 역할, 행동, 활동 등 사회적 특성을 의미한다. 즉, 성(sex)은 타고 나는 생식기의 해부학적 구조, 이차성징 등의 생물학적 성별 구분이고, 젠더(gender)는 문화적으로 그 사회의 이상적인 남성성과 여성성으로 간주된 사회적으로 학습되는 성이라고 말할 수 있다.

(2) 성역할(性役割, gender role)

성역할은 어떤 개인이 속해있는 문화 또는 사회에서 그 구성원들에 대해 남성 또는 여성이라는 신체적 구분에 대하여 기대하는 특성, 태도, 가치, 행동을 말한다(Lenney, 1991). 즉, 실제의 성별이나 젠더에 따라 남자이기에 또는 여자이기에 사회적으로 기대되는 역할을 의미한다. 일반적으로 성역할은 여성과 남성에게 상반되게 적용되지만 시대나 사회문화에 따라서 다를 수도 있다. 성역할은 청소년기에 들어서면서 성역할 집중화(gender intensification) 현상을 보인다. 즉, 성인과 사회로부터 기대되는 성역할에 대한 고정관념이 증가하는 것이다. 남성과 여성의 사회가 요구하는 성역할에 동조하도록 사회적 압력이 증가하면서 남성과 여성의 심리에 영향을 미치고 행동에도 많은 차이가 일어난다. 이러한 성역할 집중화 현상은 생물적인 성 차이에서 비롯되기는 하지만 모든 청소년에게 똑같이 나타나지는 않는다. 더욱이 오늘날에는 양성성에 대한 개념이 중요해지면서 성역할 집중화 현상은 적어지고 있다.

남성과 여성으로서의 전통적으로 갖는 성역할 구분은 성역할 고정관념을 갖기도 한다. 흔히 남성은 경제활동에 전념해서 가정의 경제를 책임지고, 여성은 가정 내에서 집안의 일을 담당해야 한다는 전통적인 인식이다. 즉, 남성과 여성은 성별에 따라 서로 다른 역할을 수행해야 한다는 믿음이다. 또한 이와 관련한 개념인 성역할 정체감은 사회에서 특정한 성별에 대해 바람직한 행동이라고 고정 관념화된 기준을 개인이 내면화시킨 정도로 개인의 성별 특징적 행동을 결정하는 역할을 하는 것을 말한다(장휘숙, 1999).

▌표 3-1▌ 성역할 발달과 특징

발달단계	특징
성 정체성 발달 (2–4세)	남자와 여자를 범주화하는 능력 – 자신이 남녀 중 한쪽 성별에 속해 있음을 인식 – 외적 특징으로 성을 인식 – 성 유형화를 통해 놀잇감이 달라지고, 머리 모양, 옷차림으로 성별 구분 – 성의 불변성을 깨닫지 못함
성 안정성 발달 (5세경)	남아는 남자 어른이 되고, 여아는 여자 어른이 된다는 인식 – 안정적으로 자신의 성을 인식하고 성인이 되어도 지금의 성이 유지될 것이라는 사실 깨달음 – 성에 대한 선호도 부각 – 사회적 규범에 순응하는 성역할 및 태도 출현
성 항상성 발달 (6세경)	겉모습과 상관없이 성이 일정하게 유지되며 타고난 성이 평생 지속된다는 인식 – 놀이, 복장, 외모 변화에도 불구하고 성은 변하지 않는다는 성불변성 이해 – 성역할에 대한 유연성 증가

(3) 양성성

오래전부터 특히 가부장 중심의 사회에서는 남성은 남성성(성역할)을, 그리고 여성은 여성성(성역할)을 강조하면서 생활하는 것이 바람직하고 건강하다는 인식을 갖고 있었다. 하지만 오늘날에 와서는 남성 또는 여성에게만 적합한 직업이 없듯이 남성과 여성 모두 상대적인 성역할을 모두 갖고 있다고 본다. 양성성은 이와 관련한 개념이다. 양성성(兩性性, Androgyne)은 사회에서 성역할 고정관념을 이루는 내용 중에서 바람직한 여성성과 남성성의 특성이 결합되어 공존하는 것을 말한다(조아미, 2002).

다시 말하면 양성성은 남성성과 여성성의 균형 또는 통합을 의미하는 것으로, 남성을 뜻하는 그리스어 'andro'와 여성을 뜻하는 'gyne'을 합성한 단어다. 남녀 간의 성 차이에 중점을 두었던 전통적인 성역할을 대체해 도입된 개념이라고 할 수 있다. 즉, 남성이라고 해서 남성적 특성만 있는 것이 아니며, 여성이라고 해서 여성적 특성만 있는 게 아니라는 뜻이다.

남성이든 여성이든 한 사람 안에 상대 성의 성역할을 포함하고 개인에 따라서 남성 또는 여성의 특성을 조합해서 이룬다는 생각이 증가하고 있으며, 이와 같은 사람을 양성성 소유자라고 지칭한다. 양성적인 사람들은 전형적인 남성다움과 여성다움의 장점을 골고루 갖추고 있으며 고정관념화된 성역할 제한으로부터 자유로워 심리적으로 더 건강하고, 더 적응적이며, 더 잘 순응하는 것으로 보고 있다. 창조적이고 융통적이며 자존감이 높으면서 사교적이고 협동적이며 인간미가 넘치고 지도력과 과감성을 겸비한 인격체로서 다양한 상황에 더 편안하게 대처하는 특성을 보인다.

청소년이 느끼는 우리 사회의 전통적인 성역할

남성 청소년	여성 청소년
• 강한 힘을 가져야 한다. • 힘든 일도 거침없이 해야 한다. • 어려운 일이 있어도 울면 안 된다(남성은 태어나서 세 번만 울어야 한다). • 겁이 없어야 한다. • 가정의 경제를 책임져야 한다.	• 요리에 관심이 있어야 한다. • 담배를 피우면 보기 좋지 않다. • 얌전하고 조용해야 한다. • 애교가 많아야 한다. • 집안 살림을 잘하도록 교육받아야 한다.

2) 성 발달: 프로이트(Sigmund Freud)

청소년기에는 생리적 성(sex) 발달이 절정에 다다른다. 물론 태어나면서부터 사람은 꾸준히 성적 발달을 하지만, 사춘기에 이르러 성적 성숙이 급격히 이루어진다.

즉, 아이의 몸이 성적으로도 성인의 몸으로 전환되면서 남성은 몽정(남성의 몽정은 반드시 사춘기의 특징이라고 볼 수는 없지만 사춘기부터 활발한 모습을 보인다)을, 여성은 생리를 시작한다. 아동도 자신의 신체에 관심을 갖고 이성에 대해 궁금증을 보이기도 하지만, 청소년기에 이르면 더욱 적극적인 성적 관심을 갖게 된다.

정신분석학자인 프로이트(Freud)의 심리성적 발달단계를 통해서 성 발달을 살펴볼 수 있다.

프로이트는 현대 성격심리학과 발달심리학에 큰 영향을 미친 학자이다. 그는 리비도가 인간 발달단계 중 입, 항문, 성기 등 어떤 신체 부위에 머무느냐에 따라서 구강기, 항문기, 남근기, 잠복기, 생식기 등 다섯 단계로 발달단계를 구분하였다. 구강기와 항문기 그리고 생식기에 대한 구분은 명확하지만, 잠복기와 생식기는 그리 뚜렷하게 표현하고 있지 않다. 잠복기는 오이디푸스 콤플렉스(oedipus complex)가 해결된 후 성적 흥미가 제한되고 성격 특징이 생리적으로 드러나지 않아 이름 붙이고 있으며, 이후 청소년기에 이르러 성적인 관심이 다시 성기에 집중되고 성적 발달이 일어나며 성적인 문제로 갈등을 겪는다고 보아 생식기라 명명한다.

프로이트의 성격 구조와 발달에 관한 기초적인 개념과 원칙을 아는 것이 프로이트의 심리성적 발달단계의 이해에 필요하다.

(1) 주요 개념

① 정신결정론

프로이트는 신체가 아픈 이유가 있는 것처럼, 사람의 정신도 어떤 현상(문제)이 있다면 우연이 아니라 반드시 그 까닭이 있다고 보았으며, 개개인의 현재는 과거의 축적물이라 하였다. 인간의 행동은 외부의 환경 조건이 아니라 내부에 있는 심리적 원인에 의해 결정된다고 간주하였는데 이것을 프로이트의 정신결정론(psychic determinism)이라 한다. 인간의 모든 행동, 감정, 사고, 생각은 정신 내적인 원인에 의해 결정되는 것이기 때문에 아무리 사소해 보이는 행동이라도 그 행동은 우연에 의해 일어나는 것이 아니라는 것이다. 그렇기 때문에 우리가 어떤 심리정신적으로 문제가 생겼을 때 정신세계에서 비롯한 원인이 사라지지 않고는 해결될 수 없다고 주장하였다.

② 성격의 지형(의식·전의식·무의식)

프로이트의 성격이론에서 사람의 의식은 빙산(Eisberg)에서 보이는 작은 부분이고 물속에 잠겨 있는 대부분은 무의식이라고 보았다. 사람에게 나타나는 행동을 보다 잘 이해하기 위해서는 그 행동에 영향을 주는 의미, 즉 무의식의 형태를 잘 알아야 한다고 주장한다. 이러한 무의식의 개념을 가설로 해서 그는 인생 초기가 사람의 기본 성격 형성에 결정적 역할을 하는 시기라고 주장했다. 프로이트는 인간의 정신적 구조를 의식과 전의식, 무의식으로 구분한다.

- 의식(conscious)

의식은 빙산의 일각이며 무의식에 의해서 지배당한다고 해도 과언이 아니다. 이러한 의식은 어느 순간에 개인이 인식하고 있는 감각, 지각, 경험, 기억 등 인간의 사고와, 행동하는 순간 스스로 알아차릴 수 있는 정신생활의 한 부분을 말한다. 전부는 아니지만 대부분의 자아가 여기에 포함된다. 예를 들면 책을 읽으면서 내용의 흐름을 파악하고, 배가 고프고 무료하다는 것을 느끼는 일이다. 정신분석이론에서 바라보는 의식은 인간의 전체 정신활동 중 아주 작고 순간적인 일부분에 지나지 않는다.

● 전의식(preconscious)

빙산의 비유처럼 물속에 잠겨 있는 대부분이 무의식이고 표면에 나타난 작은 부분이 의식이라면, 전의식은 파도에 따라서 물 밖으로 나타나기도 하고 가려지기도 하는 부분으로 볼 수 있다. 이러한 전의식은 지금은 의식되지 않지만 우리가 조금만 주의를 집중하고 노력하면 의식 속으로 떠올릴 수 있는 경험이나 생각이나 감정 같은 부분이다. 전의식은 기억의 저장소로서 무의식과 의식 영역을 연결해 주는 교량이며 전의식에서 떠오르는 생각과 행동을 통해서 무의식에 관한 실마리도 찾을 수 있다. 예를 들면, 어린 시절의 기억, 헤어짐을 겪었을 때 어떤 생각과 느낌이 들었었는지 등을 떠올릴 수 있는 것을 말한다.

● 무의식(unconscious)

무의식은 의식이 없는 상태가 아니라 우리가 지각하는 의식 밖에 있어 자각하지 못하는 인간 정신의 가장 크고 깊은 심리 부분이다. 경험과 기억, 억압된 것들, 의식 영역 밖의 욕구나 동기들이 이 심리 내부에 잠재되어 있다. 즉, 의식 아래에 잠겨 있는 것으로 이러한 무의식에는 인간의 마음(정신)을 구성하는 사고, 감정, 본능, 욕구, 동기, 갈등 등 무의식의 자료들이 저장되어 있으며 대부분이 의식되지 못한 채 인간의 행동을 결정하는 주된 원인으로 작용하고 의식적 사고와 행동을 전적으로 통제하는 힘이 된다. 억압된 욕구나 본능, 기억, 소망, 공포 등이 자리 잡고 있는 접근 불가능한 창고이며, 방어기제도 무의식의 일부분으로 나타난다. 무의식의 임상적인 증거로는 꿈, 망각, 말실수 등이 있다. 이 중 꿈은 특히 무의식에 이르는 왕도라 하였으며 꿈의 해석, 최면, 자유연상술 등을 통해 무의식에 억압되고 잠재되어 있던 무의식의 자료들을 의식할 수 있다고 하였다. 의식 중 일부가 가끔 전의식으로 넘어가 거기서 의식이 되는 경우도 있다. 주로 이드(id)와 초자아(superego)로 구성되어 있는 무의식의 내용은 행동과 사고의 결정에서 아주 중요하다. 그렇기 때문에 사실 무의식을 의식으로 전환하기 위해서는 자아(ego)가 강해야 한다. 그래야만 무의식적 저항을 다스려 의식의 영역을 넓힐 수 있다.

③ 리비도(libido)

프로이트는 인간의 발달과정에서 생물학적 존재로서 인간의 가장 기본 본성인 성(性)에 초점을 맞추고 성적 본능(삶의 본능) 에너지인 리비도(Libido)가 발달단계에서 어떤 부위에 머무느냐에 따라서 성격발달을 구분하고 있다. 이러한 리비도는 성적 충동으로 이해하고 있지만 프로이트는 나중에는 삶의 본능을 위해서 움직이는 강력한 에너지로 표현하고 있기도 하며, 즐거움을 얻으려는 에너지를 의미한다. 리비도는 정신의 거대한 무의식적 구조인 이드(id)에 포함된 본능적인 에너지이다.

④ 성격의 구조(id, ego, superego)

프로이트는 성격의 구조를 원초아(id), 자아(ego), 초자아(superego)로 나누었다. id는 생물학적 구성요소, ego는 심리적 구성요소, superego는 사회적 구성요소로 기능하며 이 세 부분은 밀접한 상호작용을 하면서 인간의 행동 특성을 결정한다. 즉, 세 가지 성격의 요소 중 어느 요소가 에너지를 더 많이 갖고 있는가에 따라 개인의 성격이 결정된다고 보았다.

● 원초아(id)

이드는 본능적인 삶의 에너지로서 리비도(Libido)의 원천인 동시에 성격의 기본 체계 중 하나로 태어날 때부터 존재하고 있는 본능을 비롯한 모든 심리적 구성요소로 이루어져 있다. 이드는 정신에너지의 원천적 저장고로서 이로부터 나중에 자아와 초자아가 분화되고 자아와 초자아의 작동에 필요한 에너지도 여기서 제공된다. 이드는 태어날 때부터 현실 상황을 고려하지 않고 즉각적인 만족을 얻기 위해서 '쾌락(쾌락의 원리)'을 추구하는 비논리적이고 맹목적이며, 공격성과 성(性)이라는 역동적인 내부의 힘으로 갖춰진 본능적 충동에 의해 지배되는 인간 성격의 기초가 되는 부분이다. 이드(id)는 프로이트가 사용한 독일어 에스(das es = it)를 라틴어 이드(id = it)로 바꾼 것이다. 즉, id는 '그것'을 뜻하는 라틴어이다. 원초아의 에너지가 많은 사람은 지나치게 본능에 충실하며 순간의 충동을 억누르지 못하고 현실적 상황을 고려하지 않고 도덕적인 행동을 하지 않는 행동 특성을 갖는다.

● 자아(ego)

자아는 성격을 집행하는 부분으로서 이드와 초자아와의 균형을 맞추고 현실세계와 관계를 맺는다. 자아는 원초아의 충동 중에서 비합리적이고 반사회적인 것을 억압하고 현실적으로 타당한 방법으로 만족을 얻게 하는 성격의 부분이다. 그렇기 때문에 자아는 '현실의 원리'에 의해 지배된다. 자아는 원초아와 현실세계 사이의 불일치를 중재하고 현실의 원리에 따라 초자아와 원초아 간의 균형을 유지하고자 한다.

자아는 갈등이 생길 때 중재하고 괴로운 일이 기억나면 무마시키거나 변형시키기도 한다. 이런 자아가 약하거나 부실하면 정신세계에 문제가 생긴다(하지현, 2012). 본능과 현실, 도덕적 규범 사이에서 적절하게 조화를 이루고 균형을 유지하는 건강한 삶을 살기 위해서는 자아가 힘을 갖고 있어야 한다.

● 초자아(superego)

초자아는 인간 정신의 감시자로서 태어날 때부터 갖고 있는 것이 아니라 성장하면서 부모와 주위 사람들로부터 물려받은 사회의 가치와 도덕이 내면화된 표상이다. 초자아는 자신의 행동이 옳은지 그른지를 가늠하면서 완벽함을 추구한다. 초자아는 부모가 주는 보상과 벌을 통해서 점차 발달되어 간다. 초자아는 두 측면이 있는데, 하나는 양심이고, 다른 하나는 자아이상이다. 초자아의 양심은 잘못된 행위에 대해서 처벌을 받거나 비난을 받은 현실 경험에서 생기는 죄책감과 결부된 것으로 외부의 제재, 대개는 부모의 제재가 내면화된 것이고, 자아이상은 잘한 행위에 대해서 보상을 받은 경험이 이상적인 자아상을 형성하고 이를 추구하게 되는 것이다. 초자아는 '도덕의 원리'에 의해 지배되며 인간행동의 도덕적 규제를 맡는 성격의 부분이 된다. 초자아는 원초아의 충동을 억제하고 완전하고 이상적이며 도덕적인 것을 추구한다. 초자아의 영향력을 많이 받는 사람은 지나치게 규범적이며 엄격한 도덕적인 잣대를 갖고 판단하며 죄책감과 수치심에 괴로워하기도 한다.

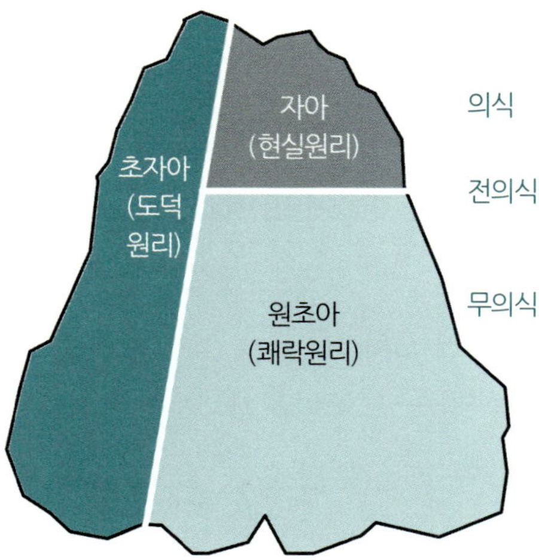

그림 3-4 성격의 지형과 구조

(2) 심리성적 발달단계

① 구강기(oral stage): 0-1세

구강기는 리비도 에너지가 입에 집중된 시기이다. 유아는 태어나서 6개월까지는 주로 엄마 젖을 빨듯 빠는 행위에 쾌감을 느끼고 이후 점점 깨무는 것으로 행위가 바뀌면서 입과 입술 그리고 혀 등을 자극하면서 만족을 얻는다. 구강기는 어머니의 보살핌을 온전히 받으면서 생활하기 때문에 의존적이고 또 어머니에 대한 소유욕이 강하게 형성된다. 이 시기를 통해서 생애 전반에 걸쳐 의존과 소유의 태도를 갖게 된다. 이때 구강에 대한 욕구 만족이 지나치면 성인이 되어 지나친 낙관론에 빠지고 의존적 성향을 가질 가능성이 높으며 구강의 욕구가 고착되면 지나친 비관론이나 공격적인 성향을 띠게 될 수 있다. 이 시기에 발달과업을 원만하게 성취하지 못하면 항문기로 원활히 넘어가지 못하고 구강기에 고착되어 성인이 되어서도 씹기, 빨기, 흡연, 음주, 지나친 먹기 등의 구강흡입적 행동이 나타난다. 또한 구강기 후반기에 고착될 경우에는 논쟁적이고 비꼬기를 잘하는 구강기적 성격이 나타난다.

② 항문기(anal stage): 1-3세

항문기는 항문 부위에 리비도 에너지가 모이는 시기이다. 욕구가 구강에서 항문으로 이동하여 대소변을 통해 만족감, 즉 쾌감을 느끼는 때이다. 이 시기는 자율성, 자기 조절, 자존감 등의 기초가 형성된다. 이 단계에서는 특히 본능적인 충동으로서의 배설과 배변훈련을 통하여 성격 형성에 영향을 준다. 배변훈련을 받는 동시에 쾌락을 지연시키는 방법을 배운다. 또한 배변훈련이 순조롭게 진행되지 않으면 두 가지 방식으로 반응한다. 공격적인 성격으로 부모가 하지 말라고 한 시간과 장소에 배변함으로써 부모의 요구를 거절한다. 반면 항문 보유 성격을 갖게 되기도 하는데 이때는 아이가 변을 보유하면서 만족을 느끼고 부모를 조작하려 한다. 항문 보유 성격에 고착되면 결벽증 또는 고집스럽고 인색한 성격이 나타나게 된다.

③ 남근기(phallic stage): 3-6세

남근기는 생식기에 리비도 에너지가 집중되는 시기이다. 쾌락의 중심이 주로 생식기를 통해 이루어진다. 남아는 거세불안이 나타날 수 있고, 여아는 남근선망을 하게 된다.

이 시기에 아동은 이성의 부모에게 성적 관심을 갖게 되면서 남자아이는 남자답게 굴며 여자아이는 여자답게 행동하려고 노력한다. 남아가 어머니의 사랑을 갈구하고 아버지를 싫어하고 미워하는 경향을 오이디푸스 콤플렉스(Oedipus complex)라고 한다. 그 반대로 여아가 아버지를 좋아하고 어머니를 싫어하는 경향을 엘렉트라 콤플렉스(Electra complex)라고 부른다. 그렇지만 이 발달과정이 정상적으로 이루어지면 동성 부모와 동일시함으로써 적절한 역할을 습득해 이상적인 자아의 모습을 향해가며 초자아를 형성한다. 남근기에 고착된 남자는 거만하고 경솔하고 오만하며 과장이 심하며, 여자는 경박하고 유혹적인 특성을 보인다.

④ 잠복기(latency stage): 6세부터 사춘기까지

잠복기는 리비도 에너지가 가라앉아 있는 시기이다. 즉, 성적 욕구가 억압되어 성적 충동이 잠재된다. 또한 리비도가 신체 부위 한 곳에 한정되어 있지 않는다. 그리고 리비도가 승화되어 지적인 부분에 관심을 갖게 된다. 이드는 약해지고 반면에 본능적 충동을 통제할 수 있을 정도로 자아가 성숙되고 초자아가 확립된다. 아이들은 운동, 친구와의 우정 등에 집중함으로써 성적 충동을 승화시킨다. 그리고 리비도가 이성보다는 동성친구에게로 향한다. 잠복기에 고착되면 이성과의 관계를 회피하거나 정서적 교류나 감정이 없는 공격적 방식의 성적 행동이 나타난다.

⑤ 생식기(genital stage): 사춘기부터 성인기 이전

생식기는 리비도 에너지가 생식기에 다시 집중되는 시기이다. 내분비활동이 활발히 이루어져 사춘기를 맞이하는 시기라고 볼 수 있다. 이 시기에는 그동안 잠재되어 있던 성적인 관심이 되살아난다. 성(性)이 다시 성기에 집중되는데, 특히 2세 생산과 관련한 성적 발달이 급격히 진행되면서 이성에 대한 관심이 커진다. 사춘기 이전의 성적 불안정이 사라지고 본격적으로 가족 이외에 다른 또래 이성에 대한 성적 욕구를 나타내려 하며, 대인관계에서 욕구를 충족할 합리적 방법을 찾게 된다. 생식기는 사랑과 일을 할 수 있는 기초가 만들어지는 시기로 남녀 모두 이차성징이 나타나며, 성숙한 성인으로 성장하는 때

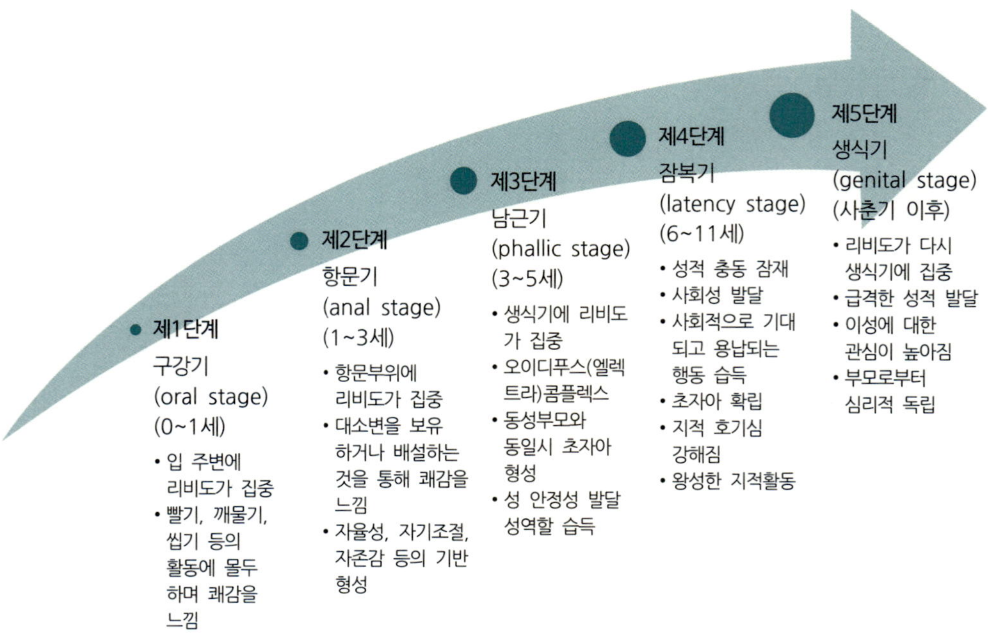

▌그림 3-6▐ 프로이트의 심리성적 발달단계

이다. 즉, 부모에게서 독립하고 성숙한 또래 이성 간의 관계를 성취하면서 아울러 사회문화에서 요구하는 가치를 내면화하고 적응과 통합을 해나가는 시기라고 볼 수 있다.

(3) 청소년기의 정신적 갈등: 안나 프로이트

안나 프로이트(Anna Freud)는 지그문트 프로이트의 막내딸로 프로이트 이론을 한층 발전시키며 청소년기의 발달과정과 사춘기에 일어나는 정신구조에 관심을 가졌다. 사춘기의 호르몬의 변화는 잠복기에 억압되어 있던 리비도의 에너지를 강력한 성적 충동으로 재출현시킨다. 스탠리 홀과 마찬가지로 안나 프로이트는 청소년기를 정서적인 갈등, 방황 등의 기간으로 설명하고 있으며, 이때 청소년들이 느끼는 혼란은 병리적인 현상이 아니라 오히려 정상적인 발달과정이라고 보았다. 청소년기에는 잠복되어 있던 원초아의 성적 충동이 증가하면서 이를 통제하려는 초자아와의 갈등이 심화되며, 이들 사이에서 자아가 균형과 통합을 이루려는 과정에서 시련을 겪으며 불안정한 시기를 보내게 된다고 하였다.

안나 프로이트는 인간이 외부의 위협으로부터 자아를 보호하려는 것은 본능적인 것이며, 사춘기의 시작으로 야기되는 불안을 해소하기 위해 청소년들은 방어기제를 사용한다고 보았다. 안나 프로이트는 무의식보다는 의식에 더 집중하였으며 자아를 보호하기 위한 여러 방어의 메커니즘을 밝히는 데에 주력하였다. 용납할 수 없는 본능적인 충동이 자아의 영역을 침범하려 할 때 자아는 위험을 느끼게 되고 여기에서 벗어날 수 없는 자아는 불안을 느끼게 된다. 지그문트 프로이트는 불안은 정신이 위협받고 있다는 것을 알리는 신호이며 자아가 불안에 대처할 때 작용하는 심리적인 메커니즘이 방어기제라 하였으며, 안나 프로이트는 청소년기에 특히 두드러지는 방어기제로 금욕주의와 지성화를 꼽았다.

금욕주의란 성욕에 대한 두려움에서 나오는 것으로 철저한 자기부정을 의미한다. 사춘기에 접어든 청소년이 성적 충동을 부인하거나 신체와 관련된 모든 것을 거부 또는 혐오하거나 분노하는 행위로 약화하려는 것이다. 성적인 욕망뿐 아니라 모든 필요와 욕구를 거절하며 즐거움을 추구하는 방식을 포기하고 마치 수도승과 같은 삶의 양식을 선택한다. 지나친 금욕주의를 방어기제로 사용하게 되면 이성교제뿐 아니라 섭식이나 수면과 같은 기본적인 신체적 욕구마저도 거부하려는 극단적인 금욕주의적 행태를 보이기도 한다.

지성화란 불안을 통제하고 긴장감을 해소하기 위해 본능적인 욕망을 종교, 철학, 문학 등의 지적활동에 묶어두는 것을 말한다. 상황으로부터 감정을 분리하여 이성적으로 바라보고자 하며, 어떤 문제에 대해 자신의 감정을 드러내지 않는 태도로 객관적인 토론을 하는 등 우아한 방식으로 충동에서 정서적으로 벗어나 욕구로부터 자신을 분리하고자 한다. 지성화는 불안을 피하기 위한 학업 과잉 성취, 일중독, 과학과 합리성에 대한 지나친 의존, 감정적 회피로서의 온라인 토론, 스트레스가 많은 사건 중 과도한 계획 등으로 표출된다. 건전한 지적 활동은 개인의 성장을 가져오지만, 왜곡된 지적 활동 몰입은 자기 자신의 정서를 돌보지 못하고 강박적이고 편집적인 증상을 불러일으킬 수 있다.

방어기제는 불안을 감소시켜 약화된 자아를 보호하지만 진정한 의미의 자아의 역량을 키우는 것이 아니라 지나치게 방어기제를 사용하거나 의존하게 될 경우 개인의 성장과 건강한 대인관계 형성을 저해하기도 한다.

방어기제

수준1. 병리적 방어기제

- **전환**(conversion): 심리적 갈등이 신체증상으로 바뀌는 것으로, 이 신체 현상들은 상징적 의미를 지닌 신체 언어임
- **부정**(denial): 인정하기 고통스러운 어떤 일을 전혀 보지 않으려 하며 회피하는 것으로 현실적인 사실을 없는 것처럼 혹은 자기가 바라는 대로 공상해 버리는 것
- **분열**(splitting): 흑백논리로 자기(self)와 대상(object)의 긍정적인 부분과 부정적인 부분을 종합적인 형태로 통합해서 사고하지 못하는 것

수준2. 미성숙적 방어기제

- **투사**(projection): 자신이 받아들일 수 없는 충동을 마치 타인의 것인 양 생각하고 타인이나 환경을 탓하는 것
- **퇴행**(regression): 스트레스를 받을 때 어린 시절 행동으로 후퇴하거나 거슬러 되돌아가 불안을 완화하는 것
- **신체화**(somatization): 심리적 어려움이 신체현상으로 나타나나 그 신체현상에 상징적 의미는 없는 것
- **행동화**(acting out): 자신도 모르게 무의식의 감정을 건드려서 충동이나 욕구가 즉각적으로 행동으로 표현되는 것

수준3. 신경증적 방어기제

- **억압**(repression): 불안에 대한 일차적 방어기전으로 의식에서 용납하기 힘든 생각이나 충동, 괴로운 경험들을 무의식세계로 밀어내는 것
- **전치**(displacement): 어떤 대상에게 향했던 자신이 받아들이기 어려운 감정이나 생각을 덜 위협적인 다른 대상에게 그대로 표출하는 것
- **합리화**(rationalization): 의식하지 못하는 동기에서 나온 용납할 수 없는 충동이나 행동을 정당화하기 위해 그럴듯한 설명이나 이유를 대는 것
- **지성화**(intellectualization): 지적 활동에 몰입함으로써 본능적 욕망에서 벗어나고자 하는 것
- **반동 형성**(reaction formation): 용납할 수 없는 감정이나 충동 또는 상황과는 정반대로 행동하는 것
- **취소**(undoing): 대상에게 피해를 주었다고 무의식적으로 느낄 때 속죄하고 보상하려는 행위를 통해 그 피해를 취소하고 원상복귀하려는 것
- **격리 또는 고립**(isolaion): 고통스러운 생각이나 기억을 그에 수반하는 감정 상태와 분리시키는 것

수준4. 긍정적인 방어기제

- 억제(supression): 용납되지 않는 욕구나 충동, 생각들을 의도적 또는 반무의식적으로 잊으려 하는 것
- 유머(humor): 자신의 불쾌한 감정을 웃음을 유발하는 과정으로 대체하는 것
- 이타주의(altruism): 타인을 건설적으로 도와줌으로써 대리만족을 얻으며 자신의 갈등과 스트레스 요인을 해결하는 것
- 승화(sublimation): 본능적 욕구나 사회적으로 용인되기 힘든 충동들을 사회적으로 용납되는 바람직한 방향으로 전환하여 표현하는 것
- 동일시(identification): 부모, 윗사람 등 중요한 타인의 태도와 행동 특질을 자기 것으로 만드는 것

CHAPTER 04

청소년의 심리·사회·정서발달

청소년기는 신체의 급속한 변화와 성적 성숙이 일어나면서 심리적인 감정의 깊이가 매우 복잡하게 일어난다. 또한 심리정서적으로도 가족으로부터 독립하기 위한 긴장과 갈등 그리고 자아정체감을 찾으려 노력한다. 그리고 사회적 측면에서도 가족에서 또래집단 나아가 사회의 구성원으로서 대인관계의 폭이 넓어지고 사회기술이 향상된다. 에릭슨, 마샤, 설리반 등을 중심으로 심리 · 사회 · 정서발달과 관련한 주요한 발달이론과 정서발달을 살펴본다.

1. 에릭슨(Erikson)의 심리사회발달

1) 개요

정신분석학자이자 발달심리학자인 에릭슨은 프로이트의 인간의 발달은 청소년기까지만 한정해서 질적인 발달을 이루고 있다는 주장과는 달리 인간은 전 생애에 걸쳐서 발달한다고 강조한다. 에릭슨은 프로이트의 심리성적발달이론을 확장하여 성인기 이후의 단계를 추가한 전 생애 발달단계를 정립하였다. 발달과정을 거치면서 한 개인은 평생 환경과의 지속적인 상호작용을 통해서 자아를 형성한다고 보았다. 에릭슨 이론의 핵심은 '자아'에 있다. 프로이트가 이드(id)를 삶을 추동하는 힘이라고 본 것에 비해 에릭슨은 인생의 각 발달단계마다 자아(ego)가 중요한 역할을 한다고 보았다. 또한 자아의 발달은 자신 안에 있는 욕구와 사회환경의 압력이 상호작용하면서 이루어지며, 이러한 갈등을 해결하고 위기과정을 극복하여 통합을 이루어내는 것이 건강한 성격과 삶을 긍정적으로 이끄는 힘이라고 보았다.

특히 청소년기에 있는 청소년들이 가지는 원초적인 질문인 '나는 누구인가?' '삶의 무엇인가?' 등은 자아정체감을 확립하는 기초적인 갈등이다. 이러한 갈등을 자신의 심리와 외부 환경 간의 조정과 타협 등을 통해서 결국 나에 대한 특별한 존재 의식과 또한 나에 맞는 삶을 살아가는 존재로 일치시킬 때 정체감을 확립할 수 있다고 보았다.

에릭슨은 인간의 심리사회발달도 생물의 신체적 발달과 마찬가지로 연속성을 가진다는 점성의 원리(epigenetic principle)를 주장하였다. 따라서 각각의 단계가 적절히 발달해야 다음 단계에 발달을 꾀할 수 있으며, 또한 각 단계마다 해결해야 하는 발달과업과 위기가 있어서 이것을 해결할 때 건강하고 바람직한 성격이 될 수 있다고 하였다.

특히 '정체감 위기(identity crisis)'라는 개념은 청소년기와 청소년을 생각할 때 주요한 발달심리 용어이다. 발달은 하나의 적응과정이고 이 과정에서 긍정과 부정적 경험을 하는데, 이에 따라 오는 위기는 하나의 위험이라기보다는 발달과정에서 겪는 불가피하게 힘든 상황을 극복하는 하나의 과제라고 볼 수 있다. 따라서 위기는 곧 성장에 중요한 기회일 수 있다는 것이다. 에릭슨은 청소년기를 자아정체감을 형성하는 결정적인 시기로 보았으며. 청소년기를 질풍노도의 시기가 아닌 진정한 자신을 찾아가는 발달단계로 보았다.

2) 심리사회적 발달단계

에릭슨은 인간의 심리사회발달을 8단계로 구분하고 있다.

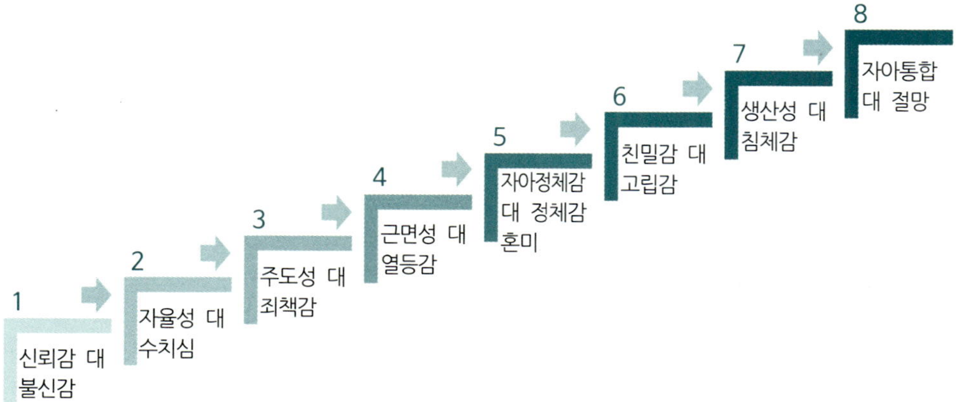

▮그림 4-1▮ 에릭슨의 심리사회적 발달

● 1단계: 신뢰감 대 불신감(trust vs. mistrust) – 영아기

신뢰감은 생애 전체에 걸쳐서 가장 기본적인 감정이며 삶의 태도이다. 이러한 신뢰감은 영아기에 영아와 양육자와의 관계에서 살펴볼 수 있다. 부모가 영아의 신체와 심리적 욕구를 원하는 때에 적절히 충족시켜 줄 때 자녀는 기본적인 신뢰감을 획득할 수 있다. 하지만 부모가 영아의 요구와 필요를 거부하거나 주의를 기울이지 않을 때 불신감이 생길 수 있다. 신뢰감뿐만 아니라 때로는 불신감의 경험도 지속적인 생존을 위해서는 중요하기 때문에 기본적 신뢰감과 불신감의 균형을 이루는 것이 삶을 이끄는 힘이 된다. 생애 초기 부모의 보살핌의 질이 전 생애 동안 누군가를 만나고 신뢰를 쌓는 것에 대한 기대와 소망(hope)의 밑거름이 되며 건강한 관계를 맺는 데 영향을 미친다.

● 2단계: 자율성 대 수치심과 의심(autonomy vs. shame and doubt) – 보행기

아동이 두 살에 가까워지면 두 발로 걷고 스스로 몸을 움직이고 말을 익혀서 자신의 의사를 표현하고 행동한다. 즉, 이제는 자기가 세상의 중심이 된다고 느끼며 환경에 대한 통제가 가능해지고 자기만의 주장이 강해진다. 이때 부모 등 상대가 적절히 반응하며 유아의 행동을 지지하고 안내해 주면 자율성과 긍정적인 자아의식을 갖게 되지만, 아동의 주장과 자기중심 행동을 심하게 통제하거나 억압하면 수치심과 의심이 생겨 부정적인 자아개념이 형성된다. 수치심은 부모에게 자신의 행동과 표현이 비난당할 때 느끼는 창피한 감정이고, 의심은 자기 행동에 대해서 비난과 공격을 당할 수도 있다는 불안을 뜻한다. 이 시기의 유아는 배변 훈련을 통해 자기통제감각을 익히게 되는데, 아동이 자신을 스스로 통제할 수 있고 자신감을 잃지 않도록 적절한 지지를 해주는 것이 바람직하다. 이 시기의 아동이 자율성과 회의감을 적절히 경험하여 해결해 나갈 때 아이는 자신의 의지(will)를 발달시키게 된다.

● 3단계: 주도성 대 죄책감(initiative vs guilt) – 유아기

학령 전기에 해당하는 이 단계의 유아는 운동기술이 정교해지고 사고와 언어가 놀라운 속도로 확장된다. 궁금한 것이 많아지며 주도적으로 사물을 만져보고 탐색하며 궁금한 것을 묻는 등 호기심이 넘쳐난다. 특히 '나'라는 표현, 즉 내 것, 나의 마음 등 자기중심 언어를 사용하며 상상력이 생기면서 자기주장이 강해진다. 이 시기에 놀이는 중요한 활동이다. 놀이를 만들어 내며 놀이 안에서 삶을 배워 나간다. 또한 자신의 세계를 구성하고 목표를 정하고 수행하며 창조성을 발달시키게 된다.

이때 아동의 주도적 행동이 부모와 주위에 잘 받아들여지면 창조성을 발전시키고 목표지향(purpose)이라는 덕목을 발현시킬 수 있지만 그렇지 않고 엄격한 규율과 윤리성을 강조하면 오히려 죄책감을 느끼거나 다른 사람과 환경에 대해 부정적인 감정이 생길 수 있다.

● 4단계: 근면성 대 열등감(industry vs. inferiority) – 아동기

이 시기를 거치면서 점차 사춘기 무렵으로 접어드는 단계이다. 즉, 자아 성장에 중요한 시기이다. 의미 있는 작업을 하는 법을 배우고 시작한 일에 몰두하며 그 일을 끝마치는 근면을 유지하는 훈련이 이루어지는 시기이다. 이 시기에는 자아의 역량이 발달된다. 학교에서 집단생활을 하면서 사회화를 배우고 또래집단과 어울리며 또한 경쟁도 한다. 그리고 생활에서 영향을 받는 범위가 부모와 가족에서 벗어나 더 넓어진다. 주로 학교를 통해서 배우는 읽기, 쓰기, 셈하기 등 학습과 사회기술을 습득하면서 근면성의 기초를 닦는다. 그렇지만 자기 스스로 실수나 실패를 거듭하거나 남들에 비해서 상대적으로 뒤처진다고 느끼며 또한 부모나 학교 등에서 성취감이 낮은 아동으로 편견을 가지고 질책을 할 때는 열등감이 생긴다. 이 시기의 성공적인 경험은 자긍심과 성취감을 높여 유능감(competence)을 발달시키게 한다.

● 5단계 자아정체감 대 정체감 혼란(identity vs. confusion) – 청소년기

청소년기에 해당하는 발달단계이다. 사춘기를 거치면서 이차성징의 발현으로 자신에 대한 감정과 생각이 복잡해진다. 그리고 이전의 자기와는 전혀 다른 느낌을 갖는 자아에 대한 새로운 경험과 탐색이 진행된다. 그렇기에 자아정체감은 중심적인 과제가 된다. 자아정체감은 자기 내면과 환경의 조율을 통해 생긴 동일성에 대한 분명한 자각이며 또한 삶에서 가져야 하는 방향과 자신의 능력, 책임 등에 대한 인식이다.

이러한 자아정체감을 형성하는 일은 청소년기에만 끝나는 것이 아니라 생애 전체를 통해서 이루어지는 과정이지만, 청소년기에 정체감이 확고해지면 사회에서 가져야 할 자신의 능력과 역할, 책임에 대해 뚜렷하게 알 수 있다.

이 단계에서 바람직한 성역할, 가족으로부터의 심리사회적 독립, 인격의 통합 등의 과업을 잘 성취하면 자아정체감이 확립될 수 있지만 그렇지 못하면 정체감 혼란을 가져올 수 있다.

한편, 청소년기는 사회적 요구와 생물학적 성숙이 최고조에 이르는 시기이며, 이에 따른 역동의 결과로 이 시기의 특수 발달과제가 생긴다(Erikson, 1993). 에릭슨은 프로이트가 제시한 급격한 성적인 성숙과정에서 일어나는 정신분석적 요인 외에도 청소년이 살고 있는 사회문화에서 요구하는 가치와 이념 등에 따른 갈등 또한 청소년기에 제기되는 문제라고 보았다. 청소년기에 겪는 생리, 신체, 사회문화를 둘러싼 변화는 청소년에게 끊임없는 질문을 던진다. 이와 함께 청소년은 청소년기가 갖는 엄청나고 다양한 가능성을 탐구하고 실험하며 이런 과정을 통해서 자신의 삶의 가치와 방향에 대한 통찰을 얻는다.

이러한 의미에서 청소년들은 이 시기에 내가 누구이고 이 사회에서 나는 어떠한 위치를 가지고 있는가에 대한 개념, 즉 자아정체감(ego identity)을 형성한다고 보았다. 즉, 수많은 가능성과 불분명한 역할이라는 역할 혼미(role confusion)의 위기를 통해 자신의 위치를 찾는 시기라는 것이다(Erikson, 1993). 그렇기 때문에 청소년기에 겪는 신체와 심리발달의 부조화와 사회환경과 관계의 어려움 등 심리사회적 위기를 해결할 수 있는 시간을 주어야 하며, 그것을 심리사회적 유예기간(psychosocial moratorium)이라고 하였다. 강한 정체감을 소유하고 있는 사람은 타인과 구분되는 독특성을 보이고 그 특성들을 조화롭게 통합해 나가고자 하는 의지와 능력을 지닌다. 에릭슨은 청소년기를 특별히 중요하게 강조하는데 이는 청소년기가 자아정체성 형성의 결정적인 시기이기 때문이다. 청소년기에 어떤 일이 일어나는가는 성인기의 성격에 중요한 의미를 갖는다(Erikson, 1993). 이 시기의 성공적인 성취는 자신의 삶에 충실(fidelity)하며 타인과의 관계에 성실한 생명력으로 나타난다.

● 6단계: 친밀감 대 고립감(intimacy vs. isolation) – 청년기와 성인 초기

성인으로서 생활이 시작되는 시기이다. 직업과 배우자를 찾고 타인과 원만한 관계를 맺는 일이 중요하다. 타인과의 관계에서 친밀감과 사랑을 느끼게 된다. 친밀감은 자신의 정체성을 기초로 두려움 없이 가족이 아닌 다른 사람과 연대와 공동체 의식을 갖고 잘 주고받고 함께 할 수 있는 능력이다. 자신의 정체감과 타인의 정체감을 잘 조화시킬 때 타인과의 접촉이 자신의 자아를 위협하는 불안으로 경험되지 않는다.

청소년기에 올바른 자아정체감이 형성되면 타인과의 관계에서 친밀감과 사랑을 느낄 수 있다. 사랑(love)은 인간에게 가장 지배적인 덕목이며 자신을 타인에게 관여시키고 이 관여를 지키려는 삶의 생명력이 된다. 청소년기에 자신이 가치 있는 사람이라는 긍정적인 자아정체감을 확립하지 못한 사람은 사회적 관계로 확장될 때 자신감이 부족하게 되고 대인관계에서 위축되어 고립감을 느끼고 관계의 어려움을 느낀다. 극단적인 경우는 은둔형 외톨이가 될 수 있다.

● 7단계: 생산성 대 침체(generativity vs. stagnation) – 성인기

부모로서 경제적인 안정과 다양한 삶의 경험을 바탕으로 자녀 양육과 사회적 역할을 잘 수행해 나가는 생물학적 생산성이 발휘되는 중요한 시기이다. 나아가 이웃과 사회를 위해서 의미 있는 일을 하는 사회적 생산성이 두드러지는 발달단계이다.

생산성은 다음 세대를 이끌고 돌봐주려는 관심이다. 출산하고 양육하며 또 직업적 경험 기술, 예술 활동 등 사회의 존속과 유지를 위해 현 세대와 다음 세대를 연결하고자 노력하는 개인의 성취와 만족감이다. 이러한 발달과업을 잘 성취하면 성숙한 성인으로서 돌봄(care)과 배려라는 덕목을 성취할 수 있지만, 그렇지 않을 경우 인생에서 의미를 찾지 못하고 다음 세대와의 이어짐에 아무 할 일이 없다고 느끼는 침체감이 생긴다. 이렇게 침체감은 다른 사람들에 대한 성숙한 성인으로서 관심과 돌봄보다는 자신의 욕구에 더 치중하는 경향을 보이며 대인관계에서 어려움에 처한다.

● 8단계: 자아통합성 대 절망(integrity vs. despair) – 노년기

생애발달의 마지막 단계로서 노년기에 해당한다. 은퇴를 하고 몸이 늙고 나아가 배우자나 친구의 죽음 등 상실과 무력감을 느끼는 시기이다. 자연스럽게 인생을 돌아보고 관심이 미래에서 과거로 옮겨간다. 그러면서 지금까지의 삶이 가치 있고 의미가 있었는지에 대해서 생각한다.

이때 그동안 경험한 긍정적이고 부정적인 삶의 부분을 모두 자신의 소중한 삶으로 여기고 잘 수용할 때 통합감을 갖게 된다. 이제껏 성취한 것들에 대한 만족감과 자부심으로 삶을 돌아보고, 한계를 인정하고, 다양한 후회와 실패들을 수용하고 그 안에서 의미를 찾을 때 지혜(wisdom)라는 생명력을 갖고 노년을 보내게 된다. 자신의 삶에 감사하고 만족감을 느끼고 다가올 죽음을 자연스럽게 받아들이며 주어진 삶에 충실할 때 자아통합이 이루어진다. 그렇지 못하고 자신의 삶에 대한 혐오와 지나간 기회들에 대한 분노와 좌절, 죽음에 대한 두려움에 사로잡히면 절망감에 빠질 수밖에 없다. 즉, 나의 삶은 의미와 가치 있는 것이었다고 느끼면 생을 통합하는 감정을 갖고 발달과업을 완수한 인생으로서 받아들이지만, 삶이 무의미한 것이었다고 느끼게 되면 절망에 빠진다(정옥분, 2015).

표 4-1 에릭슨의 심리사회적 발달단계와 덕목

단계	연령	갈등	덕목/생명력	희망 결과
1	0–1세	신뢰감 대 불신감	소망/희망 (hope)	기본적 신뢰감과 안전감
2	1–3세	자율성 대 수치심	의지 (will)	자신과 자신의 능력으로 이끄는 독립감
3	3–6세	주도성 대 죄책감	목표 (purpose)	주도권을 갖고 의사결정을 내리는 능력으로서의 자신감
4	6–12세	근면성 대 열등감	유능/능력 (competence)	자긍심과 성취감
5	12–20세	자아정체감 대 정체감 혼미	충실/충성 (fidelity)	미래에 대한 분명한 모습을 그릴 수 있는 강력한 정체성
6	20–30세	친밀감 대 고립감	사랑 (love)	헌신과 사랑으로 가득 찬 안전한 관계
7	30–65세	생산성 대 침체감	돌봄/배려 (caring)	가족과 지역사회 그리고 일터에서 성공을 성취하는 열망
8	65세 이상	자아통합 대 절망	지혜 (wisdom)	성취한 것에 대한 자부심에서 오는 만족감

2. 마샤(Marcia)의 자아정체감 지위

1) 개요

마샤는 청소년기 심리사회적 발달과 전 생애 정체성 발달에 주목한 임상심리학자이자 발달심리학자이다. 에릭슨의 자아정체감에 대한 개념을 보완하여 네 가지 성취 지위를 범주화하였다. 에릭슨은 청소년기를 자아정체감 확립 대 정체감 혼미의 양극 개념의 단계로 보았으나 마샤는 청소년기는 다양한 삶의 영역에서 정체성을 탐색하고 자아정체감을 획득하기 위해 전념하며, 특히 다양한 삶의 영역 중 직업과 이념에 적극적인 태도가 나타나는 시기라고 보았다(Marcia, 1993). 마샤는 정체성 연구를 위한 반구조화 면담 도구인 정체성 지위 면담(identity status interview)을 개발하였다. 마샤는 대학생을 대상으로 면접법을 통해 직업 선택, 종교, 정치이념, 친밀관계, 우정, 성역할 등에 대한 위기와 관여 경험 여부를 조사하였으며 다음과 같이 자아정체감 지위를 분류하였다.

2) 자아정체감 지위

마샤의 자아정체감 지위는 한 사람의 정체성 형성의 과정과 수준을 설명하는 이론으로 에릭슨의 자아정체감 이론을 보완한 것이다. 마샤는 자아정체감을 정체감 위기(crisis, 탐색)와 정체성 과업에 대한 참여(commitment, 관여)의 두 가지 차원으로 보았다. 탐색과 문제해결을 위한 시도인 두 가지 차원을 결합하여 자아정체감을 성취(achievement), 유예(moratorium), 유실(foreclosure), 혼미(diffusion), 네 가지 지위로 분류하였다(Marcia, 1966).

참여 \ 탐색	높음	낮음
높음	정체감 성취(위기 해결) "나는 내 삶에서 내가 해야 할 것을 생각했고 지금은 그것이 무엇인지 안다." • 가치, 믿음, 목표를 탐색한 다음에 갈등 해결을 위한 시도 상태	정체감 유실(위기 경험 없음) "나는 생각 없이 결정을 해왔다." • 충분히 탐색하지 않고 결론을 내어버리는 상태
낮음	정체감 유예(위기 진행 중) "나는 내가 해야 할 것을 생각하는 중이다." • 해결하려는 시도를 하지 않고 탐색만 하는 상태	정체감 혼미(위기 경험 없음) "나는 내 삶에서 내가 해야 할 일을 생각하지 않았고 알지도 못한다." • 탐색도, 해결을 위한 시도도 하지 않는 상태

그림 4-2 마샤의 자아정체감 지위

위기(crisis)란 위험을 뜻하기보다는 하나의 조금은 혼란한 탐색의 기회라고 할 수 있다. 즉, 직업 선택, 이념과 신념과 같은 개인의 정체감을 확립하기 위해 가치, 신념, 직업, 목표 등과 관련하여 스스로 의문을 제기하고 적극적으로 적절한 대안을 탐색하는 시기를 뜻한다. 한편, 참여(commitment)는 직업 선택, 이념, 신념에 있어서 확고한 결정을 하고 그 활동에 적극적으로 자신을 투자하고 관여한 정도와 충실도를 뜻한다.

예를 들면 초등학교 때부터 원했던 축구선수, 소방관, 사업가 중 어떤 직업이 나에게 적합한지 미리 직업체험을 하고 부모님과 지인들과 상담도 하는 등 다양한 탐색을 해나가는 시기를 위기(탐색)라고 말하고, 만일 그중에서 소방관이라는 직업을 장차 직업으로 선택하고자 했다면 소방관이 되기 위한 공부와 체력단련 등 실제로 여러 준비를 하는 일이 참여(관여)라고 할 수 있다.

3) 정체감 지위의 4가지 유형

(1) 정체감 혼미(identity diffusion)

정체감이 가장 덜 발달된 지위로 삶의 가치와 이념을 탐색하지 않고 자아가 통합되지 못한 상태이다. 어떤 위기도 경험하지 않고 직업이나 이념 선택에 대한 의사결정도 하지 않고 이런 문제에 대한 관심조차 없다. 가장 단조롭고 미성숙한 상태이다. 분명한 방향이 결여되어 있고, 가치나 목표를 설정하지도 못하고 적극적으로 그것을 찾으려 시도조차 하지 않는다. 대안을 탐색하려 하지 않고 오히려 그러한 과제가 너무 위협적이고 부담스럽다고 생각한다.

이 지위 수준의 청소년은 아직 정체감 탐색을 경험하지 않았고 자신의 직업과 가치, 이념에 대한 뚜렷한 자기결정을 갖지 못한 상태이다. 스트레스 상황에서 본인이 해야 하는 일을 수행하지 못하고 자아존중감도 낮다. 상황에 대한 인식도 낮아 그 상황에서 요구하는 것이 무엇인가를 파악하는 것이 어렵다. 자신이 누구인가에 대해 답을 하기가 어려우며 자신의 내면을 들여다보지 못하며 성격을 확신하지 못한다. 또한 대인관계에 일관성이 없으며 불편함을 경험한다. 타인과 상황에 대한 인식이 부족하므로 자기중심적이고 대처능력도 저하된다.

정체감 혼미 지위에 해당하는 청소년에게 정체감 확립의 문제는 관심의 대상이 아니고 자아정체감을 찾아가기 위한 결단을 해야 한다는 자체도 관심 밖의 일일 뿐이다. 정체감 혼미 상태에 장기간 머무를 경우 개인적 결정과 문제처리를 피하게 되고, 미래에 대한 긍정적인 기대를 갖지 못하며 미래에 대한 무력감과 운명에 자신을 맡기는 무기력하고 건강하지 않은 심리상태가 된다.

이들은 시간 관리와 학업 수행이 어렵고 약물 복용과 남용의 유혹에 빠지기 쉽다.

또한 정체감 혼미를 그대로 방치하게 되면 부정적 정체감으로 빠져들 위험이 있다. 부정적 정체감(negative identity)이란 부모의 가치관과 사회적 가치관과 정반대가 되는 자아개념이다. 대개 사회적으로 수용을 받는 경험과 내면화할 기회가 없어 사회적 가치에 반대되는 태도, 행동을 자신의 것으로 내면화하는 과정에서 형성된다(정옥분, 2015).

(2) 정체감 유실(foreclosure)

자신의 정체감을 찾기 위한 충분한 탐색을 하지 않고 부모나 친지 등의 역할모델을 그대로 받아들여서 자신의 정체감을 결정한 상태를 말한다. 직업과 이념에 대한 의문을 제기하거나 본인의 가치관을 정립하고 진로를 선택하기 위한 스스로의 고민과 탐색 등을 경험하지 않았지만 의미 있는 타인의 기대와 가치 등을 갈등 없이 그대로 받아들여 전념한 경우이다. 부모의 종교관, 정치관, 직업관 등이 곧 자신의 것이 되어 헌신하게 된 것을 말한다. 즉, 이미 만들어진 정체감을 그대로 받아들여 대안을 탐색하지 않고 가치와 목표를 설정하고 그것에 따라 행동한다.

마샤는 정체감 유실 유형을 정체감 성취 유형과 함께 자아정체감을 획득한 상태로 보았다. 정체감 유실 상태는 얼핏 보면 안정적이고 큰 문제 없이 청소년기를 지내는 듯 보이지만 그들의 가치관이 통용되지 않는 상황을 만나거나 의미 있는 타인의 부재, 의견 상충 등의 외적 상황의 변화가 발생할 경우 성인기에 다시 정체감 위기를 경험할 가능성이 높다.

올바른 자아정체감 형성을 위해서는 불가피하게 위기, 즉 탐색 기간을 지내야 한다. 비록 위기가 심각하지 않더라도 자신만의 신념, 가치관과 이에 따르는 문제해결능력과 의사결정 태도 등을 확립하기 위해서는 어느 정도 위기가 있는 것이 바람직하다(Marcia, 1993). 정체감 유실 수준에 머무른 청소년들은 위기를 경험하고 관여한 후에 정체감을 성취한 청소년이나 유예기의 청소년들에 비해 의존적이고 자신감이 적으며 자신에 대한 진지한 사려가 부족한 특징을 보인다. 또한 권위주의적 가치를 추종하고, 부정적 정보에 의해 자아존중감이 흔들리고, 비현실적인 목표를 세우는 경향이 있다.

(3) 정체감 유예(identity moratorium)

유예는 어떤 의무와 책임을 해낼 수 있는 준비가 되지 못한 연기된 기간을 말한다(Erikson,1968). 청소년기에는 심리사회적으로 많은 위기와 해결되지 않은 문제에 직면해 있다. 따라서 이에 대한 답을 찾고 역할을 탐색하고 시도하는 등 여러 가지를 해보려는 적극적인 활동을 한다. 인생의 방향을 정하지 못한 상태로 위기상황을 경험하며 불안하며 의사결정을 모색하고 있는 상태라 할 수 있다. 자아정체감 형성을 위해 다양한 역할, 신념, 행동 등을 실험하고 있는 향방을 알 수 없는 시기로, 현실의 예측 불가능을 예측 가능으로 만들기 위해 노력을 기울여야 하는 위기를 경험한다. 아직 모든 것이 불분명하고 정보를 탐색하고 모으는 과정에 있으며 자신의 삶의 가치와 목표를 발견하고 싶은 바람을 가지고 행동을 시험해 보는 중이다.

이와 같은 측면에서 볼 때 유예는 청소년기에 갖는 눈에 띄는 특징이라고 볼 수 있다. 즉, 종교 활동, 사회봉사 활동, 아르바이트 등 직업체험 활동 등 여러 가지 역할을 실험하는 기간이라고 볼 수 있다. 다양한 관점과 맥락에서 자신의 역할과 위치를 시험하면서 자신이 있어야 할 지점을 찾는 능동적인 노력의 상태라고 볼 수 있다.

따라서 아직 의사결정에 도달한 상태가 아니기 때문에 정체감 성취 상태의 청소년보다 참여의 안정성과 만족도가 떨어지지만 정체감 유실이나 혼미보다는 현실에 적응이 되어 있는 상태이다. 이런 상황에 청소년은 현실적 대안 탐색을 위해서 노력한다. 그리고 정체감 성취나 유예 상태에 있는 청소년은 높은 자부심과 비판적 사고, 자아상 그리고 높은 수준의 도덕성을 가지고 있다.

현대사회의 교육기간의 연장은 대학생의 직업과 이념 선택을 위한 유예기간을 가져오며, 자아정체감 성취 수준에도 영향을 미쳐 정체감 유예기간이 점점 길어지고 있다.

(4) 정체감 성취(identity achievement)

정체감 성취는 스스로 가치와 신념 그리고 진로 등에 대해서 잘 탐색하여 정체감 위기를 성공적으로 극복한 상태로 심리적으로 건강하며 문제해결능력을 갖춘 모습을 말한다. 또한 스스로 의사결정을 할 수 있는 상태이다. 이미 여러 가지 인생의 대안을 탐색하고, 자신이 선택한 가치와 목표에 맞추어 행동하려 한다. 심리적으로 행복하며, 시간이 흘러도 변하지 않고, 어디로 가고 있는지를 안다고 느낀다.

이 유형의 청소년들은 부모를 포함한 대인관계가 현실적이고 안정적이며 자기존중감이 높고 성취 의욕이 높으며 스트레스에 대한 저항력도 높다. 또한 인성 발달에 있어 성숙한 면모를 보이며 자기주도적이며, 인지능력과 과업수행능력도 높아 문제를 해결할 때에는 관련 정보를 수집하고 선택에 따라 발생할 수 있는 여러 가지 경우의 수를 고려하여 결정을 내린다. 심리사회적으로 안정되어 있으며 자기 자신으로 세상을 살아갈 수 있는 역량과 용기, 책임의식을 가지고 있으며 사회 속의 개인으로 협동하며 배려하고 긍정적인 대인관계를 형성하는 능력을 갖고 있다.

청소년기의 자아정체감 성취는 청년기의 직업 정체감 추구 및 장기적 목표

확립에 필연적으로 획득되어야 하는 요인이며 친밀감 형성을 위한 기초가 된다. 현대사회의 변화와 복잡성은 선택의 폭을 확대시켜 정체감 성취는 어렵고 장기간을 필요로 하는 과업이 되었다. 복잡한 사회와 연장된 교육기간은 정체감 성취에 이르기까지의 문제해결을 위한 시도에 소요되는 기간을 연장시켜 정체감 성취 지위에 도달하는 시기가 청소년기에서 청년기 후기까지 미뤄지며 정체감 유예기간이 길어지고 있다. 이 시기를 건설적이고 적극적으로 보내어 시행착오가 허락되는 시간으로 유의미하게 활용할 경우 심리적으로 건강한 상태를 유지할 수 있을 것이다. 정체감을 성취하는 과정이 위기로 인식되기는 하나, 이 위기는 전 생애 발달과정 중 극히 자연스러운 것으로 더 나은 상태를 향한 하나의 디딤돌이 된다.

그러나 정체감 혼미 상태에 머물러 자신의 정체감을 형성하는 것을 회피하거나 의도적으로 정체감 유예 상태에 머무르고 선택을 미룰 때 현실 참여 기피 문제가 대두되며 의무는 없고 권리만 있는 자유롭고 편한 시기로서의 새로운 형태의 유예 시기가 등장할 수 있음을 경계해야만 한다. 위기에 부딪치게 될 때 회피하거나 도피하지 말고 그것에 맞서 새로운 자기를 통합하려는 의지를 보이는 것이 참다운 자아정체감을 성취하는 지름길이 될 것이다.

3. 설리반(Sullivan)의 대인관계이론

1) 개요

설리반은 성격발달에서 사회문화적인 요인을 강조한다. 그는 성격의 본질을 생리적 욕구와 사회적 불안전(심리사회적 욕구)에서 일어나는 긴장에 의해서 결정되는 것으로 보았다. 그는 "성격은 인간의 삶을 특징짓는 되풀이되는 대인관계 상황의 비교적 지속적인 패턴이다"라고 정의하면서 생리적 욕구의 충족과 다른 사람과의 관계에서의 안전 등 두 가지 욕구를 중심으로 관계의 형태에 주목했다. 이와 관련해서 보면 유아는 태어날 때부터 생물학적 욕구와 정서적 욕구를 포함한 '만족 욕구(needs for satisfaction)'를 가지고 태어나며 유아는 스스로 욕구를 충족시킬 수 없으며 유아의 양육자인 어머니를 통하여 욕구를 만족시키게 된다(이재훈 역, 2004).

긴장의 원천인 생리적 욕구를 충족하기 위해서는 공기와 물 그리고 음식과 성적 행동 등이 필요하다. 이러한 욕구가 일어나면 사람은 심리적인 긴장이 생성되고 이를 해결하려고 만족을 성취하려는 활동이 생긴다. 이 과정은 긴장 생성 → 활동 → 만족의 순환이 계속된다. 긴장의 원천인 사회적 불안전은 당연히 안전을 성취하는 것으로 문화적 및 대인관계 원인에서 비롯되는데 위협을 경험하면 불안해져 자신감을 감소시키고 대인관계의 문제를 일으킨다고 보고 있다. 특히 유아와 아동기에는 안전을 성취하는데 부모, 특히 어머니의 행동과 태도가 절대적이다. 만약 어머니가 아동의 생리적 욕구를 만족시키면서 긴장하거나 화를 내고 불행해하면 아동은 어머니의 이런 감정을 안전에 대한 위협으로 느낀다. 이러한 감정이 불안전이다. 이러한 불안전은 한 개인이 속한 가정, 사회, 문화와 관련되어 있다. 불안전도 긴장 생성 → 활동 → 안전 추구의 관계로 해결되어 간다. 이러한 불안은 자신의 가치와 자신감 그리고 유능함을 감소시킬 뿐만 아니라 대인관계에 있어서 문제를 일으키는 요인이 된다. 이러한 불안은 설리반의 대인관계이론의 핵심적 개념이다. 불안은 모든 종류의 정서적 고통과 관련되어 있다.

인간은 타인과의 상호작용을 통해 사회적 관계를 형성하고 유지하려는 욕구를 가지고 있다. 인간은 태어나면서부터 생리적 욕구를 끊임없이 누군가를 통해서 충족해야 하고 이와 더불어 중요한 신체 및 심리 · 사회 등 다른 사람과의 관계에서 안전할 수 있는 방법을 찾아야 한다. 유아기에는 스스로 이 욕구들을 해결하지 못하고 다른 사람의 도움을 받아야 한다. 이때 부모 특히 어머니의 역할은 절대적이다. 따라서 이 시기부터 어머니와 어떤 관계를 맺느냐에 따라서 성격과 자기의 긍정적인 상(像) 그리고 바람직한 대인관계를 이끌어나가는 것이 좌우된다고 볼 수 있다. 어머니의 긴장은 자녀에게 불안으로 경험된다. 어머니가 따뜻하고 애정적일 때 아이는 세상에 대해 긍정적 태도를 갖게 되고 '좋은 나 자아상'을 갖게 된다. 반대로 어머니가 자녀의 욕구에 둔감하며 긴장으로 아이의 욕구를 좌절시킬 때 아이는 세상에 부정적인 태도를 갖고 '나쁜 나 자아상'을 갖게 된다.

또한 우리는 타인과의 관계에서 제공되는 반영적 평가를 통해 자아를 형성해 나가고, 반영적 평가는 대인관계에서 발생하는 불안감이나 위협적인 사건으로부터 자아를 보호하는 여과장치의 기능을 담당한다. 타인과의 상호작용 욕구는 유아기뿐만 아니라 사회적 관계를 맺고 살아가는 유기체가 자신의 안정을 꾀하고 정서적 지지를 제공받기 위한 수단이 되며 각 연령에 따라 중요한 역할을 담당하는 대상이 달라진다.

설리반은 개인의 성격은 사람과의 대인관계에 의해서 평생에 걸쳐서 발달한다고 보았다. 즉, 성격은 한번 결정되면 변하지 않는 것이 아니라 관계에 따라서 달라진다고 본 것이다. 그렇지만 이러한 성격 형성에서 중요한 시기는 태어나서부터 청소년기까지이고, 이때까지의 발달과정이 성격의 기초와 틀을 만들어준다고 한다(Sullivan, 1953). 설리반은 타인과의 상호작용은 연령에 따라 그 형태와 욕구가 달라진다는 점을 강조하며 대인관계 발달과정을 다음 6단계로 제시하였다.

2) 대인관계 발달단계

(1) 유아기(0-2세): 신체적 접촉을 추구하는 시기

아이는 태어나서 어머니로부터의 수유(보살핌)가 첫 대인관계의 경험이 된다. 그리고 말을 할 수 있게 되어 의사소통이 가능한 때 자아의 정상적 분화, 즉 자기와 대상(세계)을 구별하기 시작한다. 그리고 생리적 신체적 욕구와 관련한 긴장을 통제하는 방법을 배운다. 어머니의 태도와 행동에 기반해서 자신을 한 개체로 인식하기 시작하며 이 시기에 중요한 자아역동성이 형성되기 시작한다. 이 단계에는 불안에서 벗어나기 위해 타인과의 따스하고 부드러운 접촉욕구가 증대되며 주로 어머니의 품에 안김으로 안정감과 사랑을 느끼며 좋고 나쁨을 학습한다.

(2) 아동기(3-6세): 성인의 인정을 바라는 시기

언어능력이 발달하면서 통합적인 경험의 조직이 가능해진다. 그 결과 보다 일관된 자기 체제를 형성하며 놀이를 통해서 자신의 성역할에 대한 동일시를 한다. 자신이 하는 행동에 대해서 남들이 받아들이거나 거부하는 표현 방식에 대해서 인식한다. 자신의 행동이 어느 경우에 용인되고 어느 경우에는 인정되지 않는지를 이해하는 단계이다. 이때 부모의 태도와 표현이 중요한데, 부모가 지나치게 아이 자신의 행동을 인정하지 않는다고 느끼면 아이는 부정적이고 적대적으로 세상을 보기 시작한다. 이렇게 되면 아이는 다른 사람과 세상에 대해 긍정적이지 않고 부정적인 면만을 지각하게 될 수 있다. 또한 심해지면 타인의 친절한 태도에 대해서도 자신을 격리시켜 퇴행하려는 경향이 생긴다. 이 시기에는 자신들의 놀이에 성인의 참여를 희망하고 성인이 바라는 행동을 주로 하면서 불안에서 벗어나기 위해 인정받는 행동을 추구한다. 또한 상상의 놀이친구를 갖게 되는 시기이다.

(3) 소년기(7–10세): 또래관계 형성을 필요로 하는 시기

학교에 들어가면서 가족 외에 많은 사람들(또래집단, 교사 등)과 관계를 갖고 평가를 받고 권위에 복종하고 집단의식을 갖고 협력의 태도를 배운다. 다른 사람들과 관계에 의해서 받게 되는 평가는 자아역동성에 영향을 미친다. 이때는 파란 많은 시기이자 눈부신 지적 성장이 이루어지는 시기이며, 내적 통제에 의해 행동을 관리하며 사회화 과정에 깊이 들어가며 환상과 현실의 차이를 구별하며 삶의 방향에 대한 통찰력이 생기는 시기이다. 특히 또래관계가 중요하게 대두되며 놀이친구를 얻고자 하며 또래집단에 참여하고자 하는 욕구가 커진다. 또래집단에서 협동심과 경쟁심을 배우고 그 안에 수용되고자 하며 배척과 따돌림 등에 대한 두려움이 생긴다. 상상의 친구에서 벗어나 친구관계에서 보다 친밀한 친구들을 사귀고 대인관계의 폭을 넓혀 나간다.

(4) 전 청소년기(11–12세): 동성 단짝을 필요로 하는 시기

동성 친구와 친근하고 개별적인 대인관계 욕구가 생기며 다른 사람과도 일상적인 대인관계를 시작한다. 동성과 강한 친밀감을 갖기를 원해 단짝 친구를 원하며 이때 친한 친구가 없다고 느끼면 절망에 빠지기도 한다. 설리번은 이 시기를 중요하게 생각했는데 단짝 욕구는 인생에서 처음 나타나는 상호적 사랑이기 때문이다. 이 시기에 친구 간의 애정과 존경을 배우게 된다. 동성과의 단짝친구는 서로 간에 심리적으로 관여하는 정도가 매우 깊으며, 거부당할지도 모른다는 불안을 가질 필요도 없는 친밀한 관계이다. 자신의 독특성을 또래 단짝 친구가 가진 독특성과 견주어 보며 사회적 및 심리적 지지를 받을 수 있다. 같은 시기에 비슷한 발달과정을 거쳐가는 동성 친구와의 비교는 불안을 해소시켜 자존감을 높이는 작용을 한다. 그러므로 이 시기의 동성 단짝 친구는 이상발달현상이 아닌 누구에게나 필요한 실제적 경험이다. 이런 경험의 결여는 사회적 거부와 고립감을 불러일으킬 수 있다.

(5) 청소년 초기(13-16세): 이성간 친밀감 형성 욕구 증대 시기

사춘기를 겪으면서 성적인 욕구가 생기며 이를 통해서 친밀감과 이성에 대한 욕망 등이 성격에 영향을 주고 또한 한 사람의 이성에게 초점을 맞춘다. 성적 접촉욕구가 생기며 이성 친구와의 친밀 욕구와 본능적 욕구 충족에서 갈등을 경험하기도 한다. 또한 이 시기는 동성 친구에 대한 친밀감 욕구로부터 이성 친구에 대한 애정 욕구의 분리가 이루어져야 하는 중요한 시기이기도 하다. 이 두 욕구가 분리되지 못할 경우에는 동성애 경향성이 초래된다. 이성 간의 깊은 감정 관계를 형성한다고 하여도 동성 간의 친밀감이 필요 없는 것은 아니며 여전히 동성 단짝 친구 관계를 필요로 한다. 동성 단짝 친구는 서로 비교와 참조의 역할을 담당하며 또래집단의 소속감을 강화시키는 기능을 갖는다. 또한 또래집단에의 소속감은 불안감을 해소시켜 주는 작용을 한다.

(6) 청소년 후기(17-20세): 안정된 대인관계를 추구하는 시기

기존 성인 사회에 통합욕구를 갖고 성적 욕구와 친밀감의 욕구가 통합되며, 이성 한 사람에게 초점이 맞추어지며 행복감을 느끼고 자아인식을 통해 긍정적인 자존감을 가지는 시기이다. 즉, 애정에 입각한 지속적이고 안정적인 관계를 유지하며 성숙한 하나의 인간으로서 관계능력을 갖게 된다. 이 시기에 자아역동성이 전체적으로 발달하며, 만일 모든 과업이 잘 이루지고 충분히 사회화 과정을 거치면 한 사람의 사회성원으로서 책임감을 갖고 안전하고 안정된 생활을 이어가게 된다. 그러면서 자아가 완전히 형성되어 많은 불안을 해소할 수 있는 방법을 체득한다.

표 4-3 설리반의 대인관계 발달과정

단계	연령	특징	중요한 대상	대인관계 과정	학습
1	0-2세	신체적 접촉을 추구하는 시기	어머니	부드러움(어머니의 선과 악의 양면성도 경험)	좋고 나쁨
2	3-6세	성인의 인정을 바라는 시기	부모	상상의 친구	말, 성역할 인지
3	7-10세	또래관계 형성을 필요로 하는 시기	놀이친구들	또래와 생활	경쟁, 타협, 협력
4	11-12세	동성 단짝을 필요로 하는 시기	친구	친밀감(동성 또래)	애정과 존경
5	13-16세	이성 간 친밀감 형성 욕구 증대 시기	친구들	친밀과 성욕(이성에 대한 갈망)	균형과 안전을 조율하고 살핌
6	17-20세	안정된 대인관계를 추구하는 시기	연인	친밀과 성욕의 융합	자아와 세계의 발견과 안정, 독립성 확보

4. 정서발달

1) 정서의 개념

정서(情緖, emotion)는 외부에 자극에 의해서 마음에 일어나는 여러 가지 감정, 생각, 행동 등과 관련된 정신적 · 생리적 상태이다. 이러한 정서는 주관적 경험에 따른 감정으로 대체로 기분, 기질, 성격 등과 관련이 있다. 한편, 감정(感情)은 어떠한 상태에 따라 일어나는 마음의 현상으로 외부 사물에 맞닥뜨려서 일어나는 정서와 차이가 있다.

인간의 대표되는 정서(emotion)로는 희로애락(喜怒哀樂)이 있다(한상철 등, 2014). 이러한 정서는 인간이 환경에 적응하기 위한 필수 정서이다. 환경에 적응하기 위한 8가지 정서의 기본 범주는 '놀람(suprise), 두려움(fear), 혐오(disgust), 슬픔(sadness), 기쁨(joy), 기대(expectancy), 분노(anger), 수용(acceptance)'으로 분류된다(Plutchik, 1980).

신체적, 심리 · 정서적, 사회적 성장이 급속하게 진행되는 청소년기의 정서발달 특징은 막연하며 불안정한 상태로 격렬하고 일관성이 결여되어 있다고 말할 수 있다. 이 시기는 '기쁨, 슬픔, 노여움' 등에 민감하고 '죽음, 운명, 좌절, 죄의식' 등 추상적인 것을 많이 생각한다. 아동기적인 정서표현이 성인과 같이 내면화되어 가고 영속성을 지니며, 의식적으로 억제된 정서인 분노는 '초조감이나 혐오감'으로, 공포심은 '불안이나 우울'로, 기쁨이나 환희가 '행복감'으로 정서표현이 변해간다(김대일, 2006).

2) 정서발달

정서발달은 정서의 분화로부터 시작하고 발달단계가 진행됨에 따라 미분화된 정서가 점차 안정화된 분화 상태로 가는 과정이다(장혜진 · 김영근, 2020). 이러한 정서분화과정은 '정서분화, 정서표현, 정서이해, 정서조절'의 순서로 발달하며, 연령의 증가에 따라 복잡하고 정교해진다(황매향, 2008).

- **정서분화**
신생아 시기의 미분화된 흥분상태에서 생후 3주경 불쾌와 쾌의 감정으로 분화하며 걸음마기에 이르러 자기인식이 발달하면서 정서는 공포, 애정, 기쁨, 분노, 질투, 자부심, 수치심, 죄책감, 감정이입 등의 정서로 분화된다.

- **정서표현**
한 개인이 경험하는 정서를 외부로 표현하는 것으로 언어적, 비언어적으로 표현된다. 어릴수록 비언어적으로 정서를 표현하므로 상황과 맥락에 적합한 정서를 표현하는 능력을 키워나가야 한다.

- **정서이해**
정서가 나타나는 상황과 그 상황에 대한 반응을 이해하는 것으로 자신뿐 아니라 타인의 정서상태를 인식하고 그 의미를 적절하게 파악하는 것이 필요하다.

- **정서조절**
자신이 현재 느끼고 있는 정서를 상황과 맥락에 적합하게 조절하고 적응하는 능력이다. 정서를 조절하는 능력은 대인관계 형성에 중요한 역할을 담당하므로 자신이 원하거나 원하지 않는 여러 가지 감정을 경험할 뿐만 아니라 다양한 감정을 다루는 방법을 익혀나가야 한다.

청소년의 정서는 격렬하고 쉽게 동요하는 속성이 있다. 사춘기의 신체적이며 생리적인 변화는 정서적 불안정성을 유발하므로 감정기복이 심하고 충동적이고 불안정하며 민감한 특징을 보인다. 또한 심리사회적인 압박도 강한 정서적 불만이나 갈등을 야기한다. 특히 부모와의 갈등은 청소년의 정서를 자극하는 요인이 된다. 또래집단과의 대인관계 문제 역시 청소년에게 강도 높은 정서를 불러일으킨다. 정서의 불안정은 청소년의 학업과 적응, 대인관계 등에 직접적인 영향을 미친다.

청소년기에는 아동기와는 달리 자신의 정서적인 경험을 자각한다. 아동기의 정서표현은 직접적이고 일시적이어서 오래 지속되지 않으나 청소년의 정서표현은 내면적이고 영속적이어서 정서가 기분과 정조(sentiment)로 발전하는 경우가 많으며 정서의 내면화가 일어난다. 청소년기에는 또래집단 등 더 많은 사회관계를 맺음에 의해 대인관계 경험이 쌓이고 사회적 기술이 높아지며, 아울러 자의식도 발달한다. 이러한 맥락에서 청소년의 정서는 외부적 표출에서 점차 안정된 내부에서의 체험으로 바뀐다. 또한 정서를 체험하는 내용이 풍부해지고 사회적 관계에서 정서가 주도적 위치를 차지한다. 사춘기 초기에는 정서상태에 적극적인 측면이 적고 소극적 정서가 많으며, 정서적 안정성이 열악하고 기복의 변화가 많지만 사춘기 후기로 가면 정서적 안정성이 증가하고, 정서의 기복 변화가 점차 완화된다. 청소년기의 정서적 변화를 단계별로 살펴보면 다음과 같다.

(1) 청소년기 초기

청소년기 초기 또는 사춘기에서 정서의 특징은 지적인 바탕 위에 성적충돌을 강하게 경험하게 되므로 그들의 정서는 성적인 색채를 갖는다. 급격한 신체적 성적 성숙과 더불어 성에 대한 의식과 이성에 대한 관심이 높아지지만 그런 마음에 대한 수치심을 강하게 보이고 이성에 대해서 반발하며 주위사람들에게 허세적인 반항을 하는 등의 이중적 정서를 표출한다. 민감한 정서로 인하여 바깥 세계를 깨닫고 느끼는 것도 너무 세부적인 상태까지 의식하게 된다. 결국 스스로 어떻게 할 수 없는 불안과 초조에 사로잡히기도 한다. 이러한 상황에서 대부분의 청소년들은 이러한 정서적 문제를 자발적으로 해결하지만 일부는 부적응 행동을 일으킨다.

(2) 청소년기 중기

이 시기 정서는 초기보다 더욱 강렬해지지만 직접적인 표출을 억제하는 경향이 높다. 자아의식이 더욱 높아지면서 독선적이고 자기 우월을 과시하고 현실을 부정하고 혐오하는 모습을 보인다. 기성세대와 기존의 사회구조를 부정적, 회의적으로 인식함과 동시에 자신의 인생을 낭만적이고 화려하게 계획함으로써 이상과 현실의 부조화를 보여주고 있다. 또한 높은 이상을 가지며 이성에 대해서도 낭만적이고 감상적인 생각을 갖는다. 청소년들이 갖는 이러한 사고와 사회에 대한 태도는 그들의 정서발달과 밀접한 관련성을 갖는다(임영식 · 한상철, 2004).

(3) 청소년기 후기

청소년기 후기에 접어들면서 청소년의 정서는 사회적으로 안정을 나타낸다. 각자 꿈꾸는 이상을 추구하지만 현실도 인식해서 적응하려 노력한다. 자신을 합리적으로 통제하면 주관과 객관과의 결합해서 균형을 갖게 되고, 또한 자기와 사회와의 타협, 그리고 현실과 이상과의 조화를 발전시키면서 보다 완성된 자아의식을 갖는다.

3) 청소년기 정조

청소년기는 정서가 발달하면서 차원 높은 정신 활동이 일어난다. 이러한 감정을 정조라고 한다. 정조(情操, sentiment)는 정서 중에서도 가장 분화되고 고등한 감정을 말한다. 즉, 진리와 도덕, 그리고 아름다움, 즉 진선미(眞善美), 나아가 종교적으로 숭고한 것을 보고 대했을 때 느껴지는 고차원적인 감정이다.

청소년기의 정조는 청소년기 후기에서 드러나는 경우가 많다. 다양한 모습으로 인생에 대한 깊은 사색과 관념을 통해 의미를 추구하고 종교에 대해서 몰입과 회의(懷疑)를 엇갈려 갖기도 한다. 또한 자신의 능력과 장래의 문제에 대해서도 자신의 생애 전체와 관련해서 깊이 성찰한다.

정조는 이해타산을 따지는 것이 아닌 높은 차원의 가치감정이라고 볼 수 있다. 이러한 정조는 청소년기에 많이 언급되는 격정적 정서와 매우 대조적인 모습을 지닌다. 정서는 한 개인의 체험을 통해 나타나는 깊은 성찰이 뒤따르지 않는 주관적 상태를 말한다면 정조는 이성과 자신의 의지에 의해서 조절되고 통제되는 감정활동이라고 볼 수 있다. 즉, 의지 등에 의해 통제되는 깊이 있는 자아임과 동시에 높여진 태도이며, 순화된 감정이라고 할 수 있다.

정조의 상태가 되면 자신의 감정을 직접 표현하기보다는 글이나 노래 또는 그림과 영상 등과 같이 세련되고 지적인 형태로 표현한다. 청소년기에는 인지발달에 따라 추상적이고 관념적 사고가 가능하고 지적기능이 분화 · 발달되면서 정조는 다양해지고 다듬어진다. 즉, 정조는 생활의 경험과 교육 정도에 의해서 차근히 점진적으로 형성되기 때문에 다양한 개인차가 나타난다. 청소년기에 나타나는 정조는 다음과 같다.

(1) 지적 정조

지적 정조(intellectual sentiment)는 인지 작용에 의해 나타나는 감정을 말하며 정조의 논리적인 측면이다. 감정을 배제하며 이성적인 객관성을 유지하는 정조로 냉정성을 띤다.

(2) 윤리적 정조

윤리적 정조(ethical sentiment)는 도덕적이고 사회적인 행동규범을 따라 자신과 타인의 행동을 평가하는 마음으로 정조의 도덕적인 측면이다. 잘못된 행위에 대해 처벌이나 비난을 받은 경험에서 생기는 죄책감에 근거한 프로이트의 초자아의 양심으로 볼 수 있다.

(3) 심미적 정조

심미적 정조(aesthetical sentiment)는 자연을 보고 아름다움을 느끼는 정조의 예술적 측면이다. 즉, 예술을 감상하면서 미적 가치를 느끼는 것으로, 청소년기에는 음악이나 미술에 대한 예술적 가치를 마음으로 느끼는 심미적 정조가 발달한다.

(4) 종교적 정조

종교적 정조(religious sentiment)는 인간의 무력함과 유한함에 따른 한계를 자각하고 절대자의 존재에 대해 관심을 갖는 정조의 영성적 측면이다. 유한함을 초월한 세계와 무한성과 절대성을 갖는 절대자에 의지하고 안정을 얻는다. 청소년기에는 종교성의 깊이를 느낄 수 있다.

CHAPTER 05

청소년의 인지 · 도덕성 발달

사춘기를 지나면서 인지발달은 최고조에 다다른다. 청소년기는 추론의 힘이 방대하게 확장되는 시기이다. 가치와 이상, 신념 등 추상적 사고가 생기고 사회적 상호작용을 통해서 다른 사람의 입장을 이해하고 도덕성이 발달한다.

피아제와 엘킨드, 콜버그, 길리건 등을 통해서 인지와 도덕성 발달과정을 알아본다.

1. 인지발달

1) 피아제(Piaget)의 인지발달

인지는 사물을 적극적으로 알아가고 기억해서 사고하는 정신과정으로 지각(perception), 기억(memory), 사고(thinking) 등 세 가지 영역으로 구성되어 있지만, 이들 사이의 경계가 뚜렷하지는 않다.

이러한 인지는 특히 아동기에서부터 청소년기까지 발달과정에 중요한 역할을 한다. 즉, 신체적 발달이 급속히 이루어지는 아동기부터 청소년기까지 부딪치는 환경의 경험과 맞물려서 점진적으로 형성되는 정신(인지)적 과정을 재조직하는 것이다.

인지발달이론의 대표학자인 피아제는 사람의 인지발달이 개인과 환경 간의 상호작용으로 형성된다고 보았으며, 모든 인간은 똑같은 진행순서와 특성으로 생각하는 방법을 배운다고 보았다. 유아기와 아동기 초기에는 생각하는 것이 매우 기본적이고 구체적이며, 성장하면서 사고는 더욱 복잡해지고 추상적이 된다. 인지발달은 연령 변화에 따라 일어나지만 전적으로 내적인 성숙에 의해서 이루어지는 것은 아니며 그렇다고 외적인 경험이나 교육에 의해서 좌우되지도 않는다고 하였다. 피아제는 인지발달을 인지적으로 결정된 구조와 함께 능동적으로 분화되고 통합되는 인지구조를 형성하는 적극적인 구성과정으로 보았다.

피아제는 연령에 따라 감각운동기, 전조작기, 구체적 조작기, 그리고 형식적 조작기 등 4개의 발달단계를 설정하여 인지발달을 설명하고 있다. 이 발달단계에서 인지기능은 개인차가 있지만 단계적 순서는 동일하며 역행할 수 없다.

(1) 주요 개념

① 도식(schema)

도식은 사물을 바라보는 전체적인 사고의 틀(frame)이다. 이러한 도식은 타고난 것이 아니라 사회 환경과 접촉을 통해서 만들어지고 나이에 따라서 지속적으로 변화한다. 유아기, 즉 감각운동기에는 빨기, 잡기 등 신체의 행동양식을 바탕으로 반복하는 패턴으로 이루어지다가 점차 벗어나 정신적인 단계로 이동하게 된다. 바로 감각운동기에서 전조작기로 넘어가는 단계라고 볼 수 있다. 그렇지만 전조작기는 사고와 표현능력이 있지만 조작능력은 한계가 있어 직접 경험에 따라 사물을 이해한다(Barbel&Piaget, 1964).

예를 들어 어린 시절 그림책의 기러기, 독수리, 참새 등 날아다니는 것을 새라고 알려주면 이후 아동은 '날아다니는 물체는 새'라는 도식을 갖게 된다.

② 동화(assimilation)

동화는 이미 알고 있는 도식에 의해서 새로운 물체와 세상을 이해하고 인지하는 과정이다. 즉, 새롭게 경험하는 것을 이미 갖고 있는 도식에 맞추어 보는 과정이다. 예를 들어서 하늘에 날아다니는 물체를 새라고 배운 아이는 새로운 새 종류인 부엉이를 배우면 아무런 문제없이 받아들인다.

③ 조절(accommodation)

조절은 새로운 물체와 상황에 맞게 기존의 도식을 수정하는 과정이다. 새로운 경험을 할 때 기존에 자신이 갖고 있는 도식(인지)에 맞지 않을 때는 불평형 상태를 경험한다. 이 상태를 다시 평형으로 만들기 위해 도식을 변경하거나 새롭게 만들어가는 과정을 조절이라고 한다. 예를 들어 날아다니는 물체는 새라고 배운 어린이는 비행기를 보면서 새라고 부른다. 그런데 비행기는 새와 다르다는 것을 배우면서 자신이 알고 있던 사고와 다른 것에 대해 불평형의 상태가 된다. 이를 다시 평형상태로 만들기 위해서 비행기는 새와 다르다는 생각을 하게 되고 비행기라는 새로운 이름을 배우거나 만들게 된다(곽금주, 2016; 이건인 · 이해춘, 2008). 결국 아이는 새로운 현실세계를 이해하기 위해 새로운 방식을 배울 때까지 자신이 갖고 있는 도식을 반복적으로 숙련시킬 수 있는 자연적인 능력을 가지고 있다. 그래서 아이들은 도식들을 숙련하면서 새로운 정보를 습득하게 되는데, 아이들이 자신의 도식들과 외부의 물체와 상황 사이에 있는 차이를 알았을 때, 즉 불평형상태가 되면 그런 상태를 줄여서 평형상태로 만들려는 노력을 한다. 이러한 과정을 통해서 인지발달이 일어난다(Flavell, 1963).

• 도식(圖式, schema)
인지의 기본 구조로 사물이나 사건에 대해 갖고 있는 전체적인 윤곽. 외부환경으로부터 사물이나 현상을 받아들이고 해석하고 전환하고 조직하는 일련의 정신구조

• 동화(同化, assimilation)
새로운 사물이나 현상을 기존의 도식에 맞추어 받아들이고 이해하는 인지과정. 기존의 이해를 이용하여 세상을 이해하는 것

• 조절(調節, accommodation)
기존 도식에 의해 새로운 대상이나 사건을 받아들일 수 없을 때 기존 도식을 변형하거나 새로운 도식을 만드는 인지과정. 새로운 상황에 적응하기 위해 기존의 이해를 수정하는 것

• 평형화(平衡化, equilibrium)
동화와 조절의 균형을 유지하고자 하는 적응의 과정, 주변 세계의 새로운 정보를 이해할 때 기존 도식과의 인지적 갈등을 줄이고 조절을 하여 평형상태를 유지하고자 하는 경향

(2) 발달단계

① 감각운동기(0-2세)

이 시기에 유아는 언어발달이 되어 있지 않고 상징적 사고도 사용하지 못한다. 따라서 신체적인 감각, 지각, 운동에 의해서 외부환경을 이해하고 문제를 해결한다. 그러다가 출생 후 1세쯤 되면 사물이 눈에 보이지 않더라도 계속해

서 사물이 존재할 수 있다는 것을 아는 대상영속성(object permanence) 개념이 발달한다. 예를 들면 이전에는 눈 앞에 엄마가 보이지 않으면 세상에서 사라진 것으로 생각해서 울었지만 이제는 눈에 보이지 않아도 엄마는 어딘가에 있다는 것을 안다. 또한 책상 서랍에 물건이 있다는 것도 알고 숨바꼭질에 재미도 느낀다. 이처럼 감각운동기 후반으로 갈수록 인지적 능력이 발달되고 정신적인 표상을 사용할 수 있게 된다. 그리고 이 시기에는 외부세계에 대한 정보를 습득하기 위해서 빨기, 쥐기, 때리기와 같은 반복적인 반사활동을 한다.

② 전조작기(2-7세)

영아기에 세상을 감각운동적으로 이해하다가 감각운동기 후반으로 가면 유아는 점차 인지능력이 발달되어 정신적인 표상을 사용할 수 있으며 다음 단계인 전조작기로 넘어가게 된다. 이 시기의 유아는 급속한 언어발달을 보이며 사물을 표현하기 위해 다른 사물, 말, 움직임, 이미지 등의 상징물을 사용하는 상징능력을 갖게 된다. 전조작기는 조작이 가능하지 않은 이전의 단계라는 뜻이다. 조작이란 어떤 논리적인 사고를 통해 조작하는 행위를 말한다. 그렇기 때문에 전조작기에 아동은 문제해결 시 자기중심적이어서 논리적 사고보다는 보고 듣는 것에 의지하는 직관적 사고를 한다. 그래서 이 시기에 아동은 자신과 세상과의 관계를 비논리적으로 연결시킨다. 그리고 4세 이후에는 사물이 생명이 있다고 보는 물활론적 사고를 한다. 이 시기에는 언어를 사용하면서 자신이 내재적으로 가지고 있는 표상을 여러 형태의 상징으로 표현하게 된다.

전조작기 사고의 주요한 특징은 다음과 같다.

첫째, 상징적 사고이다. 어떤 사물을 사용하여 존재하지 않는 다른 대상을 내적으로 표상할 수 있는 능력을 말한다. 상징적 기능의 대표적인 예는 유아의 소꿉놀이, 병원놀이 같은 가상놀이에서 찾아볼 수 있다. 놀이에서 다양한 역할을 부여하고 가상적인 사물이나 상황을 만들어 실제 사물이나 상황으로 상징화한다. 인형과 함께 논다든지 공상적인 로봇을 상상할 수 있는 능력을 갖는다. 또한 이러한 상징적인 표상능력은 모방행동에서도 나타난다. 사람들의 행동을 관찰해서 어느 정도 시간이 지난 후에도 관찰한 사람의 행동을 머리 속에서 떠올리면 그대로 모방해서 할 수 있는 모방행동이 이루어진다. 그러나 아직은 논리적 사고가 나타나지 않으며 다음 단계인 구체적 조작기에서 이것은 가능하게 된다.

둘째, 자기중심적 사고이다. 아이들은 남을 배려하지 못한다. 전조작기의 유아들은 타인의 생각, 감정, 지각, 관점 등이 자신과 동일하리라고 생각하는 특성을 보인다.

셋째, 직관적 사고이다. 크기, 모양, 색깔과 같은 한 가지 두드러진 속성에 근거하여 대상을 이해하려는 사고를 말한다. 즉, 지각적인 특성에만 의존하게 된다는 것인데 이러한 사고의 특성으로 전조작기 아동은 보존개념을 획득할 수 없게 된다. 예를 들어 A, B의 두 비커에 같은 양의 물을 담았다고 생각해 보자. A 비커와 B 비커는 모두 넓고 낮은 모양이므로 두 비커에 든 물의 양은 동일하다고 여긴다. 그러나 B 비커의 물을 좁고 높은 모양의 C 비커에 담는다면 물이 늘어났다고 여기게 된다. 즉, 눈에 보이는 모양만을 보고 물의 양을 판단하게 되는 직관적 사고가 나타나게 되는 것이다.

넷째, 물활론적 사고이다. 세상의 모든 물체에는 생명이 있다고 생각하며 생명이 없는 대상에게 생명과 감정을 부여한다.

다섯째, 인공론적 사고이다. 세상의 모든 사물이나 현상은 사람의 필요에 의해서 쓰기 위해 사람이 만들었다고 생각한다.

③ 구체적 조작기(7-11세)

구체적 조작기는 탈중심화라는 인지적 조작능력이 발달해서 자기중심성에서 벗어나게 되며 타인의 입장, 감정, 인지 등을 추론하고 이해할 수 있는 조망수용능력을 습득하게 된다. 또한 실제로 행동을 통해서만 이루어냈던 것을 머릿속에 넣고 문제를 해결할 수 있게 된다. 이로써 정신적 사고를 변형시킬 수 있는 조작(operation)이라는 새로운 구조를 얻는다. 그러나 이 시기는 현실에서 직접 경험한 것이나 또는 추상적이지 않은 구체적인 대상, 즉 직접 경험한 것이나 눈에 보이거나 만질 수 있는 대상에 한정해서만 논리적으로 사고하는 것이 가능하다.

구체적 조작기에는 눈앞에 보이는 것보다는 대상과 물체와의 관계에 따라서 사고를 시작한다. 그래서 전조작기와는 달리 물체의 겉모습이 변하여도 그 내용은 변함이 없다는 보존개념(conservation)을 가지게 된다. 즉, 같은 500cc의 물을 동일한 부피를 가진 긴 병이나 넓은 병에 넣어도 물의 양은 똑같다고 인지하게 된다. 이처럼 논리적 조작이 가능해지기 시작하면서 아동의 사고는 좀 더 융통성 있게 되며 사건들 사이의 관계를 이해할 수 있고 사물을 공통 속성에 근거하여 유목화할 수 있게 된다. 이러한 보존개념이 생기면서 아울러 가역적 사고능력도 보인다. 가역적 사고란 진행되어온 사고과정을 거꾸로 다시 밟아 나갈 수 있는 능력이다. 즉, 거꾸로 생각할 수 있는 능력을 말한다. 예를 들어서 물이 얼어서 얼음이 된다면, 반대로 얼음이 녹아서 물이 된다는 생각을 할 수 있다는 것이다. 높이의 감소가 폭이라는 차원으로 보상될 수 있다는 보상성과 더하거나 빼지 않았으므로 양이 동일하다는 동일성이라는 개념을 획득한다. 그리고 아동은 사물을 위계에 따라 분류하는 유목화와 여러 사물이나 현상들을 특정 속성에 따라 순서대로 배열할 수 있는 인지능력인 서열화가 가능하다.

④ 형식적 조작기(11세 이후)

형식적 조작기는 구체적 조작기에서 한 걸음 더 나아간 인지현상이다. 이 단계의 인지구조는 성숙 수준에 이르러 잠재적으로 정신적 표상을 적용해서 사고할 수 있다. 이에 따라서 체계적이면서도 고차적인 추상적 사고능력이 발달하며 논리적으로 사고할 수 있다.

구체적 조작기에는 구체적인 대상이나 사건에 대해서만 논리적인 사고가 가능하지만 형식적 조작기에는 실제 세계 상황을 참조하지 않고 명제의 논리를 평가하는 능력인 명제적 사고가 발달한다. 따라서 문제에 직면했을 때 가능한 모든 해결책을 논리적으로 궁리해 바람직한 문제해결에 이르게 되는 조합적 사고와 시간을 초월하여 과거, 현재, 미래를 모두 이용할 수 있는 추상적인 사고가 가능해진다. 즉, 다양한 현상에 대해 여러 가지 가설을 세우고 검증하여 결론을 이끌어 내는 가설적 사고가 가능해져 과학적 추론도 할 수 있게 된다. 그러므로 청소년기는 현실 지향적 사고에서 이상주의적 사고, 즉 가능성 지향적 사고로의 변화가 일어나게 된다. 또한 귀납적 문제해결에서 연역적 사고가 가능해진다. 또한 신, 가치, 이데아 등 추상적 개념에 대한 사고가 가능해서 논리적 토론과 대화를 할 수 있다. 형식적 조작기에는 메타인지가 급증한다. 메타인지는 사고과정에 대한 사고로 청소년들은 자신의 생각에 대해 사고하는 능력이 발달해서 자신이 무엇을 알고 무엇을 모르는지를 알며, 자신이 모르는 것을 보완하기 위한 계획과 그 계획의 실행과정을 평가할 수 있게 된다.

표 5-1 피아제의 인지발달 단계

발달단계	감각운동기	전조작기	구체적 조작기	형식적 조작기
연령	0세~2세	2세~7세	7세~11세	11세 이후
특징	감각운동 반사행동 대상영속성 인지	상징적 사고 자기중심적 사고 직관적 사고 물활론적 사고 인공론적 사고	보존개념 서열화 유목화 논리적 사고 가역적 사고 조망수용능력 획득	명제적 사고 추상적 사고 가설연역적 사고 이상주의적 사고 체계적 사고 메타인지 발달

인지와 도덕의 관계

인지와 도덕은 밀접한 관계를 갖는다. 전통적인 윤리교육에 따르면 윤리적 행동으로 이어진다고 보는 경향이 강하다. 즉 윤리적 인지를 가르치면 그것이 윤리적 행동으로 이어진다는 것이다. 이에 대해서 Lickona(1991)는 통합적 도덕성이라는 이론을 통해 인간의 인지적 영역, 정의적 영역, 행동적 영역이 상호관련성이 높다고 하였다.

2) 엘킨드(Elkind)의 자아중심성이론

청소년기에는 인지의 발달에 따라 점차 고차원적이고 복잡하며 효과적으로 사고하게 되면서 자신, 타인, 상황을 보는 방식이 급격하게 변화한다. 형식적 조작은 사고를 더욱 자유롭고 융통성 있게 만들면서도 역설적으로 청소년을 자기중심적인 세계관에 갇히게끔 한다. 자신이 사고하고 있다는 것을 의식할 수 있고 자신이 무엇을 어떻게 생각하고 있는지를 의식할 수 있는 메타인지능력의 급증은 자아에 대한 관심을 증가시키며 자신의 생각과 관념 속에 스스로를 사로잡히게 만드는 결과를 초래한다. 타인이 자기를 어떻게 생각하는지에 대하여 생각하기 시작하며 더 나아가 자기가 타인이 생각한다고 믿는 것이 실제로 타인이 생각하고 있는 것이라 확신하게 된다. 본인이 몰두하고 있는 것에 타인은 그렇지 않을 수도 있다는 것을 이해하지 못한다. 자신의 사고에 대해 숙고하는 능력이 커지면서 자신의 관점과 타인의 관점 구별이 다시 어려워지는 새로운 형태의 자아중심성이 생겨난다. 청소년기에는 이렇듯 다시 자기중심적 사고가 증가하며 자신을 독특한 존재라 생각하게 된다. 청소년은 자신의 관심사와 타인의 관심사를 잘 구별하지 못하면서도, 동시에 자신의 감정은 지나치게 구별하는 특성을 보인다. 엘킨드는 청소년기의 인지적 왜곡의 결과를 다음 두 가지로 제시하였다.

(1) 상상적 청중(imaginary audience)

청소년들은 모든 사람의 주의와 관심이 자신에게 모인다고 생각하며(Elkind & Bowen, 1979), 초보적인 형식적 조작적 사고의 결과로 과장된 자의식을 갖게 된다. 상상적 청중은 자신을 둘러싼 모든 사람의 온갖 관심과 주의가 자신에게 주어진다고 생각하는 현상을 말한다. 늘 타인이 자신을 지켜보는 것처럼 느끼며 상상적인 청중을 의식하여 마치 무대 위의 주인공처럼 행동한다. 상상적 청중의 시선을 느끼기 때문에 행동이나 반응이 과장되고 때로는 유치한 행동이 나타난다. 자신을 매우 독특하고 특별한 존재로 인식한다.

청소년들은 상상적 청중의 기대를 만족시키고 그들을 즐겁게 하기 위해 많은 힘을 쏟으며 타인은 전혀 의식하지 않는데도 불구하고 자신의 작은 실수에도 크게 당황하고 자책하기도 한다. 아무도 신경 쓰지 않는데도 마치 모든 이들이 자신만을 주목하고 있다는 듯 외모와 치장에 시간과 에너지를 쏟아붓는다. 사소한 허점이 발생해도 그것을 모든 타인이 다 알게 될 것처럼 당황스러워하며 타인이 뭐라고 할지에 신경을 곤두세운다. 그러므로 타인이 자신을 비난할 경우 필요 이상으로 심한 분노를 보이기도 한다. 다른 사람들이 자신을 늘 지켜보고 있다고 생각하기 때문에 타인은 '청중'이고, 이러한 생각이 실제 상황에서 일어나는 것이 아니므로 '상상적'이다. 그러므로 청소년기에 다시금 출현하는 이러한 인지적 왜곡을 '상상적 청중'이라 한다. 상상적 청중의 과도한 자의식은 청소년기 초기에 가장 강하게 나타나고 점점 감소되지만 청년기, 성인기에도 지속되기도 한다. 상상적 청중 현상은 사회적 상호작용을 통해 타인도 나름의 관심사가 있다는 것을 이해하게 되면서 점차 사라지게 된다.

(2) 개인적 우화(personal fable)

자신의 독특성에 주목하며 나타나는 현상을 말한다. 스스로 자신에게 주목하기 시작하면서 타인도 자신을 예의주시하고 자신에 대해 많은 생각을 하고 있다고 확신하기 때문에 자신의 중요성을 과장한다. 청소년들은 자신이 특별하고 독특한 존재라고 생각하며 자신의 감정이나 경험, 사고 등은 다른 사람과는 근본적으로 다르다고 믿으며 타인은 이해할 수조차 없다고 생각한다. 이와 같이 개인적 우화는 청소년이 자신의 독특성에 대해 비합리적이고 허구적인 신념을 갖는 것을 지칭한다. 자신만은 다르다라고 생각하는 지나친 자기과신에서 비롯된 개인적 우화는 자신의 사랑이나 우정 등은 다른 사람은 경험할 수도 없는 특별한 것이라 생각한다. 반면 다른 사람이 경험하는 죽음이나 위험, 위기 등은 자신에게는 결코 일어나지 않을 것이라고 확신한다. 이러한 인지적 왜곡은 특별한 존재인 자신이 일탈행동을 하거나 위험한 행동을 하더라도 그에 따른 부정적인 결과는 타인에게나 일어나는 것이지 자신에게는 절대 영향이 미치지 못한다 생각하며 음주운전, 폭주, 비행, 약물중독, 성문란 등 파괴적 행동에 빠져들기도 한다. 개인적 독특성에 대한 과장된 생각인 개인적 우화는 청소년에게 현실검증능력이 생기며 자신과 타인의 실체를 객관적으로 인식하고 다양한 대인관계 경험을 통해 타인과의 친밀한 관계를 맺으며 점차 해소된다.

2. 도덕성 발달

1) 피아제(Piaget)의 도덕성 발달

피아제는 도덕성 발달단계에서 인지발달의 중요성을 강조했다. 도덕도 하나의 규칙이고 준수 여부를 판단하는 것은 인지적 작용과 관련이 깊다고 보았다. 따라서 피아제에게서 도덕성 발달은 인지적 발달과정의 일부분으로서 아동의 사고 수준과 사회적 상호작용의 경험에 영향을 받는다(서강식, 2007).

피아제는 아동이 옳고 그름의 문제를 판단할 때 인지발달의 영향을 받고 있다고 보았다. 아직 논리적 추론능력이 발달하지 않은 아동은 사회에서 습득한 규칙을 맹목적으로 따르지만 11세 정도가 넘어가는 구체적 조작기 아동들은 옳고 그름의 판단을 할 때 어른의 규칙이 아닌 자신이 속해 있는 또래집단과의 관계 안에서 상황에 따라 인지적으로 판단할 수 있다.

이처럼 피아제는 아동의 도덕적 판단이 규칙에 대한 타율적 수용의 단계에서 합의를 통해 변경한 규칙에 존중심을 갖고 내재화하는 자율성의 단계로 발달한다고 보았다(권기선, 2019).

(1) 전도덕적 단계

피아제가 제시한 인지발달단계에서 감각운동기에 해당되는 단계이다. 출생

후 2세까지의 아동들은 규칙에 대한 인지능력이 전혀 없기 때문에 도덕성이 발달하기 이전의 상태로 판단한다. 규칙에 대한 관심을 거의 보이지 않거나 규칙이 있다는 것조차 지각하지 못한다. 따라서 이 시기는 도덕보다는 신체적 관습이나 욕망에 따라서 행동한다.

(2) 타율적 도덕성 단계: 도덕적 실재론

도덕성이 타율적 단계에 있는 아동들은 인지발달 단계에서 전조작기와 구체적 조작기 전반부에 해당되는 2-10세 전후의 아동이다. 이 시기 아동에게 규칙은 부모나 성인(사회) 등 힘을 가진 사람들에 의해서 결정되고 제시되는 거역할 수 없는 것이기 때문에 규칙을 절대시하고 맹목적으로 복종한다. 행위자의 의도보다는 행위의 결과에 치중함으로 의도가 어떻든 간에 더 크고 많은 잘못을 저지를수록 더 나쁘다고 생각한다. 이 단계에서 규칙은 불변적이며 항상 지키지 않으면 벌을 피할 수 없기 때문에 절대적으로 지켜야 한다고 생각한다. 또한 인간이 규범적인 것에 대해 어떤 반응을 보이는지와 관계없이 규범은 그 자체로 존립한다는 도덕적 실재론 단계이다. 그러다가 규칙이 사람 사이의 상호작용에서 이루어지는 계약이라는 것을 배우면서 자율적 도덕성으로 바뀌게 된다.

(3) 자율적 도덕성 단계: 협동과 호혜에 의한 도덕성

10세 이후 구체적 조작기 후반부터 형식적 조작기에 해당하는 단계이다. 다른 사람을 존중하는 태도를 가지고 도덕적으로 권리와 의무를 같은 가치에 두고 생각하며 행동한다. 도덕 규칙은 외부에서 주어지는 것이 아니라 존중될 만한 가치를 중심으로 상호합의에 따른 자유로운 결정에 의해 만들어진 것으로 이해된다. 이 시기의 아동은 규칙은 양방의 합의에 의해 언제든 자율적으로 변화될 수 있다고 생각한다. 또한 행위의 결과보다 행위자의 의도에 따라 옳고 그름을 판단하는 도덕적 상대주의가 나타난다. 규칙을 어겼을 경우에도 반드시 처벌을 받은 것이 아니라 정상참작이 필요함을 인정하게 된다.

아동이 사회적 관계에서 협동을 통해 탈자기중심적 판단이 시작되면 타인과 공유할 수 있는 정의의 문제에 관심을 갖게 된다. 옳고 그른 행동은 결과에 의해서 판단되는 것이 아니라 의도성에 더 초점을 맞추게 된다. 예를 들면 불을 끄러 가는 소방차가 신호를 무시해도 그른 일이라고 여기지 않는다.

이 단계에서 정의는 상호호혜적이고 공평한 것으로서, 옳은 것에 대한 보상과 틀린 것에 대한 처벌을 포함하는 개념이다. 자율적 도덕성 단계에서는 강제에 의한 도덕이 협동의 도덕으로, 자기중심주의는 공정과 평등 지향성으로 변환된다.

(4) 사회적 가치 지향의 단계

획일적으로 평등한 것을 무턱대고 추구하지 않고 상황을 봐서 판단하고 행동하는 등 진정한 다른 사람을 위한 이타심을 가지고 도덕적 판단을 하는 단계이다. 스스로 새로운 규칙을 생성할 수 있는 단계이며 개인적인 차원을 넘어 전쟁, 환경, 공해 문제 등 보다 폭넓은 사회정치적 차원으로 도덕적 판단이 확대된다.

아동의 자율적 도덕성 단계에서 주요한 이슈는 정의와 복종에서 오는 긴장관계이기 때문에 부당하더라도 순종해야 하는 법이다. 7-12세의 아동에게서는 공평성이 부당한 명령보다 중요한 가치가 된다. 이때의 공평은 우정보다도 중요하다. 자신이 하지 않은 행동에 대한 명령은 이해할 수 없는 것이 되기 때문에 부모의 복종 요구에 대항하기도 한다. 이런 행동은 자율성 단계로 진행되는 과정에서 반드시 이해되어야 한다. 12세 이상의 아동들은 모든 사람의 상황을 고려한 평등을 중요하게 생각한다. 따라서 부당하다고 여겨지는 어른의 명령에 대해서도 기타의 여러 요인들까지 고려해서 평등을 가늠한다. 또한 자기의 인격에 의해 도덕적 동기를 결정하고, 스스로 새로운 규칙을 생성할 수 있다.

2) 콜버그(Kohlberg)의 도덕성 발달

도덕성은 어떤 행동의 옳고 그름을 평가하는 인지적 요소와, 사고나 행동에 대한 정서적 반응인 정의적 요소, 옳은 행동을 실행에 옮기는 행동적 요소로 구성된다.

콜버그는 이 중 인지와 도덕의 연관성을 강조했다. 특히 타인에 대한 배려와 공감 등의 정서 또는 정의적(情意的, affective) 요소는 진정한 의미에서 도덕적 성숙의 기준이 될 수 없다고 말하며 인지적인 판단력을 도덕성의 핵심으로 삼고 있다.

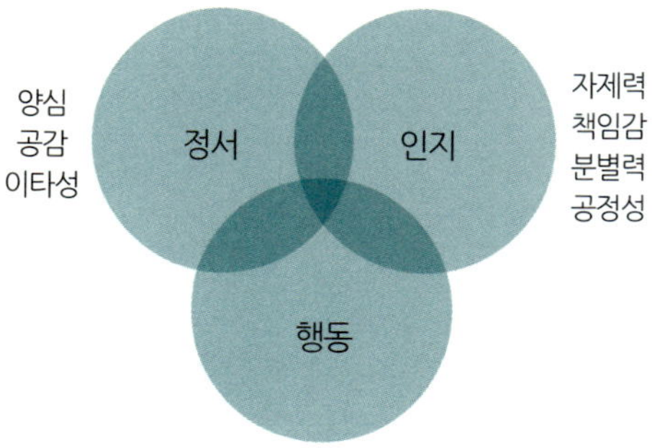

▮그림 5-1▮ 도덕성의 요소

출처: EBS 아이의 사생활 제작팀(2009).

콜버그의 도덕성 발달이론은 아동에게 연령별로 어떻게 도덕 교육을 할 것인가에 대한 구체적인 행동 유형을 제시해 주고 있다. 예컨대, 아주 어린 아동들이 나쁜 행동을 했을 때는 즉각적인 처벌로 어린이의 행동이 잘못되었다는 것을 알려줄 필요가 있을 것이다. 보다 성숙한 어린이나 청소년에게는 사회적 제재보다 보편적인 가치기준 혹은 양심에 호소하는 것이 더 적절한 방법이 될 수 있다고 본다. 콜버그는 도덕성 발달단계를 3단계 수준(인습 이전 수준, 인습 수준, 인습 이후 수준)으로 나누고 각 수준을 두 가지로 세분화하여 총 6단계의 발달단계를 제시하였다. 여기서 도덕적 발달기준이 되는 인습(conventional)은 이전부터 전해 내려와 몸에 익은 관습으로 도덕적 판단의 준거가 된다고 볼 수 있다.

콜버그의 도덕성 발달이론이 모든 문화에 보편적으로 적용된다고 하였으나 이는 자유주의적, 개인주의적인 서구문화를 바탕으로 한 것이라는 점과 또한 도덕 판단력과 도덕적 행위는 일치하는가라는 점에 문제가 있다. 인지와 도덕은 밀접한 관계를 갖고 있지만 인지수준이 높다고 해서 반드시 도덕적이지는 않을 수 있다.

'하인츠와 약사'의 예시와 관련하여 콜버그는 소년들의 도덕적 추론구조를 알아보기 위해 다음과 같은 질문을 하였고 이에 따른 도덕 발달단계를 제시하였다.

하인츠와 약사

유럽에서 한 부인이 암으로 죽어가고 있었다. 의사가 생각하기에 어쩌면 그 부인을 살릴 수 있을지도 모르는 한 가지 약이 있었는데, 그 약은 일종의 라튬으로서 같은 마을에 사는 약사가 개발한 것이었다. 그 약은 재료비도 비쌌지만 그 약사는 원가의 10배나 비싸게 그 약을 팔았는데 아주 적은 양의 약을 2,000달러나 받았다. 그 부인의 남편인 하인츠는 그 약을 사려고 이 사람 저 사람에게 돈을 꾸었지만 약값의 절반인 1,000달러 밖에 구하지 못했다. 그래서 하인츠는 약사에게 가서 자신의 아내가 죽어가고 있으니, 그 약을 조금 싸게 팔든지 아니면 모자라는 액수는 나중에 갚겠으니 편의를 보아달라고 부탁하였다. 그러나 약사는 그 약으로 돈을 벌 생각이라면서 끝내 하인츠의 부탁을 거절하였다. 하인츠는 절망한 나머지 그 약을 훔치기 위해 약방의 문을 부수고 들어가서 결국은 부인을 위해서 약을 훔쳤다.

콜버그의 도덕적 추론 질문의 예

- 남편이 약을 훔쳐야 했을까 아니면 훔치지 말아야 했을까?
- 남편은 약을 훔쳤기 때문에 벌을 받아야만 하는가?
- 약사는 그렇게 터무니없이 비싼 약값을 요구할 권리를 가지고 있는가?
- 약사가 부인을 죽인 것이나 다름없다고 비난하는 것은 정당한가?
- 만약 정당하다면 그리고 부인이 중요한 인물이었다면, 약사를 더 심하게 처벌해야 할까?
- 내가 남편이라면 어떻게 했을까?
- 내가 약사라면 어떻게 했을까?

(1) 제1수준 – 전인습적(Preconventional Morality): 전도덕성

도덕적으로 좋고 나쁜 개념은 있지만 사회규범이나 기대를 잘 이해하지 못한다. 기준은 권위를 갖고 있는 사람의 힘이나 자신이 갖는 욕구와 관련해서 해석한다.

● 1단계: 타율적 도덕성 – 처벌과 복종 지향(heteronomous morality)

하인츠가 약을 훔치는 행동은 벌을 받게 되기 때문에 그의 행동이 잘못이라고 판단한다. 약을 훔치는 것에 찬성하는 이유로는 약을 훔치지 않아서 아내를 죽게 내버려 둔다면 아내의 죽음에 대해 조사를 받게 될 것이기 때문이라고 한다. 3-7세에서 나타나는 이 단계는 처벌을 피해야 하며 벌 때문에 힘을 가진 사람에게 복종해야 한다고 여긴다. 즉, 힘이 있는 사람이 주는 처벌을 피하기 위해서 옳은 일을 해야 한다고 생각한다. 또한 벌을 피해야 하는 행동은 심리적인 이익보다는 물리적인 측면에서 고려된다. 힘을 가진 사람의 관점과 자신의 관점이 혼동되는 단계이다.

● 2단계: 도구적 도덕성 – 상대적 쾌락 지향(instrumental morality)

누구나 자기가 원하는 것을 할 수 있기 때문에 하인츠는 약을 훔쳐서라도 자기 아내의 생명을 구해야 한다고 판단하기도 하며, 아내를 살리는 것보다는 자신이 위험에 처하지 않는 게 더 중요하기 때문에 훔치는 것에 반대하기도 한다. 즉, 욕구 충족이 도덕 판단의 기준이며, 욕구 배분의 동기는 있으나 자신의 욕구 충족을 우선 생각한다. 8-11세의 어린이에게 나타나는 이 단계는 규칙을 잘 따르는 것이 자신의 즉각적인 이익에 도움이 된다고 생각한다. 자신의 흥미와 욕구를 만족시키기 위해 규칙과 규범을 준수하는 단계이다. 자신의 욕구 충족을 최대한으로 하고 그에 따르는 부정적인 결과를 최소화하는 실용적인 경향을 가진다. 그리고 다른 사람이나 자기나 세상에 살면서 각자 필요나 관심에 집중하는 것이 마땅하다고 여기며 그에 따른 갈등이 발생한다는 것도 안다. 그렇기 때문에 자신의 이익에 맞게 행동하고 다른 사람도 그렇게 할 수 있다고 여긴다. 그래서 극히 개인주의적 관점에서 모든 사람은 추구해야 할 자신이 이익이 있고 이러한 이익은 충돌할 수 있기에 권리는 상대성이 있다고 인정한다.

(2) 제2수준 – 인습적(Conventional Morality): 타율적 도덕성

자신이 속한 집단의 기대나 기준에 맞추어 행동하는 것을 이상적으로 여기며 사회질서에 잘 순응하고 도덕적 추론은 사회적 권위에 기초한다. 규범과 규칙을 준수하는 것을 그에 따른 즉각적인 결과와는 상관없는 것으로 그 자체로서의 가치를 가져 사회의 질서를 충실히 따르고 지지하며 그 질서에 관련된 개인이나 집단과 자신을 동일시한다.

● 3단계: 객체화 – 착한 아이 지향(good child morality)

다른 사람의 기대에 부응하고 가까운 사람들의 인정을 받기 위해 착한 아이로 행동한다. 하인츠가 약을 훔치는 것은 약사의 권리를 침해하여 남에게 해를 끼치기 때문에 비난받을 행동이라 해서는 안 된다고 판단하며, 약을 훔치는 것을 찬성하는 입장에서는 그것은 착하고 좋은 남편으로서 아내를 살리기 위해 기대되는 행동이기 때문이라고 생각한다. 12-17세의 청소년에게서 볼 수 있는 이 시기는 상호 인격적 일치가 나타난다. 즉, 자신과 다른 사람의 입장을 조화롭게 해서 사회적으로 함께 할 수 있는 관점을 보이려 한다. 행동의 동기나 의도가 중요하며 자신과 다른 사람의 상호성과 규칙을 잘 유지하려는 욕구가 있고 신뢰와 충성, 존경과 같은 수단을 통해서 보상하려 한다. 자신이 대접받고 싶은 대로 남을 대접하라는 황금률의 원칙에 대한 믿음과 관점이 생긴다. 개인 간의 믿음과 사회적 승인을 얻는 것에 특별한 관심을 가진다.

● 4단계: 사회화 – 사회질서와 권위 지향(law and order morality)

법은 어떤 경우에도 지켜져야 하므로 하인츠의 행동은 정당하지 못하다고 판단하는 시기이다. 자신을 사회의 일원으로 생각하게 되며 법과 질서를 준수하며 사회 속에서 개인의 의무를 다하려고 한다. 훔치는 것을 반대하는 입장에서는 아내가 죽어간다고 해도 하인츠가 법을 지키는 것이 시민으로서의 의무라 생각하며 법에 대해 예외가 허용된다면 문명이 없고 범죄와 폭력만이 남을 것이며 사회가 혼란에 빠지게 될 것이라 판단한다. 찬성하는 입장에서는 훔치는 것은 잘못된 일이지만 하인츠는 아내의 생명을 보호할 의무가 있으며 그것을 언약한 남편이므로 하인츠는 나중에 약값을 지불하거나 법을 어긴 것에 대해 벌을 받을 각오를 하고 약을 가져와야만 한다고 생각한다. 이러한 도덕적 판단은 18-25세에 주로 나타난다. 법과 제도를 지키는 공동선(common good)이 중요하고 사회집단의 관계 안에서 개인의 관점을 정한다. 그래서 만일 친구가 심각한 비행을 저질렀을 때 알릴 것인지 아닌지는 친구의 행위가 법을 어겼는지 공공의 규칙과 질서를 훼손했는지의 여부가 중요하다. 정의는 자신의 의무를 행함으로 자기 자신의 사회의 가치를 유지하는 것이고 아직 소수의 권리에 대한 예리한 감각은 없다. 올바른 행동으로 의무를 수행하고 권위를 존중하며 사회질서를 위해 그 자체로 법을 준수하는 행동이 도덕적 행동이라 생각한다.

(3) 제3수준 – 후인습적(Postconventional Morality): 자율적 도덕성

사회 규범을 이해하고 기본적으로는 그것을 인정하지만 사회 규칙과 법을 절대적으로 지지하지는 않는다. 자신의 가치관과 도덕적 원리원칙이 자신이 속한 집단과 별개임을 깨닫게 되면서 개인의 양심과 가치기준에 우선을 두어 행위를 하게 된다.

● 5단계: 일반화 – 민주적 법률 지향(social contract reasoning)

하인츠가 약을 훔치는 것을 찬성하는 입장은 하인츠가 약방 문을 부수고 들어간 것은 잘못이나 인명을 구하기 위한 일이었고 법이 생명보다 우선되지 않으므로 이 법에 대한 재해석이 필요하다고 생각한다. 반대하는 입장에서는 하인츠를 비난할 수는 없지만 극단적인 상황이 이를 정당화시켜 주지는 않는다고 주장한다. 이 단계에서는 다양한 가치와 견해를 가진 인간에 대한 이해를 바탕으로 행동한다. 사회적 책임으로서의 공리주의, 가치기준의 일반화를 추구한다. 25세 이상의 시기에 나타난다. 법과 규칙은 사회에서 살아가는 인간의 기본 권리와 가치를 보호하기 위해서 존재한다고 생각하며 사회는 상호협동과 사회구성원의 합의에 기초해서 작동한다고 본다. 법률적 관점을 강조하면서도 사회적 유용성에 대한 합리적 숙고에 준해 법을 바꿀 수 있는 가능성을 강조한다. 이 단계의 사람들은 신념이 서로 다른 사람들의 상호 유익을 위하여 합의를 시도한다. 그러므로 소수까지 포함된 모든 개인의 권리가 인정되는 것이 모두의 관심거리가 된다. 어떤 친구의 비행을 말할 것이냐 아니냐 하는 문제는 이제는 그 친구가 그 행위를 하게 된 이유에 달려 있고, 가능한 여러 행동이 그 친구와 보다 넓은 공동체에 끼칠 영향력을 고려하게 된다. 그러므로 사회정의는 개인의 권리를 보호하는 것이라고 정의된다.

● 6단계: 궁극화 – 보편적 원리 지향(universal ethical principles)

법이나 관습 이전에 인간 생명이 관여된 문제로서 생명의 가치는 무엇보다도 우선하여 생각해야 한다고 한다. 약을 훔치는 것을 찬성하는 입장에서는 생명을 존중하고 지키기 위해서는 훔치는 것도 도덕적으로 옳다고 생각하며, 반대하는 입장에서는 하인츠의 아내처럼 그 약을 필요로 하는 다른 사람을 고려해야 하며 자신의 아내만을 향한 사적인 감정에 따라 행동하는 것이 아니라 모든 생명의 가치를 고려해서 행동해야 한다는 것을 강조한다. 이 단계에서는 자신이 선택한 윤리적 원칙에 따르고 그 원칙에 따라 정의를 판단한다. 보편적인 법과 규칙이 대체로 자신이 생각하는 윤리적 원칙과 일치하기 때문에 따르지만 만일 그 원칙과 충동할 때는 자신의 원칙에 따라 행동한다. 그 기본 원칙은 인간의 존엄성이다. 어떤 상황에 있어서의 정의는 모든 주장에 대하여 동등하게 생각하는 것이며, 모든 사람이 결코 수단으로만 여겨지지 않고 목적으로 여겨지는 것이다. 이 단계에서는 보편적 도덕의 원칙을 인식하게 되는데 극히 소수만이 이 단계에 도달하게 된다.

- **7단계: 우주적 영생 지향**(cosmic eternal orientation)

콜버그는 말년에 7단계를 추가한다. 그것은 도덕 문제는 도덕이나 삶 자체가 문제가 아니라 우주적 질서와의 통합이라고 보는 단계이다. 예수, 간디, 마틴 루터 킹, 공자, 소크라테스, 칸트, 본회퍼, 테레사 등의 위대한 도덕가나 종교지도자, 철인들의 목표가 곧 우주적인 원리이다. 생명의 신성함, 최대 다수를 위한 최선의 원리, 인간 성장을 조성하는 원리 등이 우주적인 원리에 속한다.

▌그림 5-2▐ 콜버그의 도덕성 발달단계

콜버그의 도덕성 발달단계는 각 발달단계가 순서대로 진행된다고 가정하며 일단 한 사람이 도덕적 발달의 상위단계에 도달하면 결코 전 단계로 퇴행하지 않는다고 하였다(이춘재 외, 1988; 정옥분, 2008; Kohlberg, 1981; Kohlberg, 1984).

콜버그 도덕성 발달이론의 예시와 검증

"수학 시험 시간이다. 주관식 한 문제가 아무리 해도 풀리지 않는다. 어제 저녁에 한번 풀어봤는데 해법이 좀처럼 떠오르지 않는다. 시간이 다 되어간다. 그런데 그 문제를 풀던 연습장이 쉽게 손닿는 곳에 있다. 감독 선생님의 눈도 피할 수 있다. 이 시험은 내신 성적에 반영되는 중요한 시험이다. 어떻게 할 것인가?"

- **1단계:** 만약 발각되어 처벌받을 위험성이 전혀 없다면 부정행위를 하겠다고 말할 수 있다. 또는 감독 선생님의 눈을 피할 수 있다 해도, 만에 하나 발각되면 선생님으로부터 처벌을 받는 등 신체적 고통을 받을 수 있기 때문에 부정행위를 안 하겠다고 말할 수도 있다.
- **2단계:** 내신상의 불이익을 받을까 부정행위를 하지 않겠다고 말할 수 있다. 또는 내가 부정행위를 함으로써 상대적으로 다른 학생의 내신이 불리해져도 나의 내신만 높이면 된다고 생각하고 부정행위를 할 수도 있다.
- **3단계:** 선생님에게 발각되지 않아도 옆의 친구들이 보고 나서 나를 부정행위를 잘하는 아이라고 놀려 댈까봐 하지 않을 수도 있다.
- **4단계:** 처벌에 상관없이, 나에게 이익이 되느냐 안 되느냐에 상관없이, 다른 사람이 나를 어떻게 보느냐에 상관없이, 부정행위를 하는 것은 일종의 속임수이며 교칙에도 어긋나기 때문에 무조건 해서는 안 된다고 생각하여 안 할 수 있다.
- **5단계:** 단순히 교칙이나 사회 규범에 어긋나기 때문이 아니라, 부정행위가 사회에 보편화되면 사회구성원들이 살기 힘들게 될 것이라고 아주 넓은 시야에서 생각하고 부정행위를 안 할 수도 있다.
- **6단계:** 극히 일부의 철학자들에게나 나타나며, 보통 사람들에게는 별로 나타나지 않는다.

3) 길리건(Gilligan)의 배려 지향적 도덕성 발달

인지발달을 바탕으로 도덕성 발달을 제시한 콜버그는 남성의 도덕성이 여성에 비해서 더 높다고 보았다. 이에 대해 길리건은 콜버그의 이론은 성차별적이며 남성 중심적이라고 비판하였다.

길리건은 도덕성은 정의와 배려라는 상호 의존적인 요소로 이루어져 있으며 보았는데, 남성은 도덕성을 정의, 권리, 자율성의 측면에서 인식하는 경향이 커서 정의적인 도덕 판단을 주로 하고 여성은 배려와 반응성, 타인과의 상호 관계의 측면에서 생각하는 경향성을 갖고 있어 배려와 책임감의 윤리를 갖는다고 보았다. 길리건은 콜버그의 도덕성 이론이 정의적 측면의 도덕성에 치우쳐 있기 때문에 남성의 도덕성이 여성에 비해 더 높아 보이는 것이라 주장하며, 도덕성은 남녀 간의 수준차가 아닌 성향의 차이가 있다고 보았다. 길리건은 콜버그의 인지적 발달을 바탕으로 제시한 도덕성 발달이론은 편향된 이론으로 보고 여성의 도덕성 발달과정을 올바르게 평가하기 어렵다고 말한다.

콜버그가 남성만을 대상으로 연구한 것에 반해 길리건은 여성만을 대상으로 하여 여성의 도덕성 발달과정을 단계화하였다. 특히 길리건은 여성의 도덕성 발달을 평가할 수 있는 기준을 정립하기 위하여 임신 중절 딜레마에 직면한 여성들과의 면담을 통하여 배려윤리의 발달과정을 밝혀냈다(박병춘, 2002). 그녀는 배려윤리가 청소년기 이후 여성의 도덕성 발달단계의 과도기의 과정을 거쳐서 발달해 간다고 보았다. 그 핵심은 '보살핌'의 관점에서 이기심과 책임감의 대립적 개념을 중심으로 도덕성 발달에 대한 논의라고 볼 수 있다.

여성의 도덕성 발달단계를 제시한 의미뿐만 아니라 또 다른 관점에서 도덕성 발달을 이끌어 내었다는 점에서 의미를 갖는다. 즉, 배려, 돌봄, 애착, 책임

등을 강조한 도덕성 발달이론을 제시하였다. 그렇지만 길리건의 도덕성 발달은 콜버그가 사용한 인지 도덕 추론의 수준을 전제로 하고 있어 그의 발달이론에 기초하고 있다(Gilligan, 1993). 길리건의 도덕성 발달단계는 다음과 같다.

(1) 수준 1: 자기 이익 지향 단계(The orientation toward self - interest)

다른 사람에 대한 관심과 배려 없이 오로지 자신의 이익과 욕구에만 몰두하는 단계이다. 다른 사람에 대한 고려가 결여된 상태에서 오직 나에게 최상의 것이 무엇인지가 도덕적 판단을 결정하는 판단기준이 된다.

● 과도기 1: 이기심에서 책임감으로(from selfishness to responsibility)

자신이 원하는 이기심과 사회의 성원으로서 해야 하는 책임감 사이에 차이를 느끼며 대립하기 시작하는 단계이다. 자기중심적인 이기심을 비판하며 나와 다른 사람 간의 유대와 연결을 새롭게 인식하고 자신의 이기심에 대해 자책감이 생긴다. 이 시기는 자기 중심에서 타인에 대한 관심이 옮겨가면서 성숙한 도덕성 발달을 위한 주요한 단계라고 본다. 그렇지만 여전히 자기가 추구하는 이 시기의 행복이 도덕성 추구의 핵심이라고 볼 수 있다.

(2) 수준 2: 선과 타인에 대한 책임감을 동일시하는 단계(Identification of goodness with responsibility of others)

다른 사람들에 대한 책임을 강조하며 자기에게 의존하는 사람이나 자기보다 열등한 사람을 보살피고자 하는 모성애가 도덕으로 발전하는 단계이다. 자기 이익은 점차 뒤로 사라지고 다른 사람들의 욕구에 부응해서 기쁘게 해주려 하고 자기를 희생해서 다른 사람이 원하는 것을 해주려 한다. 이때 배려와 돌봄의 대상에서 자신은 제외됨으로써 불균형 상태가 된다.

● 과도기 2: 동조에서 새로운 내적 판단으로(from conformity to a new inner judgment)

자신과 다른 사람과의 관계를 재검토한다. 자신의 보살핌과 배려에 자신을 포함시키고 관심을 갖는 것이 이기적인 것인지 아니면 책임 있는 행동인지에 대한 물음을 갖기 시작한다. 책임감에 대한 개념이 타인에서 자기에게로까지 확장되는 것이다. 외부에 대한 책임감에 부응하는 데서 벗어나 선한 것에 대한 새로운 판단, 즉 자신에 대한 인정과 책임 있는 판단 등 내적인 책임감을 고려한다. 다른 사람에 대한 욕구에 민감할 뿐만 아니라 자신의 욕구도 고려하여 자신과 타인에 대한 책임의 개념이 전반적으로 확대되는 것이다. 그리고 좋은 것보다는 진실에 더 관심이 많아진다.

(3) 수준 3: 자아와 타인 사이의 역동성에 초점을 두는 단계(Focusing on the dynamics between self and others)

자신과 타인에 대한 배려의 발달단계이다. 더 이상 자신을 무력하게 느끼지 않고 모든 인간관계는 인간관계가 상호적이라는 것을 인식한다. 그리고 다른 사람과의 연결된 사회로 이해하면서 이기심과 책임감 간의 대립이 해소되는 단계라고 볼 수 있다. 의사결정 과정에서 적극적이고 동등한 참여자가 된다. 사람들의 고통을 최소화하는 방법을 하나의 의무로 생각하며 배려는 하나의 보편적 의무로 인식한다. 또한 궁극적으로 자신에 대한 책임감도 느낀다(강경창, 2012; 이윤경, 2003).

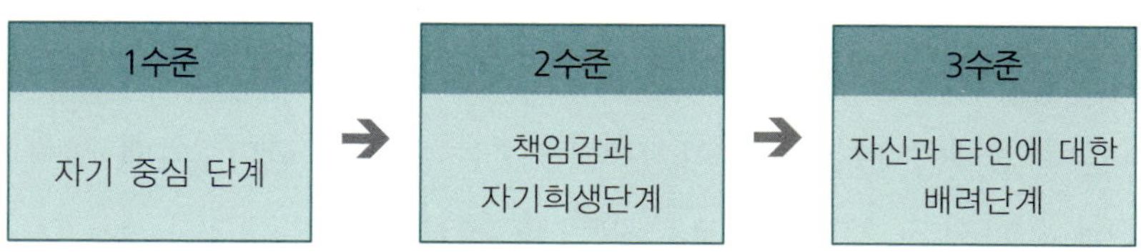

그림 5-3 길리건의 배려의 윤리 도덕성 발달단계

CHAPTER 06

청소년의 진로발달

1. 청소년과 진로

진로(career)는 앞으로 나아갈 길을 말한다. 어원은 '수레가 다니는 길을 따라간다(to roll along on wheels)'에서 시작되었다. 이처럼 진로는 한 사람의 생애에 걸쳐서 일어나는 일(직업)과 관련한 행동과 경험 등 모든 활동을 뜻하고, 좀 더 넓은 뜻으로 보면 직업뿐 아니라 보수를 받지 않고 하는 일과 다른 역할, 즉 가정생활, 사회활동, 여가 등 한 개인이 평생 겪는 경험의 총체를 의미하며 직업 전 그리고 직업 이후에 대한 관심을 포함하는 것을 말한다(Herr & Cramer, 2004). 즉, 진로는 한 개인의 인생 행로이며 곧 생애 그 자체라 할 수 있다. 따라서 진로는 직업에 관련된 것뿐 아니라 생애 전체에 관련된 개념이다. 이러한 진로에 영향을 미치는 요인으로는 개인의 흥미와 적성, 성격, 가치 등과 함께 가정 및 주위 환경 등을 들 수 있다.

한편, 청소년에게 있어서 진로는 직업과 일 등을 통해 바람직한 삶을 살아가는 자아실현의 중요한 수단이다. 이러한 진로는 전 생애에 걸쳐서 이루어지지만, 특히 청소년기는 자아의 정체성을 찾는 중요한 시기로서 자신과 사회환경에 대한 이해를 기초로 적합한 일과 직업을 탐색하고 준비해야 한다. 특히 청소년기는 아동기부터 시작된 진로 의식이 비약적으로 성숙되는 시기로서 매우 중요하다(Gribbons & Lohnes, 1965).

청소년이 자신의 진로를 선택하기 위해서는 첫째, 자신에 대한 정확한 이해의 증진이 필요하다. 가치관, 능력, 적성, 성격, 흥미, 신체적 특성 등 자신에 대한 이해가 우선되어야 본인에게 가장 적합한 직업과 진로를 선택할 수 있다. 그러므로 객관적 자기 이해에 대한 지도가 필요하다. 둘째, 일과 직업세계에 대한 이해 증진을 위한 지도가 필요하다. 최근 노동시장의 변화, 직업의 종류의 양적 팽창, 고도화되고 분화되고 전문화되는 직업구조의 변화 등을 고려한 분석과 정보제공과 이해가 요구된다. 셋째, 다양한 정보탐색과 활용능력의 향상 지원이 필요하다. 넷째, 자신과 직업세계에 대한 이해와 정보탐색능력을 갖추어도 합리적인 의사결정능력이 결여된 경우 올바른 진로결정이 어려우므로 합리적인 의사결정능력의 증진을 위해 의사결정 기술을 훈련하고 학습할 수 있도록 하는 지원이 필요하다. 다섯째, 직업을 목적보다는 수단으로 여기는 생각이나 직업에 대한 편견, 성역할 고정관념 등에서 벗어나도록 올바른 직업관과 직업의식을 형성하도록 진로지도를 해야 한다.

진로와 관련된 용어는 다음과 같다.

① 진로(career)

개인의 앞으로 살아갈 생애의 길과 관련한 직업과 일에 대한 과정과 내용을 말한다. 이러한 진로 결정은 개인 갖고 있는 흥미와 적성, 가치, 신체 및 경제 조건, 성격 등의 특성에 영향을 받는다.

② 진로발달(career development)

개인이 평생 행복한 삶을 살아가기 위해 중요한 진로(career)를 형성하기 위해서 달성해 가는 모든 태도, 가치 및 일련의 과정을 말한다. 이러한 진로는 서로 상호작용하는 신체, 심리, 경제, 사회적 요소와 관련된 과정이다.

③ 진로교육(career education)

각 개인이 자기 자신과 일의 세계를 인식 탐색하여 자기 자신에게 적합한 일을 선택하고, 선택한 일을 잘 수행할 수 있도록 취학 전부터 시작하여 평생 학교, 가정, 사회에서 가르치고 지도하여 도와주는 종합적인 교육활동이다(서울대학교교육연구소, 2011).

④ 진로상담(career counseling)

개인의 진로발달을 촉진시키거나 진로계획, 직업 선택과 결정, 실천, 직업 적응, 진로 변경 등을 돕는 활동을 말한다.

⑤ 진로지도(career guidance)

개인의 진로 개발역량을 신장하여 진로 탐색에 도움을 주기 위해 전문적인 사람이 여러 다양한 장면에서 수행하는 활동을 말한다.

⑥ 진로성숙도(career maturity)

수퍼(Super, 1955)는 진로성숙을 한 개인이 속한 연령 단계에서 이루어야 할 직업적 발달과 업에 대한 준비도(readiness)라고 보았다. 또한 크라이티스(Crites, 1973)는 동일한 연령층의 학생들과 비교하여 상대적으로 보다 일관되고 확실하며 현실적인 진로를 선택하고 준비할 수 있는 능력이라고 하였다. 즉, 자신과 직업 및 사회에 대한 이해를 바탕으로 진로를 계획하고 선택하는 과정에서 동일 연령이나 발달단계에 있는 집단의 발달과업 수행 정도에서 차지하는 상대적 위치라고 할 수 있다. 진로성숙이란 자아의 이해, 일과 직업 세계의 이해를 바탕으로 자신의 진로 계획과 진로 선택을 통합, 조정해 나가는 발달단계의 연속을 의미한다. 진로성숙도는 진로에 대한 명확한 꿈과 목표인 진로확신도, 자신감과 긍정적 확신인 진로효능감, 진로목표 성취를 위한 구체적 계획인 진로준비도로 구성된다.

⑦ 직업(vocation)

보수를 받는 것을 전제로 해서 개인이 스스로의 역량을 발휘하여 어떤 일에 지속적으로 종사하는 사회적 행위이다.

⑧ 직업발달(vocational development)

진로발달이라고도 하며, 일의 가치를 발전시키고 직업정체성을 구체화하며, 직업 기회를 배우고, 시간제, 전일제 환경 또는 여가 선용을 계획하며 발전시키는 평생의 과정 또는 개인이 자기의 진로목표에 접근해 가고 목표를 달성해 가는 과정이다(한국진로교육학회, 2001).

⑨ 직업교육(vocational education)

개인이 일의 세계를 탐색하여 자기의 적성 · 흥미 · 능력에 맞는 일을 선택하고, 그 일에서 필요로 하는 지식 · 기능 · 태도 · 이해 및 판단력과 일에 대한 습관 등을 개발하는 형식 또는 비형식적인 교육을 말한다(서울대학교교육연구소, 2011).

2. 진로발달이론

1) 긴즈버그(Ginzberg)의 진로발달이론

긴즈버그의 종단 연구를 시작으로 수퍼(Super, 1953), 크라이티스(Crites, 1961), 터크만(Tuckman, 1974)과 고트프리슨(Gottfredson, 1981)에 이르는 진로발달이론은 자신과 직업세계에 대한 이해에 따라 직업을 선택하기 위한 능력이 연령에 따라 변화하는 것에 주목한다. 그리고 진로관련 문제를 해결하기 위한 준비도로서의 진로발달 정도를 진로성숙도로 말하고 있다(황매향 외, 2010).

긴즈버그는 생애단계이론, 흥미단계이론, 직업흥미이론 등의 영향을 받아 진로선택에 있어 발달적 관점을 처음 도입하였다. 그는 인간의 신체와 정신이 발달하는 것과 같이 진로 및 직업 역시 일련의 단계를 거치면서 발달한다고 하였다(장선철, 2017). 즉, 진로의 선택은 일회적인 사건이 아닌 장기간에 걸쳐 발생하는 일련의 의사결정이며(장선철, 2017), 비가역적이기 때문에 나중에 이루어지는 결정은 이전 결정의 영향을 받는다. 또한 진로선택은 가치관, 정서적 요인, 교육의 수준과 종류, 환경의 영향 등의 상호작용에 의해 결정되며, 개인의 소망과 현실 사이의 타협으로 이루어진다고 하였다.

긴즈버그는 환상기(6-10세), 잠정기(11-17세), 현실기(18-22세) 3단계 과정을 거쳐 진로발달이 이루어진다고 보았다. 환상기는 유아 무렵부터 10세 정도까지의 시기로 놀이와 상상을 통해 미래 직업에 대해 생각하며, 잠정기는 초등학생에서 고등학생 무렵인 11-17세 미만 사이에 해당하는 시기로 자신의 흥미, 능력, 가치에 따라 직업을 선택하는 단계, 현실기는 17세 이후에 나타나는 단계로 직업욕구와 자신의 능력, 흥미를 통합하는 직업 선택의 구체화와 특수화가 일어난다(이재창 외, 2014).

▮표 6-1▮ 긴즈버그의 진로발달 단계

발달시기	명칭	특징
6-11세 이전	환상기	자신의 능력이나 가능성 등의 현실적인 여건은 고려하지 않고 자신의 욕구에 따라서 주관적, 환상적, 비현실적 직업 선택 단계 놀이에서 다양한 직업적 역할이 나타남
11-17세 이전	잠정기	자신의 흥미, 취미, 좋아하는 관심분야에 따른 직업 선택 단계 직업이 요구하는 조건을 점차 인식하는 과도기 ① 흥미단계: 흥미와 취미에 따라 직업 선택 ② 능력단계: 능력을 시험하고 직업의 다양성을 이해 ③ 가치단계: 다양한 요인을 고려해야 할 필요성 인식 ④ 전환단계: 자신의 내적 요소에서 현실적 외부 요소로 관심 전환
17세-성인 초기	현실기	자신의 직업욕구와 능력 및 흥미를 통합하는 직업 선택 단계 ① 탐색단계: 직업형태를 좁혀서 취업기회를 탐색하고 실제 취업하려 노력 ② 구체화 단계: 직업목표를 정하고 직업 선택에 관련된 내적 외적 요인을 고려하며 타협이 중요한 요인이 됨 ③ 특수화 단계: 자신이 한 결정을 구체화하고 세밀한 계획을 세우고 고도로 세분화, 전문화된 의사결정을 함

2) 수퍼(Super)의 생애진로발달이론

수퍼는 진로발달을 유아기에서 성인 초기로 제한한 긴즈버그의 이론에 이의를 제기하고 진로발달은 전 생애에 걸쳐 이루어지는 것이라고 주장하였다. 긴즈버그는 직업 선택을 타협의 과정으로 본 반면, 수퍼는 이를 보완하여 직업 선택을 타협과 선택이 상호작용하는 일련의 적응과정이라고 보았다.

그는 진로발달의 기초를 이루는 핵심을 이루고 있는 것을 자아개념으로 두고, 진로발달을 진로에 관한 자아개념의 발달이라고 보았다(이재창 외, 2014;

장선철, 2017; Super, 1957). 인간은 자신의 자아 이미지와 일치하는 직업을 선택하고자 하고 자아개념이 직업 선택에 영향을 미친다. 즉, 자아개념이 생애 각 단계에서 중요한 역할과 가치를 평가함으로써 진로발달의 중요한 척도가 될 수 있다는 것을 의미한다(이재창 외, 2014). 개인의 자아개념의 발달과 진로의식의 성숙은 전 생애를 통해 진행되며 직업발달과정은 본질적으로 자아개념을 발달시키고 실천해 나가는 과정이다. 자신의 직업과 인생에 대한 만족은 얼마나 자신의 능력, 흥미, 성격 특성, 가치관에 맞는 일을 찾느냐에 달려 있다(김봉환 · 김병석 · 정철영, 2006).

수퍼는 성장단계(출생-14세), 탐색단계(15-24세), 확립단계(25-44세), 유지단계(45-65세), 은퇴단계(65세 이상), 총 5단계를 거쳐 진로발달이 이루어진다고 보았다. 성장단계는 출생에서 14세까지의 시기로 초기에는 욕구와 환상이 지배적이지만 사회참여와 현실검증력이 증가함에 따라 점차 흥미와 능력을 중요시하며 환상기, 흥미기, 능력기의 하위단계를 거친다. 탐색단계는 15-24세에 해당하는 시기로 학교활동, 여가활동, 시간제 일과 같은 활동을 통해 자아를 검증하고 역할을 수행하며 진로탐색을 시도하며 하위단계인 잠정기, 전환기, 시행기 순으로 발달한다. 확립단계는 25-44세에 해당하는 시기로 자신에게 적합한 분야를 발견하여 종사하며, 생활의 터전을 잡으려고 노력하고 수정기, 안정기 두 하위단계로 구분된다. 또한 유지단계는 45-65세에 해당하여 안정된 삶 속에서 만족하며 살아간다. 마지막으로 은퇴단계는 65세 이상에 해당하는 시기로 직업전선에서 은퇴하고 다른 새로운 역할 및 활동을 찾게 된다(이재창 외, 2014).

한편, 수퍼(1955)는 청소년들의 진로발달과 관련하여 청소년들이 발달시켜야 할 진로발달의 차원을 6가지로 제안하고 있다. 6가지는 다음과 같다.

① 진로선택에 대한 태도: 앞으로 해야 할 진로결정에 대해 얼마나 관심을

가지고 있는지에 관한 태도 측면

② 직업에 대한 정보와 계획: 미래 진로결정 및 이미 성취된 과거의 계획에 대해 개인이 가지고 있는 정보의 구체성과 관련된 능력 측면

③ 직업선호도의 일관성: 선호도에 있어서의 개인의 일관성

④ 특성의 구체화: 자아개념 형성을 향한 개인적 과정

⑤ 직업적 독립성: 일의 경험에서의 독립성

⑥ 직업선호의 현명성: 개인적 과업과 일관된 현실적인 선호를 가질 수 있는 능력적 측면

표 6-2 수퍼의 진로발달이론

발달시기	명칭	특징	발달과업
0-14세	성장기	초기에는 욕구와 환상이 지배적이지만, 점차 현실을 알고 자신의 능력과 흥미를 중시 자기에 대한 지각이 생기고 직업세계에 대한 기본적 이해를 하며 자신과 연결시켜서 태도, 흥미, 욕구를 발달하는 시기 ① 환상기(4-10): 욕구 지배적이지만 자신의 역할 수행 중시 ② 흥미기(11-12): 진로 목표와 내용을 결정하는 데 흥미를 중시 ③ 능력기(13-14): 직로 및 직업 선택에서 능력과 훈련을 중시	환상(fantasy) 흥미(interest) 능력(capacity)
15-24세	탐색기	자아를 검증하고 역할을 수행하여 적합한 직업 탐색기로서 직업 선택이 좁혀지지만 아직은 결정되지 않은 잠정적인 시기 ① 잠정기(15-17): 자신의 욕구, 흥미, 능력, 가치를 고려하여 잠정적 진로 선택 ② 전환기(18-21): 직업에 필요한 교육, 훈련 및 자아개념 확립을 위해 노력하고 현실적인 요인을 중시 ③ 시행기(22-24): 자신에게 적합한 직업을 선택하여 일함	결정화(crystallization) 특수화(specification) 실행화(implementation)

25-44세	확립기	적합한 분야를 발견한 후 안정적인 생활터전을 가지려 노력 ① 수정기(25-30): 선택한 직업이 적합하지 않으면 자신에게 적합한 일을 발견할 때까지 지속적으로 변화 시도 ② 안정기(31-44): 진로유형의 안정시기로 만족, 소속감과 지위를 가짐	안정화(stabilization) 공고화(consolidation) 발전(advancing)
45-64세	유지기	안정된 직업세계에서 자신의 위치가 확고해지고 이를 유지하기 위해 지속적으로 적응하도록 노력하며 안정된 삶을 추구	유지(holding) 갱신(updating) 혁신(innovating)
65세 이후	쇠퇴기	정신적 육체적으로 기능이 떨어지며 직업세계에서 은퇴하고 다른 일(활동)을 찾음	은퇴준비 은퇴 이후 생활준비

출처: Super(1953), Super(1955), Super(1957)에서 재편집

3) 터크만(Tuckman)의 진로발달

터크만(1974)은 자아인식, 진로인식, 진로의사결정이라는 세 가지 요소를 중심으로 하는 8단계의 진로발달이론을 제시하고 있다. 터크만은 크라이티스가 주장한 것과 비슷하게 진로발달이 아동기부터 시작해서 청소년기에 이르면 비약적으로 발달한다고 보았고 또한 수퍼와 같이 보다 명료한 가치를 찾고 내면화하기 위해서는 청소년기에 체계적인 교육이 진로발달에 도움을 준다고 했다(한국진로교육학회, 2001).

이처럼 아동기와 청소년기의 발달단계를 상세히 다루어서 학교에서 진로교육이 강조되어야 할 부분에 대한 시사점을 주고 있다.

터크만의 진로발달 8단계는 다음과 같다.

① 일방적 의존성 단계(유치원-초등 1학년)

외부에서 오는 통제에 의존하는 단계이다. 일이나 진로에 대해서 부모 등이

하는 이야기와 가정에서 사용하는 여러 도구들을 중심으로 진로의식을 형성한다.

② 자기주장단계(초등 1-2학년)

초등학교에 입학하면서 자율성을 갖게 되어 단순한 것은 스스로 선택이 가능한 단계이다. 일에 대한 간단한 지식을 갖거나 개념을 이해한다.

③ 조건적 의존성 단계(초등 2-3학년)

자아를 인식(동기와 욕구, 친구와의 관계 형성)하기 시작하고 독립적 존재가 되려고 노력하는 단계이다.

④ 독립성 단계(초등 4학년)

가정이나 학교 또한 사회에서 배움과 경험을 통해서 일의 세계를 이론적으로 탐색하는 단계이다. 직업의 세계와 사회 내에서의 자신이 갖는 위치 등을 고려하면서 진로결정에 관심을 갖는다.

⑤ 외부지원 단계(초등 5-6학년)

자신이 선택한 진로나 직업에 대해서 부모와 교사 등 외부의 승인이나 인정을 구한다. 아울러 직업적 흥미와 목표, 작업조건 그리고 직무내용 등에 관심을 가진다.

⑥ 자기결정 단계(중 1-2학년)

자기 스스로 규칙과 규범을 설정하고 올바른 자아인식을 위해 노력하면서 여러 직업군을 탐색하기 시작한다. 나름의 직업관을 갖기 시작하고 진로를 결정하는 데 필요한 기본적인 요소들을 현실을 토대로 탐색한다.

⑦ 상호관계 단계(중 3-고 1학년)

또래집단 문화와 친구관계를 중요시하는 관점에서 진로 선택을 고민한다.

⑧ 자율성 단계(고 2-3학년)

직업에 대한 탐색과 더불어 자신에 대한 인식을 확고히 한다. 진로를 결정하는 데 있어서 자신의 적합성 여부, 교육 조건, 선택할 수 있는 폭과 가능성 등에 초점을 두면서 그동안 가졌던 많은 대안을 축소해 나간다(Tuckman, 1974).

표 6-3 연령별 진로발달단계(긴즈버그, 수퍼, 터크만)

<table>
<tr><th>연령</th><th>긴즈버그</th><th>수퍼</th><th>터크만</th></tr>
<tr><td>1-5세</td><td>-</td><td>-</td><td>일방적 의존성 단계</td></tr>
<tr><td>6-11세</td><td>환상기</td><td rowspan="2">성장기</td><td>자기주장 단계
조건적 의존성 단계
독립성 단계</td></tr>
<tr><td>11-14세</td><td rowspan="2">잠정기</td><td>외부지원 단계
자기결정 단계</td></tr>
<tr><td>15-18세</td><td rowspan="3">탐색기</td><td>상호관계 단계
자율성 단계</td></tr>
<tr><td>19-20세</td><td rowspan="2">현실기</td><td>-</td></tr>
<tr><td>21-24세</td><td>-</td></tr>
<tr><td>25-44세</td><td>-</td><td>확립기</td><td>-</td></tr>
<tr><td>44-64세</td><td>-</td><td>유지기</td><td>-</td></tr>
<tr><td>65세 이후</td><td>-</td><td>쇠퇴기</td><td>-</td></tr>
</table>

4) 홀랜드(Holland)의 성격유형이론

직업 선택이론 연구의 창시자인 홀랜드(1997)는 개인은 진로를 선택하는 데 있어서 성격유형을 기반으로 한다고 보았다. 개인 스스로 선호하는 흥미 또는 적성 그리고 가치 등을 충족시키기 위해서 진로를 선택한다. 직업적 흥미는 일반적으로 성격이라고 불리는 것의 일부이기 때문에 개인의 직업적 흥미에 대한 설명은 곧 개인의 성격에 대한 설명이라고 보았다. 따라서 진로선택은 한 개인의 성격 표현이며 이에 따라서 직업유형을 파악할 수 있다. 그리고 개인의 성격적 특성이 환경과 맞아 떨어질 때 만족스러운 직업 선택이 이루어진다고 본다. 홀랜드는 성격과 흥미를 바탕으로 하는 검사를 통해 개인의 직업 선호도를 예측하는 직업성격유형이론을 제시하였다.

홀랜드의 직업성격유형이론은 사람의 성격은 6가지로 분류되며, 직업환경도 6가지 종류가 있으며, 개인의 행동은 성격과 환경의 상호작용에 의해 결정되고, 사람들은 자신의 능력을 발휘하고 태도와 가치를 표현할 수 있는 환경을 찾는다는 4개의 가정에 기초한다.

홀랜드는 직업적 성격유형을 6가지로 구분했다. 직업적 성격유형은 실재형(Realistic), 탐구형(Investigative), 예술형(Artistic), 사회형(Social), 진취형(Enterprise), 관습형(Conventional)으로 분류된다. 여섯 가지 성격유형의 영문 앞 글자를 조합해서 RIASEC 라고 부르는 육각형 모형을 구성하였다.

사람들은 6가지 성격유형 중의 하나로 분류되고 두 가지 이상의 유형들이 복합적으로 구성되며 분류된 두 가지 이상의 유형들의 강도에 따라 개인의 성격유형이 결정된다. 또한 이러한 유형은 부모, 동료, 사회계급, 문화, 물리적 환경, 유전 등을 포함하는 여러 문화적 영향력과 개인적 영향력 사이의 상호작용의 결과라 할 수 있다(김영미, 2013; 이종승, 2003).

이러한 성격유형분류를 토대로 홀랜드는 직업흥미검사를 구성해서 직업정보를 탐색하는 데 도움을 주는 자료를 제공하였다.

홀랜드가 제시한 6가지 성격유형과 맞물린 관련 직업을 보면 다음과 같다.

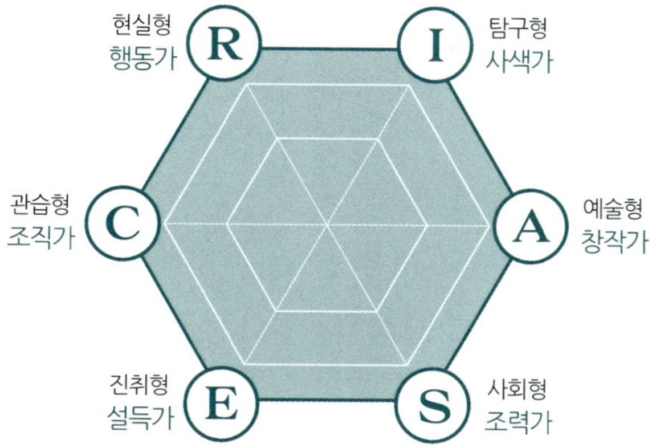

▌그림 6-1 ▌ 홀랜드의 RIASEC 6각형 모형

① 현실형(Realistic) / 행동가

구체적이고 체계적이며 몸으로 부딪혀 문제를 해결하는 경향을 보이며 솔직하고 검소하며 지구력이 있다. 사물, 동물, 도구나 기계를 조작하는 활동 또는 신체활동과 기술을 선호한다. 반면, 교육, 치료적 활동은 좋아하지 않고 대인관계능력은 부족한 편이다. 그리고 사회성을 발휘하는 일과 학문적이고 창의적인 일에는 부족하다고 느낀다. 구체적인 사실이나 현실적으로 돈이나 권력, 지위에 가치를 둔다.

기술자, 자동차 및 항공기 조종사, 정비사, 농부, 군인, 경찰, 운동선수, 엔지니어 등의 직업을 선호한다.

② 탐구형(Investigative) / 사색가

논리적이고 비판적이며 분석적으로 관찰하고 체계적이며 지적 자부심이 있다. 창조적으로 탐구하는 것을 좋아한다. 물리적이고 문화적 현상을 탐구하는 활동에는 흥미를 보이지만 규칙적이고 반복적이며 사실적 활동에는 관심이 부족하다. 지도력이나 설득력은 부족한 편이다.

과학자, 생물학자, 화학자, 물리학자, 지질학자, 의료기술자, 의사, 인류학자, 경영분석가 등의 직업을 선호한다.

③ 예술형(Artistic) / 창작가

상상력과 감수성이 풍부하고 아름다움을 추구하고 독창적이며 심미적이며 직관적 능력을 갖고 있다고 믿는다. 창조적인 세계를 지향한다. 자유분방하고, 개성적이며 독창적인 반면 협동적이지는 않다. 잘 짜인 작업환경은 싫어한다. 반면에 규칙적인 활동이나 객관적인 사실을 추구하는 활동은 피하려는 경향이 있다.

예술가, 무대감독, 작가, 배우, 소설가, 무용가, 디자이너, 광고기획자 등의 직업을 선호한다.

④ 사회형(Social) / 조력가

다른 사람과 함께 일하거나 다른 사람을 돕는 활동을 좋아하고 감성적이고 이타적이며 이상주의적이다. 배려심 있다는 평가를 많이 받고 인간관계나 인간문제에 많은 관심을 갖고 있고 친절하다. 반면에 기계적 또는 기술적인 활동 등은 피하려는 경향이 있다.

상담가, 유치원교사, 보육교사, 종교지도자, 사회복지사, 간호사, 교육자 등의 직업을 선호한다.

⑤ 기업형·진취형(Enterprising) / 설득가

개인과 조직목표를 달성하거나 경제적 이익을 추구하기 위한 활동을 선호하며, 자기주장이 강하고 지배적이다. 새로운 도전을 가치 있게 여기고 사회적인 권위나 경제력을 추구하고 중요하게 여긴다. 통솔력, 지도력이 있으며, 말을 잘하고, 설득적이며 경쟁적, 야심적, 외향적, 낙관적, 열성적이다. 그리고 타인에게 영향력을 발휘하는 일을 하고 싶어한다. 반면 과학적, 지적, 추상적인 활동을 피하려는 경향이 있다.

기업경영인, 정치가, 판사, 영업사원, 변호사, 판매원, 연출가 등의 직업을 선호한다.

⑥ 관습형(Conventional) / 조직가

조직적이고 체계적이며 규칙과 시스템이 잡혀 있는 것을 좋아하고 문제상황에서 변화를 추구한다. 정확하고, 조심성 있고, 세밀하고, 계획적이며, 변화를 좋아하지 않고, 완고하고, 책임감이 강한 성격특성을 갖는다. 타인의 지시를 기꺼이 따르고 세부 활동을 잘 수행한다. 자료나 실제적인 상황을 잘 관리하고 관례에 순응하며 구조적인 환경에서 무리 없이 지낸다. 반면 규정이나 시스템이 없이 불확실하고 애매하며 시시각각 변화하는 일을 피하려는 경향이 강하다. 관습적이고 적응력 있지만 상상력이 부족한 사람으로 평가된다.

컴퓨터 프로그래머, 사서, 세무사, 경리사원, 은행사무원, 공인회계사 등의 직업을 선호한다.

▌표 6-4▌ 홀랜드의 직업적 성격유형

	R	I	A	S	E	C
	현실형 / 행동가	탐구형 / 사색가	예술형 / 창작가	사회형 / 조력가	진취형 / 설득가	관습형 / 조직가
특징	• 사물, 기계, 도구, 동물을 다루는 것을 좋아함 • 구체적이고 체계적이며 몸으로 부딪혀 문제를 해결하는 경향을 보임	• 수학적, 물리적, 생물학적, 사회문화적 현상을 관찰하고, 배우고, 연구하기를 좋아함 • 지적, 논리적이고 호기심이 많고 독립적임	• 자유롭게 비구조적인 환경에서 활동하고 싶어함 • 다양한 자원을 이용하여 새로운 것을 창작하는 활동에 몰두함	• 다른 사람을 가르치거나 돌보거나 치유하거나 돕는 일을 좋아함 • 사람들과 더불어 지내면서 다른 사람의 잠재력을 키움	• 조직적인 목표나 경제적인 이득을 얻는 활동을 좋아함 • 다른 사람을 이끌거나 설득하는 지도자의 역할을 함	• 수를 다루거나 자료를 정리하는 기술을 발휘하는 분명하고 체계적이고 조직적인 일을 좋아함 • 정확한 절차를 따르고, 양심적이고, 세부사항에 민감함
여가	운동, 캠핑, 탐험 등 야외활동이나 동식물 기르기, 공작, 조립 같은 사물 대상 활동이 추천됨	독서, 토론, 과학동아리, 시사동아리 등 새로운 지식을 습득할 수 있거나 분명한 성취목표가 있는 활동이 추천됨	음악, 미술, 문예창작, 영화, 댄스 등을 통해 자신만의 창작물을 생산해 내는 활동이 추천됨	각종 자원봉사, 조직의 화합이나 친목을 도모하는 활동 등 다른 사람들과 함께 하는 활동이 추천됨	시민운동, 가상체험, 승부가 걸린 활동을 선호함 어디에서든 지도자로 역할을 할 수 있는 활동이 추천됨	퍼즐, 낱말 맞추기, 정리정돈 등 질서를 잡는 활동이나 제과제빵, 바느질, 사격 등 매뉴얼에 따르는 활동이 추천됨
생의 목표	기계나 장치의 발견 및 기술사, 전문인, 뛰어난 운동선수	사물이나 현상의 발견 및 과학에 대한 이론적 기여	예술계의 유명인, 독창적인 작품활동	타인들을 돕고 희생, 존경받는 스승, 치료 전문가	사회의 영향력 있는 지도자, 금융과 상업 분야의 전문가	금융과 회계의 전문가, 사무행정 전문가
직업	기술자, 자동차, 기계 및 항공기 조종사, 정비사, 농부, 엔지니어, 전기 기계기사, 운동선수	과학자, 생물학자, 화학자, 물리학자, 인류학자, 지질학자, 의료기술자, 의사	예술가, 작곡가, 음악가, 무대감독, 작가, 배우, 소설가, 미술가, 무용가, 디자이너	사회복지사, 교육자, 간호사, 유치원 교사, 보육교사, 종교지도자, 상담가, 임상치료가, 언어치료사	기업경영인, 정치가, 판사, 영업사원, 상품구매인, 보험회사원, 판매원, 관리자, 연출가	공인회계사, 경제분석가, 은행원, 사서, 세무사, 경리사원, 감사원, 안전관리사, 법무사

PART 03
청소년 환경과 문화

CHAPTER 07

청소년의 성과 사랑

사랑은 쉬워 보이면서도 어려운 용어이다. 사랑의 개념은 정의하기 쉬울 수도 있지만 무척 어려울 수도 있다. 누군가에게 사랑의 본질과 모습에 대해서 물으면 거의 대부분의 사람이 정확히 정의내리기는 어렵지만 너도 알고 나도 아는 것이라는 답이 돌아올 수도 있을 것이다. 사랑은 어쩌면 모두 느낌으로 알고 공감하는 무엇이다. 이 무엇이 사람마다 다를 수는 있지만 대체로 설레고 기쁘고 행복한 감정이며, 때로는 고통스럽고 슬프고 외로운 느낌이다.

이런 사랑을 정의할 때 대상이 또래의 이성이 되면 좀 더 분명한 의미를 짚을 수 있다. 사전적 정의에서 사랑은 "이성(異性)의 상대에게 성적(性的)으로 이끌려 열렬히 좋아하는 마음의 상태"를 말한다는 뜻이 있다. 즉, 사랑은 육체적 끌림이 동반된 마음이다.

특히 젊은이들의 사랑은 마음에서 비롯되는 열정을 통해서 상대와 함께 보듬고 육체적으로 가까워지고 싶은 열망이다. 프랑스 소설가 조르주 상드(George Sand)는 "사랑하라, 인생에서 좋은 것은 그것뿐이다."라고 말했다. 한편, 에리히 프롬(Erich Fromm)에 따르면 "인간은 본래 고독한 존재이며 고독감과 공허함을 극복하기 위해서 사랑한다."고 했다. 사랑이 기쁨과 행복을 주고 때로는 허탈감과 외로움을 주더라도 젊음은 더 아름답고 멋진 자신만의 사랑을 위해서 몸과 마음을 몰입할 수 있는 인생에 가장 중요한 시기인 것만은 확실하고 청소년기는 그 절정의 시기이다.

1. 사랑의 의미

국어사전에서는 사랑을 "어떤 상대를 애틋하게 그리워하고 열렬히 좋아하는 마음 또는 그런 관계나 사람"이라고 하며, 또 다른 뜻으로 "다른 사람을 아끼고 위하며 소중히 여기는 마음이나 그런 마음을 베푸는 일"이라고 정의하고 있다. 플라톤(Platon)은 "누구를 사랑한다는 일은 그 사람 속에 있는 미와 선의 진수를 알아보는 것"이라고 했다.

그리스어로 사랑은 에로스(erōs) · 아가페(agapē) · 필리아(philia)라는 3개의 단어로 표현된다. 에로스는 성적 열정에 바탕으로 둔 낭만적 사랑이며, 아가페는 에로스적인 사랑과는 달리 신과 인간 사이 사랑을 바탕으로 한 무한한 사랑, 즉 보편적인 인간애를 의미한다. 한편 필리아의 사랑은 이성 간에 이루어지는 우애(友愛)이다.

사랑은 어떠한 하나의 마음 상태를 말하기도 하지만 사랑의 표현은 태도와 행동으로 나타난다. 특히 젊은 남녀 간의 사랑에 있어서 성적 요소는 사랑을 전달하고 느끼는 핵심적인 표현방식이라 할 수 있다.

한편, 사랑과 성은 각각 지나치게 극단적인 의미로 사용하는 경향이 있다. 사랑이라는 단어는 진실성이 사라지고 남용되어서 때로는 공허한 말로 들리는 반면, 성이라는 단어는 여전히 죄악시되거나 음침한 공간 속에서 움직이고 있다. 한 가지 분명한 것은 성은 사랑의 중요한 표현 중에 하나이지만 사랑은 곧 성이 아니다. 그렇기 때문에 사랑과 성의 균형을 잘 맞추어서 청소년이 인식하도록 해야 한다.

이런 의미에서 사랑에서 성이 의미 있는 용어가 되기 위해서는 상대에 대한 인격성이 전제되어야 한다. 이성 간에 외모, 재력, 능력, 언변 등은 좋아할 수 있지만 단순히 그것으로 사랑한다는 말을 하기는 힘들다. 그래서 사랑은 전인격적으로 상대에게 향하는 마음과 정신이라고 볼 수 있다. 또한 사랑은 상대에 대한 이해와 끊임없는 관심과 대화를 지향한다. 이런 관점에서 보면 성은 사랑 표현의 한 방법으로서의 사랑의 행위이다. 그렇지만 모든 사랑의 행위가 성행위를 뜻하지는 않는다. 그래서 성적 관계가 없는 사랑도 가능하다는 말이 나오는 것이다.

청소년에게 사랑과 성에 대한 개인적이고 사회적 의미와 실체를 잘 이해하고 내면화하는 일은 매우 중요한 행복과 긍정적인 쾌락 그리고 안정감을 지속적으로 느끼고 생활하는 데 무척 중요하다고 볼 수 있다. 이런 점에서 프롬(Fromm)이 사랑은 배워야 하는 기술(예술)이며 성숙한 사랑이 되기 위해서는 아끼고 지속적인 성장에 대한 관심, 상대에 대한 책임, 서로를 잘 알아서 성장을 도울 수 있는 능력으로서의 지식, 그리고 존경하는 마음, 이 4가지 요소가 있어야 한다고 한 말은 새겨둘만 하다.

2. 섹슈얼리티와 성정체감의 이해

남성과 여성을 구분하는 기준은 주로 생리적이고 자연적으로 부여 받는 성이다. 즉, 성적인 특질, 즉 성별(性別)을 말한다. 흔히 영어로 sexuality라고 표현한다. 이것은 생물학적인 성을 말하는 sex와 사회문화적인 성을 이야기하는 gender를 포괄하는 개념이라 볼 수 있다. 하지만 학자들에 따라서는 영어의 sex와 sexuality, 그리고 gender 이 세 가지 개념을 다르게 말하고 있어 그리 단순하게 구분할 수 있는 용어는 아닌 듯하다.

우리는 남성 또는 여성으로 태어난다. 이때 생물학적 성의 상태를 sex라고 말할 수 있다. 하지만 생물학적으로 모호한 경우나 또는 성적 의식이 다른 경우를 상정할 때 우리는 사회문화적 성인 gender라는 용어를 사용한다. 다시 말해서 남성으로 태어났지만 본인은 스스로를 남성의 몸을 가졌을 뿐 여성이라고 생각한다던가 아니면 그 반대의 경우이다. 즉, gender는 성별 기준에 따라서 사회적으로 부여되는 성적인 속성을 말한다.

한편, sexuality는 sex와 gender를 포괄하는 용어로 사용하기도 하지만, 성적 의식을 뜻하기도 한다. 이성 간의 성적 교제를 말할 때는 heterosexuality라고 하고 동성 간의 사랑은 homosexuality라고 한다.

사실 대부분의 사람들은 성정체감(gender identity)과 생물학적 성이 일치한다. 하지만 자신의 gender에 대한 자각, 자아의식을 뜻하는 성정체감은 태어나면서부터 고정되는 것이 아니다. 생리적인 요인 못지않게 성장과정에서 겪는 사회문화적 요인들에 의해서 성정체감은 바뀌기도 한다. 일반적으로 3세 정도에 이르면 기본적인 성정체감이 형성되고 '나는 남자다.' 아니면 '나는 여자다.'라는 인식이 생긴다. 자신을 남성 혹은 여성으로 결정하고 그에 따른 생각과 행동을 한다. 이에 따라서 남성과 여성의 성적 역할과 의식이 자리 잡는다. 유아기에 형성된 성정체감은 자신이 어떤 성인지를 인식하는 심리적 성정체감이며, 사춘기를 거치면서 대부분의 경우에는 이러한 성정체감이 확고해진다. 간혹 개인의 생각과 사회문화적 영향에 따라서 성정체감은 바뀌기도 하고 자신의 마음에 맞게 새롭게 정의되기도 한다.

3. 사랑의 분석과 유형

1) 사랑의 관계 유형

사회심리학자인 에리히 프롬(Erich Fromm)은 사랑을 사랑하는 대상의 문제가 아닌 자신의 능력의 문제라고 강조한다. 흔히 '사랑은 받기보다는 줄 때가 더 행복하다'라는 말처럼 사랑의 핵심은 주는 데 있기 때문에 능력이라는 것이다. 따라서 이러한 능력은 하나의 기술(art)로서 충분히 배우고 익히고 훈련함으로써 얻어질 수 있다고 본다. 프롬은 관계적 측면에서 6가지 사랑의 유형을 제시하고 있다.

① 형제애

가장 기본적이고 중요한 사랑의 형태이다. 소위 인류애라고 말할 수 있는 보편적 사랑을 의미한다. 인간에 대한 책임, 보호, 존경, 다른 사람을 이해하는 지식 등이 이 사랑에 포함되어 있다.

② 모성애

무조건 주는 사랑이다. 사랑하는 사람의 행복 이외에는 어떤 것도 바라고 요구하지 않는 사랑이다. 모성애의 본질은 보살핌이다. 주로 자녀의 성장을 살피는 것부터 자연스럽고 성숙하게 분리할 수 있도록 돌보는 것을 의미한다.

③ 부성애

가르치는 사랑이다. 아이의 성장을 위해서 지식을 전수하고 올바른 판단과 훈육을 해가는 사랑이다. 결국 올바른 부성애는 관대하면서 권위를 갖고 궁극적으로 아이가 권위로부터 잘 분리되는 것을 허용할 수 있어야 한다.

④ 성애(性愛)

육체적인 사랑을 말한다. 다른 사람과 한 몸, 즉 하나가 되고자 하는 갈망이다. 이러한 성애는 보편성보다는 배타성이 강하다. 강렬하고 폭발적인 갑작스러운 친밀에서 오는 성애는 오래가기 힘들다.

⑤ 자기애

이기적인 사랑이다. 이기적인 사랑은 곧 나를 포함한 전 인간에 대한 사랑이 내포되어 있다. 사랑은 '대상'과의 관계가 아니고 '태도', 곧 성격의 방향이다. 만일 내가 참으로 한 사람을 사랑한다면, 나는 모든 사람을 사랑하고 세계를 사랑하고 삶을 사랑하는 것이다.

⑥ 신에 대한 사랑

신에 대한 사랑은 절대적 사랑이다. 인간은 분리상태의 불안을 극복하려는 욕구가 사랑에 대한 우리들의 기초이다. 신에 대한 사랑은 신과의 일체성을 경험하는 행위이다. 신과의 관계 속에서 사랑은 인간의 가장 원초적이고 이상적인 원형으로서의 사랑이다. 즉, 불안과 두려움 그리고 외로움 등이 없는 무결점의 사랑이다(황문수 역, 2006).

2) 사랑의 3가지 요소

반려동물 유형이 다양해진다. 강아지와 고양이뿐 아니라 파충류, 설치류 그리고 새우도 반려동물로 키우곤 한다. 새우를 돌보는 사람은 자신이 키우는 새우를 먹으려 하기보다는 새우를 사랑하는 마음이 앞설 것이다. 반면 새우를 좋아하는 사람은 새우를 요리해서 맛있게 먹는다. 이처럼 사랑과 좋아함은 차이가 있다. 심리학자 지크 루빈(Zick Rubin)은 만일 어떤 사람과 시간을 보내는 것이 그냥 좋아서 함께 있고 싶어 하면 그것은 '좋아함(Like)'이지 '사랑(Love)'은 아니라고 한다. 사랑은 좋아하는 것보다 훨씬 더 깊고 강렬하며 육체적으로 가까워지고 싶고 안고 만지고 싶은 접촉의 욕구를 포함한다는 것이다.

루빈은 낭만적인 사랑의 개념은 3가지 요소가 있다고 데이트 커플 158쌍의 설문조사와 79쌍을 대상으로 한 실험 결과를 통해 제시한다(Rubin, 1970).

① 애착

애착은 사랑하는 사람과 육체적으로 가까워지고 싶은 욕구이다. 손을 잡거나 포옹을 하는 등의 신체접촉뿐만 아니라 경험을 함께하는 시간을 보내고 싶은 의존적인 욕구까지 포함된다.

② 배려

배려는 사랑하는 사람이 편안하고 행복을 증진하려는 욕구이다. 사랑하는 사람이 건강하고 행복해하는 데 필요한 정서적인 관여와 헌신을 포함한다. 그래서 사랑하는 사람에게 정서를 지원하고 나아가 실질적인 도움을 제공하고 기꺼이 자신을 희생하는 모습을 보인다.

③ 친밀감

친밀감은 사랑하는 사람과의 정서적으로 깊이 연결되고 의존하려는 욕구이다. 자신의 생각과 감정 그리고 경험을 사랑하는 사람과 함께 하고 나아가 이해하고 받아들이는 것을 포함한다.

루빈은 사랑은 바로 애착과 배려 그리고 친밀감이 잘 조화된 형태라고 보았다. 그렇게 보면 사랑은 전인격적으로 몸과 마음을 상대에게 향하는 기울임이라고 볼 수 있다.

3) 스턴버그(Sternberg)의 사랑의 삼각형이론

스턴버그는 사랑의 삼각형이론을 제시하였다(Sternberg, 1968). 사랑은 삼각형의 세 변을 형성하는 것으로 생각할 수 있는 세 개의 요소들의 측면에서 이해할 수 있다고 하였다. 즉, 친밀감(intimacy), 열정(passion), 결정과 헌신(decision/commitment)의 요소로 이루어져 있다(고선주 외 편역, 1996). 세 요소는 각각 세 변을 구성하고 각 변의 길이는 그 변이 대표하는 요소의 정도나 강도를 의미한다. 사랑의 크기는 이 세 가지의 구성요소가 균형감 있게 발달할 때 최대한 커지기 때문에 삼각형이 정삼각형일수록, 그 크기가 클수록 그 사랑은 완전한 사랑에 가까워진다. 서로 사랑하는 사람이라 할지라도 삼각형의 모양과 크기는 같을 수도, 각각 다를 수도 있다. 두 사람이 가지고 있는, 혹은 지향하는 삼각형의 모양이 서로 비슷해지도록 노력할 때 그 관계는 균형감이 있으며 지속적이고 안전해진다.

▌그림 7-1▐ 불균형적인 사랑

(1) 친밀감(intimacy): 사랑의 따뜻한 측면

친밀감은 서로 가깝고 연결되어 있고 정서적으로 유대가 되어 있다는 느낌을 말한다. 사랑의 정서적 속성이다. 이로 인해 두 사람은 행복하고 따뜻한 느낌을 느낀다.

스턴버그와 그래젝(Sternberg & Grajek)은 친밀성에 대한 10가지 신호들을 확인했다. 첫째, 사랑하는 사람의 행복을 증진시키기를 바라는 것, 둘째, 사랑하는 사람과 함께 있을 때 행복을 느끼는 것, 셋째, 사랑하는 사람에 대해서 높은 존경을 갖는 것, 넷째, 필요로 할 때 사랑하는 사람에게 의지할 수 있는 것, 다섯째, 사랑하는 사람과 서로 이해하는 것, 여섯째, 사랑하는 사람과 자신의 소유를 함께 하는 것, 일곱째, 사랑하는 사람에게서 정서적 지원을 받는 것, 여덟째, 사랑하는 사람에게 정서적 지원을 제공하는 것, 아홉째, 사랑하는 사람과 친한 의사전달을 갖는 것, 열째, 자신의 인생에서 사랑하는 사람에게 높은 가치를 부여하는 것이다(Sternberg & Grajek, 1984).

그런데 사랑하는 사람과의 친밀감은 서서히 상승해 가다가 어느 시점에 이르면 친밀감이 있는지조차 모르는 상태가 된다. 이러한 일이 일어나는 이유는 두 가지인데, 하나는 친밀감이 사라지는 경우이고, 다른 하나는 친밀감이 있기는 하지만 느끼지 못하는 경우이다. 초기에는 서로 잘 모르기 때문에 불확실성에 의해 새로운 경험과 학습이 이루어지며 친밀감의 꾸준한 상승이 느껴지지만 점점 익숙한 사이가 되면서 친밀감의 표현도 줄어들고 친밀감도 덜 느끼게 될 수 있다.

(2) 열정: 사랑의 뜨거운 측면

열정은 사랑하는 관계 속에서 신체적 매력을 느끼는 것, 성적 흥분 및 호감을 일으키는 충동을 말한다. 즉, 뜨거운 느낌으로 사랑의 동기적 속성이다. 비록 성적인 욕구들이 많은 사랑하는 관계들에서 열정의 주요한 부분을 구성할 수 있지만, 다른 욕구들, 즉 자존감, 타인들과의 어울림, 타인에 대한 지배, 자기실현 같은 것들도 열정의 경험에 기여할 수 있다.

이러한 열정은 급속히 달아올랐다 쉽게 식는다. 열정의 발달곡선은 중독현상에 내재되어 있는 반대과정(opponent process)과 유사하다. 즉, 열정은 상대방에 대한 긍정적 충동이 절정에 달했을 때, 이와 정반대의 부정적 충동인 혐오 감정이 서서히 생겨나서 결국은 긍정적 충동은 사라지고 부정적 충동만이 남는다. 예를 들면, 남녀 간에 불같이 달아올랐던 격정은 순식간에 사라지고 서로의 마음속에 미움만이 남아 헤어진 다음 우울한 감정과 후회의 시간을 보낸 후 원래의 감정의 리듬을 찾는 것은 바로 이러한 현상 때문이다.

(3) 결정 / 헌신: 사랑의 차가운 측면

결정과 헌신은 약속과 책임감으로 사랑의 차가운 측면이자 인지적 속성이다. 사랑의 요소 중 결정과 헌신은 단기적이고 장기적인 두 가지 측면들로 구성되어 있다. 단기적인 측면에서는 어떤 사람을 사랑하겠다는 결정이며 장기적인 측면에서는 사랑을 유지시키기 위한 책임과 헌신이다. 하지만 이러한 장단기적 측면은 항상 함께 동반되는 것은 아니다. 사랑하지만 관계를 지속하지 않으려는 경우도 있고 관계를 지속하고 책임을 지려 하는 것이 꼭 사랑의 결정을 뜻하지는 않는다.

사랑의 관계에서 의사결정과 헌신은 사랑을 일정하게 지속시켜 주는 역할을 한다. 즉, 친밀감이나 열정은 통제하기 어려운 반면에 결정과 헌신은 통제할 수 있다. 일반적으로 친밀감과 열정이 형성된 다음에 결정과 헌신이 따르지만 반드시 그렇지 않을 수도 있다. 즉, 결정과 헌신 후에 친밀감과 열정이 뒤따를 수 있다. 당연히 연애결혼은 전자의 예일 것이며, 예전에 부모들끼리 만나서 자녀의 배필을 정해서 당사자들은 서로 만나보지도 못하고 혼인을 한다든지 중매결혼도 후자의 경우에서 찾아볼 수 있다.

스턴버그는 이러한 사랑의 삼각형을 이루는 세 가지 요소가 상호 균형 있게 갖추어질 때 완전한 사랑, 즉 성숙한 사랑이 이루어진다고 하였다. 성숙한 사랑은 가장 이상적인 사랑의 형태로 이 사랑은 얻기도 어렵지만 지속하고 지키기는 더욱 어렵다. 서로간의 관계 유지에 힘쓰고, 매력을 느껴야 하며, 서로를 위해 헌신할 줄도 알아야 한다. 성숙한 사랑은 두 사람이 함께 만들어가야 하는 노력의 산물이다.

스턴버그는 사랑의 요소들이 불균형하게 이루어져 사랑유형을 다음과 같이 분류한다. 친밀감만 있는 사랑은 호감(like)이며, 열정만 있는 것을 도취성 사랑(infatuated love)이라 말하고, 결정과 헌신만 존재하는 사랑은 공허한 사랑(empty love)이라고 하였다. 이에 더하여 친밀감과 열정이 있는 사랑은 연애 또는 낭만적 사랑(romantic love)이고, 친밀감과 헌신이 함께 하는 사랑은 우애적 사랑(companionate love)이며, 열정에 헌신이 더해진 사랑은 얼빠진 사랑

(fatuous love)이라고 하였다.

사랑은 강한 성적 매력인 열정적 사랑에서 시작하여 상대방에게 따뜻하고 정서적 안정을 주며 관심을 주는 동반자적 사랑으로 이동하기도 한다. 두 사람의 관계가 지속될 것인지를 결정하는 사랑 요소는 결정/헌신 요소이다. 자신이 상대방에게 전념하고 있다는 것을 보여주는 주의 깊음, 전념, 배려, 충실, 존경 등이 두 사람의 관계를 지속시키는 요인이 된다.

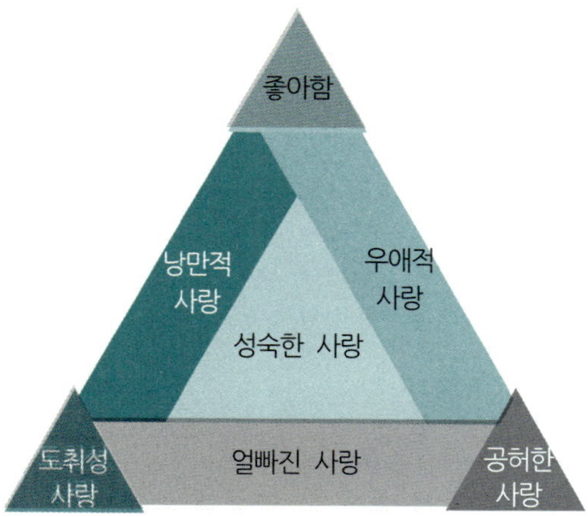

그림 7-2 스턴버그의 사랑의 삼각형

스턴버그의 여덟 가지 사랑유형

- **비사랑(Non Love):** 사랑의 3가지 구성요소가 하나도 들어 있지 않은 관계
- **좋아함(Liking):** 친밀감 요소만 있는 사랑. 정서적으로 따뜻함을 느끼는 우정과 같은 사랑
- **도취성 사랑(Infatuated Love):** 열정 요소만 있는 사랑. 첫눈에 반한 사랑, 눈먼 사랑, 풋사랑. 호르몬 분비나 심장박동 같은 신체적 증상을 동반하는 사랑
- **공허한 사랑(Empty Love):** 결정/헌신 요소만 있는 사랑. 사랑해야 한다는 의지와 결

심, 상대방에 대한 책임감으로 이루어진 사랑
- **낭만적 사랑**(Romantic Love): 친밀감 + 열정 요소가 결합된 사랑. 좋아하는 것 이상의 강한 친밀감과 상대에 대한 매력, 열정을 느끼는 사랑
- **우애적 사랑**(Companionate Love): 친밀감 + 결정/헌신 요소가 결합된 사랑. 대부분의 낭만적 사랑은 열정이 없어지기 시작하나 친밀감은 남아 있어서 우애적 사랑으로 변할 수 있음. 상대방을 일생의 동반자나 친구처럼 느끼는 동반자적 사랑
- **얼빠진 사랑**(Fatuous Love): 열정 + 결정/헌신 요소가 결합된 사랑. 허구적인 사랑이므로 단기간에 관계가 종식될 수 있음. 상대방에 대한 친밀감을 형성할 겨를도 없이 헤어지기 쉬운 사랑
- **성숙한 사랑**(Consummate Love): 친밀감 + 열정 + 결정/헌신 세 요소가 모두 균형 있게 결합된 사랑. 정서적인 따스함과 신체적인 열정, 상대방에 대한 책임이 모두 어우러진 사랑

4) 리(John Alan Lee)의 사랑의 색채이론

사회학자인 리(1973)는 사랑의 본질을 이해하는 연구 결과로 사랑을 색깔로 비유하는 사랑의 색채이론을 정립하였다. 각각의 개인이 갖는 사랑은 다른 색채로 표현되어지며, 사람마다 색에 대한 선호가 있듯이 사랑 또한 선호하는 유형이 있음을 강조하였다. 따라서 어느 특정한 색만이 진정한 사랑이라 할 수 없다 하였다. 즉, 각 개인은 자신만의 사랑의 색채를 갖고 있으며, 나의 사랑의 색채와 상대의 사랑의 색채가 조화를 이룰 때 서로 매력을 느끼고 그 관계를 유지할 수 있으며 행복감을 갖게 된다.

리는 삼원색처럼 사랑을 에로스(Eros, 열정적인 사랑), 루두스(Ludus, 유희적인 사랑), 스토르게(Storge, 친구 같은 사랑) 세 가지의 기본 유형으로 분류하였다. 또한 삼원색에서 다양한 색채들이 파생되어 나가듯이 사랑에도 마니아(Mania, 소유적인 사랑), 프라그마(Pragma, 실용적인 사랑), 아가페(Agape, 무조건 헌신하는 사랑) 등 2차 유형으로 세 유형이 파생된다고 하며, 총 6가지

사랑의 유형을 설명하고 있다. 이 사랑의 2차 유형은 더 범위를 넓혀 3차 유형인 루딕 에로스(Ludic Eros), 스토르직 에로스(Storgic Eros), 스토르직 루두스(Storgic Ludus) 등의 9가지 유형으로 정의하고 있다. 이 중 1차와 2차 사랑의 6가지 유형은 다음과 같다.

(1) 사랑의 1차색

① 에로스(Eros) - 낭만적인 사랑

에로스는 그리스 신화의 충동적이고 육체적인 성적 사랑의 신이다. 주로 이성에 대한 강렬한 성적 욕구를 뜻하는 용어이다. 아가페와는 대척점에 있는 사랑의 유형으로 보아도 된다. 마음에 드는 상대를 만나면 첫눈에 반해 버리는 유형이다. 황홀하고 열정적인 낭만적 사랑을 의미하며, 사랑은 열정적이고 갑자기 시작된다. 흔히 신체적이고 시각적인 매력에 끌리면서도 아주 강하게 원하지는 않지만 늘 사랑을 할 준비가 되어 있어 이상적인 이성을 만나 함께 사는 것이 삶에서 중요하다고 여긴다. 상대가 자신에 대해서 몰두하기를 바라기는 하지만 소유와는 결이 다르다. 이 유형의 사랑을 하는 사람들은 행복한 어린 시절을 보냈다고 생각하고 일을 즐기는 타입이 많다.

② 루두스(Ludus) - 유희적인 사랑

사랑을 진지하게 여기지 않고 하나의 게임(game)으로 생각하는 유형이다. 사랑에 빠지거나 정서적으로 결속하거나 헌신할 뜻이 없이 자제하는 모습을 보인다. 심리적으로 적당한 거리를 두면서 놀이 친구처럼 사귀는 유희적 사랑이며 언제든 상대를 떠나 다른 대상으로 향할 준비가 되어 있고 한 사람에게만 집중하지 않으며 한꺼번에 여러 사람을 만나기도 한다. 사랑의 밀고 당김 그 자체를 즐기는 유형이므로 관계가 안정화되면 사랑이 퇴색되어 버리기도 한다. 속박을 싫어하고 서로의 프라이버시를 존중하는 연애를 지향한다. 그렇기 때문에 상대가 너무 가까이 다가오려고 하면 불편해한다. 사랑은 결혼을 위한 과정이 아니라 단순한 재미를 위한 것이며 성적 행위도 사랑의 표현이 아닌 단순히 상대와 노는 게임에 불과하다. 이런 사랑 유형에는 좌절을 경험한 사람들이 적지 않다.

③ 스토르게(Storge) - 친구 같은 사랑

스토르게는 '자연적인 애정'을 뜻하는 그리스어에서 비롯되었다. 친구처럼 시간이 흘러감에 따라서 서서히 사랑하는 유형이다. 성실함과 배려를 토대로 한 신뢰관계로 맺어진 우정과 같은 사랑이다. 열정적인 사랑의 유형과는 달리 상대가 외모 등의 이상형이 아니라도 첫눈에 반하기보다는 시간의 흐름에 따라 들어서 사랑하게 되는 경우이다. 즉, 지속적인 만남과 생각을 하다가 자연스럽게 이성의 감정을 느끼는 것이다. 어떻게 보면 부모와 가족 등에 대한 가족애라고 볼 수 있다. 이러한 유형은 상대에게 지나친 감정표현을 하지 않으려 하고 사랑한다는 언어표현은 어색해하고 관심 분야에 대한 대화를 더 편하게 생각하고 좋아한다. 마치 옛날 어른들이 얼굴도 못보고 중매로 결혼해서 서로 존중하면서 자녀를 낳고 살면서 정이 들어 사랑했다는 표현과 같다. 이 유형의 사람들은 우정에서 애정으로 이어진 경우이며, 서로 배려하고 존경하면서 생활하고 오랜 기간 떨어져 있어도 불안해하지 않고 안정적인 관계를 이어가고 있지만 열정적이지는 않다. 비교적 편안하고 분위기 좋은 환경에서 성장했을 가능성이 높다.

(2) 사랑의 2차색

④ 마니아(Mania) - 소유적인 사랑

상대의 기분은 고려하지 않고 맹목적이고 집착적인 모습을 보이는 사랑의 유형이다. 감정 기복이 심하고 질투하고 사랑을 반복적으로 확인하려 한다. 이 유형은 열정적인 사랑(에로스)과 유희적인 사랑(루두스) 두 가지가 결합해서 나타난다. 이런 사랑유형은 항상 사랑을 받고 있다는 확인이 필요하고 더 많은 애정을 상대에게 요구한다. 상대의 기분은 생각하지 않고 강박과 집착을 보이기도 한다. 열정적인 사랑의 특징으로 인해 강렬하면서도 육체적인 자극을 필요로 하는 관계를 원하지만, 자기중심적이다. 유희적 사랑의 특징도 갖고 있어 사랑받는 것보다 더 많이 사랑하지 않도록 스스로 조정하지만 반면, 상대로부터 더 많은 사랑을 원하기 때문에 냉정한 관계를 갖기도 힘들어한다. 소유욕과 질투심이 높아 상대편에게 심리적 부담을 줘서 사랑 관계가 파탄을 맞기도 한다. 스스로는 관계를 정리하지 못하고 상대방이 관계를 끊도록 하는 경우가 많다. 이 유형의 사람들은 사랑의 자극과 모험을 경험하고 싶어하고 대체로 외로워하고 자신의 일에 만족하지 못하는 경향을 보인다.

⑤ 프라그마(Pragma) - 실용적인 사랑

현실적이고 실용적인 사랑을 중요하게 여기는 유형이다. 유희적 사랑(루더스)과 친구 같은 사랑(스토르게)이 혼합된 상태의 사랑이다. 상대가 자신이 원하는 자질을 가지고 있는지 본능적으로 저울질하며 이성을 잃지 않기에 낭만이 존재하지 않는다. 이러한 유형은 자신이 상대에 대한 사랑의 확신이 있기 전까지는 계산적으로 분별력 있게 자신의 기준에 적합한 대상을 찾는 노력을 지속한다. 가족의 배경, 학력 등 조건을 고려한 실용적 사랑이며 공정한 거래가 이루어져야 사랑이 가능하다고 생각한다. 사랑하는 사람을 선택하고 그 관계를 지속시키거나 끝내는 것에도 현실적이며 이성적이다. 이런 유형은 자신의 노력에 따라서 목적을 달성할 수 있으며 삶의 성공 여부가 달려 있다고 생각한다.

⑥ 아가페(Agape) - 헌신적인 사랑

자신의 모든 것을 주는 이타적인 사랑의 유형이다. 즉, 헌신적이고 타인중심적으로 상대를 위해서 기꺼이 희생하는 유형이다. 이것은 열정적인 사랑(에로스)과 친구 같은 사랑(스토르게)이 결합해서 나타난다. 이러한 유형의 사람들은 사랑하는 대상에게 관심과 보살핌을 베풀어야 할 의무를 느낀다. 사랑이란 받는 것이 아니라 주는 것이라 생각한다. 보살핌에 대한 보상을 요구하지 않고 자신을 희생해서라도 상대방의 행복을 추구한다. 그렇지만 상대를 단지 보살핌을 필요로 하는 많은 사람 중의 한 명으로 생각하기 때문에 최소한의 시간과 열정만을 보인다. 이러한 유형의 특징 중 하나는 상대가 다른 사람과 함께 하는 것이 더 행복하다고 판단하면 기꺼이 자신의 상대를 포기할 수도 있다. 감정보다는 이성과 의지에 의해 행해지는 사랑이며 자기상실적인 사랑이다.

리(1988)에 따르면 사람들은 대개 한 가지 유형의 사랑을 선호하지만 그것을 표현하는 데 있어서는 한 가지 이상의 유형이 나타난다고 한다. 또한 각 사랑유형의 특성을 살펴보면서 주의해야 할 점은 사람들이 한 가지의 유형에만 제한되어 있지는 않으며, 특정한 사랑유형에서도 완전히 일치하는 특징을 보이지는 않는다는 것이다.

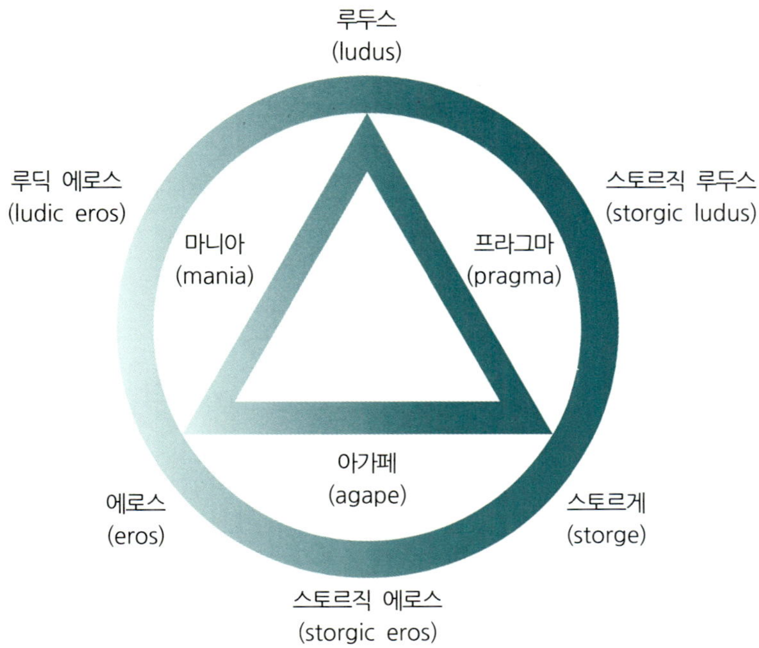

그림 7-3 리의 사랑의 색채 바퀴

4. 이성교제와 사랑

청년기는 이성에 대한 호기심과 관심을 넘어서 이성을 미래에 자신의 배우자로서 생각하는 시기이다. 청소년기 후기에 이르면 진학과 취업 등 진로에 대한 결정과 탐색 못지않게 온전히 자신의 가정을 갖기 위한 여러 가지 사고와 행동에 관심을 둔다.

결혼을 전제로 사랑을 시작하기도 하고 사랑을 하면서 결혼을 생각하기도 하는 시기이다. 그동안의 대인 및 사회적 관계에서 쌓은 경험과 자아정체감이 형성되면서 이성 간의 교제는 단순한 친밀감을 넘어서 미래를 향한 구체적인 계획을 추진하는 데 중요한 요소가 된다. 만일 원만하고 바람직한 이성교제를 이루는데 실패하면 크나큰 고립감을 느끼고 심리적 혼란과 함께 삶에 대한 의욕까지 상실할 수 있다.

따라서 이 시기에 이성교제는 연애를 넘어서 결혼까지 염두에 둔 매우 큰 후기 청소년들의 관심사이며 중요한 발달과정이라고 볼 수 있다.

사랑의 생화학적 분석

Liebowitz(1983)과 Fisher(1992)에 따르면 첫눈에 반하는 사랑의 현상은 신체의 생화학적 성분 때문에 생기는 것이라고 한다. 사람이 열정적인 사랑에 빠지면 마치 마약에 취한 것과 같은 상태로 기분이 황홀해진다. 이러한 현상은 사랑이나 마약이나 신체의 특정 신경화학물질을 활성화하기 때문이라는 것이다. 이로 인해서 활기차고 행복감을 느끼며 상대를 아름답게 보고 기분이 고양되는데 이 모든 것이 페닐에틸아민이라는 화학물질 때문에 일어나는 현상이라고 하였다. 이와 함께 사랑에 빠지면 엔도르핀이 발생하고 이와 함께 옥시토신도 유발되는데 이것은 신체접촉으로 자극을 받으면 쾌감과 만족감을 느끼게 한다.

1) 연애의 과정*2

시카고 대학의 커뮤니케이션 학자 냅(Knapp)은 두 남녀가 서로 모르는 사이에서 한 쌍의 연인이 되기까지의 과정을 'Coming Together'의 5단계로, 다시 연인에서 남남이 되기까지의 'Coming Apart'의 5단계로 나누고 있다(Knapp & Vangelisti, 2005).

*2 이 부분은 냅(Knapp)의 연인이 되기까지 과정 'Coming Together'의 5단계와 배우자 선택과정 등을 중심으로 필자가 재구성한 것임.

(1) 시작 단계

한 사람이 다른 사람을 만나는 일은 엄청난 사건이다. 특별한 경우가 아니라면 살면서 진지한 연애상대로 만날 수 있는 사람은 손가락으로 꼽을 수 있을 정도이다. 남성과 여성의 만남의 시작은 부모나 친구의 소개일 수도 있고 또한 모임에서 자연스럽게 끌려서 만날 수도 있고 아니면 학교나 지역사회 공간에서 만날 수도 있다.

이렇게 만남이 이루어질 때 만남이 이어지려면 적어도 남녀가 첫인상(frist first impression)에서 좋은 첫인상 효과(primary effect)를 가져야 한다.

좋은 첫 인상을 결정하는 요인은 상대의 외모뿐 아니라 표정 그리고 차림새(옷차림, 화장, 헤어스타일 등)와 함께 말하는 어조와 제스처 그리고 음성까지 포함된다. 메라비안(Albert Mehrabian)에 의하면 첫인상에 있어서 언어적인 요소가 7%, 외모, 표정, 태도 등 시각적인 요인이 55%, 그리고 목소리 등 청각적인 요인이 38%를 차지한다고 밝혔다. 이러한 첫인상이 끝까지 이어진다고 볼 수는 없지만 다음 단계로 넘어가기 위해서는 상대가 좋다고 느끼는 인상을 가져야 한다. 사실 첫인상은 심지어 3초에서 1분이 넘어가지 않는 시간 안에 결정된다고 하지만 첫 호감을 느끼면 좀 더 천천히 자세히 살핀 다음 매력적인 모습이 보이면 다음 단계로 넘어간다.

(2) 동질성 확인 단계

상대가 나하고 통하는 사람인지 파악하는 단계이다. 이런 저런 대화를 통해서 동질성을 확인한다. 예를 들면 상대의 취미와 관심사 그리고 대화가 잘 통하는지 등이 중요한 요소로 등장한다. 소위 '썸'이라고 부르는 단계이다. 흔히 취미나 좋아하는 것 등 소소한 질문을 통해서 상대의 취향과 관심사를 알고 싶어한다.

아직 애인관계는 아니지만 전혀 낯선 대상이 아닌 좀 더 알아보고 싶은 특별한 상대라는 것이다. 동질성 확인 단계는 시간의 문제는 아니다. 서로 자유로운 상태에서 자신의 영역에 들어올 수 있는 사람인지를 알아보는 단계이기 때문에 때로는 짧은 시간 안에 또는 몇 년에 걸쳐서 이 단계가 지속될 수도 있다. 이 단계에서 서로 말이 잘 통하고 성향도 같다면 성공적인 '썸'이 되지만 그렇지 못하면 그냥 이성 친구로 남게 될 것이다.

(3) 강화 단계

동질성 확인 단계를 통해서 같은 취향과 느낌 그리고 말이 통한다고 생각되면 수많은 이성 중에 특별한 이성으로 상호 인정하면서 좀 더 깊은 대화와 사고, 느낌을 함께 하고 싶어 한다.

즉, 훨씬 더 자신에 대해서 알리고 특별한 관계가 아니면 할 수 없는 이야기들을 공유한다. 성장과정, 가정환경, 미래의 모습과 자신이 갖는 가치관, 인생관, 삶의 태도 등을 나누면서 가까워지는 느낌을 받으려 한다. 그리고 때로는 주변에 사귄다는 것을 알리고 인정받으려 한다. 이 단계에서는 서로의 마음과 생각을 나누는 것뿐만 아니라 신체적으로도 가까워지려는 시도를 한다. 스킨십이 자연스럽게 이루어지는 단계이다. 이 단계를 통해서 둘만이 갖는 경험을 쌓고 그러면서 서로에 대한 마음의 고백을 통해서 상대를 좋아하고 이해하는 마음이 강화되고 진정한 사랑의 감정이 일어난다.

(4) 심화 단계

'우리'라는 하나 된 느낌이 강해지는 단계이다. 나와 너가 아닌 '나-너'의 한 쌍으로 인식하고 행동하는 단계이다. 매일 만나고 SNS로 시시각각 소통하며 일상생활을 공유한다. 그러면서 점차 상대의 취향과 생각 등을 닮아가기도 하고 통합되어 간다. 가끔은 상대의 일거수일투족을 나누면서 힘겨워하는 사람도 있어서 이 단계에서는 갈등이 심화될 수도 있다. 그만큼 서로에 대한 애착과 애정이 깊이 결합되어 가기 때문이다. 이 단계까지를 연애(데이트)과정이라고 볼 수 있다.

(5) 결합 단계

사회적으로 두 남녀의 데이트의 궁극적인 결말이 결혼이라고 볼 때 결합 단계는 결혼에 이르는 최종 과정이다. 이제는 가족과 친지 그리고 지인들에게 '하나의 쌍'이라는 사실을 알리고 인정받아야 한다. 남과 여가 만나서 각자가 아닌 '남녀 한 쌍의 공간'을 갖게 된 것을 모두에게 알림으로써 둘의 관계를 완전히 굳게 한다.

이때부터 두 사람은 미래, 즉 결혼에 대해서 진지하게 생각한다. 물론 두 사람 간의 충분한 애정이나 관계를 지속하려는 의지를 바탕으로 결혼에 따른 경제사회적 여건이 된다면 결혼에 이를 수 있다. 물론 이 단계에서도 한 사람이 서로 사랑은 하지만 결혼에 의지가 없다면 관계가 끝나거나 앞의 심화단계를 그대로 이어갈 수 있다.

그런데 이 단계에서 상대에 대한 보완적 매력을 찾고 갖는다면 더 바람직한 결혼생활 또는 데이트 과정을 지속적이고 성공적으로 이루어낼 수 있을 것이다. 보완적 욕구(complementary needs)를 충족시켜 줄 수 있는 보완적 매력은 자신과 다름에 대한 매력이다. 예를 들면 내성적인 성향의 남성이라면 외향적인 성향의 여성에게 자신이 갖고 있지 못하는 외향성에 매력을 느낄 수 있고, 우유부단한 성격의 여성은 결단력이 강한 남성에게 끌림을 가질 수 있는 등 성격이나 외모와 같이 나의 아쉬운 부분을 채워줄 수 있는 요소를 말한다.

그리고 상대를 감정적으로 건강하게 분리하는 과정도 필요하다. 마치 우리가 어릴 때 어머니와의 건강한 애착관계를 형성한 아이는 점차 커가면서 어머니와 정서적으로 잘 분리되어서 어머니와 자녀로서 독립 개체로 살아가면서도 서로를 향한 마음과 애정의 깊이는 더 커지는 것과 같다고 볼 수 있다.

표 7-1 철수와 영희의 가깝고도 먼 인간관계의 단계

과정	단계	대화 사례
만남	시작	저는 철수라고 합니다. 만나서 반갑습니다.
	동질성 확인	저는 독서가 취미이고 쉬는 날은 꽃꽂이를 즐겨합니다. 취미하고 즐겨 하는 일은 무엇입니까?
	심화	미래에 어떻게 살아야 하는지 어떤 가치를 가지고 사는지 이런 말을 자연스럽게 하는 걸 보니까 얼마 되지 않았는데 우리가 더 가까워진 것 같죠?
	강화	친구야! 영희하고 나는 SNS를 공유하기 시작했어.
	결속	친구야! 우리는 결혼하기로 약속했고 양가 부모님께 말씀드리고 만나기로 했어.
헤어짐	차이	가끔 나처럼 당신이 친구들을 만나서 어울리면 좋겠어.
	경계(구분)	직장일은 내가 알아서 할 테니까 당신은 걱정하지 마요.
	침체	(독백) 그때 내가 왜 영희에게 저녁 먹으러 가자고 했는지 모르겠어. 그 사람은 나와 나가고 즐겁게 시간을 보내고 싶어하지 않는데…
	회피	영희 씨! 지금은 일이 많아서 집에 일찍 못갈 것 같아.
	종결	우리 둘 다 잠시 떨어져 있는 시간을 갖는 것이 좋다고 생각해. 나는 당신이 괜찮은 사람이고 잘 견뎌낼 거라고 생각해.

출처: Adapted from Mark L. Knapp and Anita L. Vangelisti (2005). Interpersonal Communication and Human에서 'Relationship Stages'를 재구성

2) 배우자 선택의 과정

전통사회는 가족 중심적 사고를 갖고 있었으며 그 사회의 배우자 선택은 가족 간의 문제, 즉 부모들 간의 거래였다. 하지만 오늘날의 개인 중심적 사고는 배우자 선택에도 영향을 미쳐 배우자 선택권은 본인에게 있으며 부모의 영향

력은 감소되었다. 결혼의 목적은 가문이 아닌 개인의 행복에 있으며 개인의 책임이 강조되므로 개인의 판단과 안목이 더욱 요구된다. 배우자 선택과정은 자신에게 적합한 배우자를 만나기 위해 복잡한 심리적 의사결정과정을 거치게 된다(정옥분, 2019).

(1) 동질성 이론(homogamy theory)

배우자 선택에서 가장 큰 영향을 미치는 요인은 상호간의 유사성이라고 본다. 연령이나 교육수준, 사회계층, 종교, 인종, 가치관 등에서 특성이 유사한 사람들이 서로를 배우자로 선택하고자 한다. 가치관과 사회적 배경, 생활 경험이 유사한 사람을 개개인이 선호하며, 동질혼을 추구하도록 하는 사회적 규범이나 부모, 친지, 동료의 압력 등에 의해 유사성에 따른 배우자 선택을 하려고 한다.

(2) 보완욕구이론(complementary needs theory)

비슷한 특성보다는 서로 보완해 줄 수 있는 특성이 배우자 선택에서 가장 큰 영향을 미치는 요인이라고 한다. 사람들은 일반적으로 자신과 성격이 상이한 사람에게 끌리는 경향이 있으며(Winch, 1958), 보완욕구이론에 따르면 자신과 비슷한 특성보다는 서로의 성격이나 욕구가 다르다는 것이 보완적 역할을 해서 서로에게 매력을 느끼고 배우자로 선택하게 된다. 특정 분야에 높은 성취 욕구를 가진 사람은 그렇지 않은 대리성취형의 상대를 배우자로 선택하는 경향이 있으며 지배적인 성격은 의존적인 성격의 소유자를, 외향적인 성격을 가진 사람은 내향성의 성격을 가진 상대를 선택하는 경향이 있다.

(3) 교환이론(exchange theory)

배우자 선택은 일종의 교환과정으로 설명할 수 있다. 사람들은 배우자 선택 과정에서 비용(cost)보다 더 많은 이득(benefit)을 얻으려는 경향이 있으며 그 결과 자신에게 가장 많은 보상을 주는 사람을 배우자로 선택하게 된다는 것이다. 시대에 따라 교환과정에서 비용이나 보상은 차이가 있으나, 일반적으로 사회계층, 직업, 학벌, 신체적 매력 등이 중요한 기준이 된다. 여성은 주로 배우자 선택에서 남성의 경제적 능력을 중요한 보상요인으로 생각하고 남성은 여성의 외모를 중시하는 것도 경제적 능력과 외모의 교환으로 설명할 수 있다. 교환가치는 객관성을 추구하지만, 극히 심리적이고 주관적 요인이 개입된 판단에 의해 그 등가가 매겨지기도 한다.

(4) 여과망이론(filter theory)

배우자 선택의 과정을 일련의 여과과정으로 보는 심리학적 접근방법이다. 우드리(Udry, 1971)는 두 사람의 관계에서 시작하여 결혼에 이르기까지 여섯 개의 여과망을 거치면서 대상이 좁혀져 배우자를 선택하게 된다고 한다. 첫째, 근접성의 여과망을 통하여 가능한 모든 대상 가운데 지리적으로 가깝고 만날 기회와 상호작용의 가능성이 많은 사람들로 그 대상이 제한된다. 둘째, 매력의 여과망을 통하여 상호 매력을 느끼는 사람들로 대상은 다시 좁혀진다. 셋째, 사회적 배경의 여과망을 통하여 연령, 종교, 직업, 교육수준 등의 사회적 배경이 유사한 사람들로 범위가 축소되고, 넷째, 의견합치의 여과망을 통해서는 인생관이나 결혼관 등 주요 문제에 대한 동일한 가치관이나 견해, 태도를 가진 사람들이 남는다. 다섯째, 상호보완의 여과망을 통하여 상호간의 필요와 욕구를 충족시켜 줄 수 있고 단점을 보완해 줄 수 있는 사람으로 줄어들며, 여섯째는 결혼 준비상태의 여과망을 통해서 비로소 결혼에 이르게 된다.

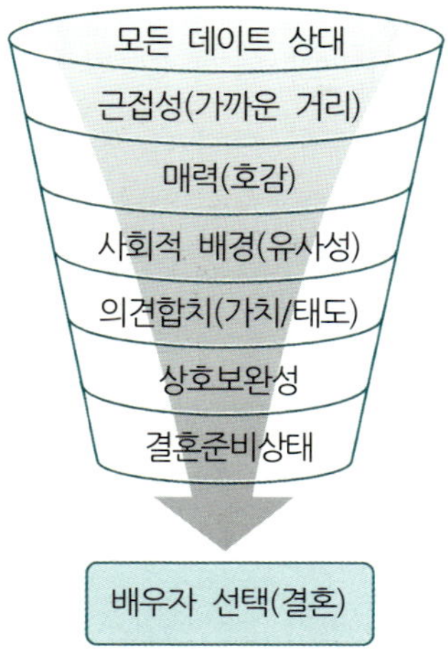

그림 7-4 여과망이론

(5) 자극-가치-역할이론(SVR이론: Stimulus-Value-Role)

머스타인(Murstein, 1987)은 배우자 선택이 자극단계, 가치단계, 역할단계로 진행된다고 하였다.

자극단계(stimulus)는 매력이 있는가를 판단하는 첫 번째 단계이다. 이 단계는 최소한의 상호작용만 존재하는 상황에서 외모, 직업, 학벌, 사회적 지위 등 외적으로 보이는 특성에 의해 상대방을 평가하여 자극을 유발하고 매력을 발견한다. 상호작용 전에 관찰 가능한 것을 토대로 서로가 잘 맞을지를 검토하며 갖고 있는 속성들이 공평하게 균형을 이룬다고 판단하면 서로에게 끌리며 관계가 지속되어 다음 단계로 넘어가게 된다.

가치단계(value)는 자신과 상대방의 인생관, 가치관, 종교관, 정치관, 생활방식, 결혼관, 경제관, 교육관, 자아실현, 성역할, 신념 등 다양한 체계에 대한 태도와 사상 등의 유사성을 비교하는 단계이다. 상대방의 태도나 가치를 탐색하고 자신의 가치와의 일치가 이루어지면 관계가 발달하여 다음 단계로 진전된다.

역할단계(role)는 배우자로서의 상호 간의 역할 기대 일치도와 역할 수행능력을 검토하는 단계이다. 두 사람의 현재 및 두 사람이 부부가 되어 가정생활을 영위할 때의 서로의 역할 기대와 역할 수행에 기초하여 상대방을 배우자로 구체적으로 생각해 보는 단계이다. 이때 만족할 만한 수준의 역할 적합성이 예측되면 배우자로 선택하여 결혼으로 발전되며, 그렇지 못할 경우에는 관계가 종결된다.

(6) 결혼 전 배우자관계 형성이론(Premarital dyadic formation theory)

루이스(Lewis, 1973)는 한 단계가 완성되어야만 다음 단계가 발생하고, 각 단계를 충실히 완수할 때 행복한 결혼이 지속될 수 있다고 보았다. 루이스의 배우자 선택의 심리적 발달과정은 유사성 인식 단계, 우호적 감정 형성 단계, 자기개방 단계, 역할취득 단계, 역할조화 단계, 상호결정 단계의 총 여섯 단계 순으로 진행된다.

루이스의 결혼 전 배우자선택의 심리적 발달과정

- 1단계: 유사성 인식 단계
  상대방의 사회경제적 배경, 가치관, 성격 등이 유사함을 지각하는 단계
- 2단계: 우호적 감정 형성 단계
  상대방에 대해서 긍정적 평가를 하고 호감과 친밀감을 느끼는 단계
- 3단계: 자기개방 단계
  서로 자유롭고 솔직하며 개방적인 자기표현을 할 수 있는 단계
- 4단계: 역할취득 단계
  자신의 역할을 구축하고 상대방의 역할에 대한 기대를 형성하는 단계
- 5단계: 역할조화 단계
  서로에 대한 역할 기대와 역할 수행을 조정하여 상호 보완적 조화를 이루어가는 단계
- 6단계: 상호결정 단계
  서로의 역할을 수용하여 확정하고 한 쌍의 동반자로서의 정체성과 일체감을 느끼는 단계

CHAPTER 08

청소년과 가족

가족은 한 사람의 인생이 시작되고 끝나는 공간이며 사회의 기초단위이다. 그만큼 가족은 우리 삶에서 매우 중요한 혈연공동체로서 어떤 시대나 사회를 막론하고 존재해 왔다.

가족의 개념과 역할을 기초로 청소년기와 가족의 변화 그리고 문제의 시각에서 가족체계와 청소년과의 관계, 아울러 부모의 양육태도가 청소년에게 미치는 영향 등에 대해서 살펴본다.

1. 가족의 개념과 의의

가족은 혈연관계로 이루어진 사회의 기본단위이며 사람의 일생에 기초가 되는 공간이다. 건강가정기본법 제3조(정의)에 의하면 가족이라 함은 혼인 · 혈연 · 입양으로 이루어진 사회의 기본단위를 말한다.

흔히 가족의 중요한 4가지 기능으로 성욕 충족, 종족 보존, 자녀 양육, 경제적 협동 등을 들어 왔다(Murdock, 1968). 하지만 대가족에서 핵가족제도로 옮겨가고, 이후 1인가구 등 사회 변화에 따라 다양한 가족형태가 나타나고 있어 가족기능이 불가피하게 변할 수밖에 없는 상황이다. 더욱이 현재 혈연가족(가부장제 중심이 다수라고 볼 수 있는 가족형태)이 미래에도 여전히 지속될 수 있는지에 대해 의심하는 사람도 적지 않다. 그럼에도 불구하고 가족은 그 어떤 제도로도 대신할 수 없는 필수적이고 기본적인 사회제도이다. 또한 개인에게는 삶의 핵심적인 공간이며 디딤돌이다. 특히 가족은 청소년이 아동에서 성인으로 원활하고 바람직하게 이행하는 데 있어서 경제적 지원과 도덕과 관습 등 사회문화의 교육 그리고 정서적 지지를 제공하는 매우 중요한 공동체이다.

물론 사회 변화에 따라서 전통적인 가족의 개념과 형태가 변하고 있지만 개인이나 사회의 측면에서 가족이 갖는 중요성은 쉽게 사라지지 않을 것이다. 그렇지만 가족을 둘러싼 사회의 변화는 가족과는 조금 다른 의미를 가진 '가정(家庭)'에 주목하도록 만든다. 가정은 한 가족이 생활하는 사람들의 의식주를 함께 해결하는 생활공동체로서의 공간적 의미가 포함되어 있다. 이미 산업화와 정보화 사회를 넘어서 인공지능 등의 급속한 발달은 인간의 삶을 요동치게 하면서 미래를 예측하기 어렵게 하고 있다. 이런 관점에서 가족보다는 가정의 의미에 더 큰 관심을 가질 수밖에 없다. 즉, 전통적인 농경사회의 대가족 형태가 바뀌어서 핵가족과 적은 인원의 가족으로 바뀌고 더구나 저출산, 고령화, 맞벌이가족의 증가, 한부모가족 및 독신가족 등 다양한 가족이 등장하면서 가족보다는 가정에 대한 관심이 높아질 수밖에 없는 것이다. 물론 가정도 가족을 포함한 용어이기는 하지만 굳이 가족이라는 혈연관계에 얽매이기보다는 오히려 혈연이든 아니든 간에 현실적으로 함께 가정을 이루고 살아가는 데 더 큰 의미를 둔다. 멀리 있는 친척보다 가까운 이웃이 정서적 · 경제적으로 도움이 될 수 있다는 말이 더욱 실감나게 다가오는 시대이다.

이와 같은 가족구조와 형태의 변화는 가족과 청소년의 관계에 변화를 가져오고 있다. 가족이 갖는 경제적 공동체로서의 기능은 더 퇴색해 가고 핏줄이라는 의미도 크게 다가오지 않지만 그것이 가정이든 가족이든 간에 청소년에게는 부모와 상호관계를 통해서 여전히 정서적 안정을 꾀하고 인격 형성과 사회성 발달에 큰 영향을 주요한 삶의 기초적 단위이며 공간인 것만은 확실하다.

2. 가정의 역할

가정은 가족이 함께 생활하는 공간, 즉 집을 의미한다. 그렇지만 가정에서 말하는 공간은 단순히 건물과 시설, 도구 등이 있는 장소와 환경만을 뜻하지 않고 그 안에 살고 있는 사람들이 공동의 의식과 목표 그리고 가치와 규칙을 갖고 생활하는 모든 것을 포함한다. 그렇기 때문에 가족보다는 보다 포괄적인 개념이라고 볼 수 있다.

이런 의미에서 가정은 자녀의 양육에서부터 정서뿐만 아니라 경제적인 부분까지 모두 갖고 있는 생활공간이다. 이러한 가정의 주요한 역할 기능에 대해서 살펴본다.

1) 재생산

사회적 관점에서 가족은 출산과 양육을 통해 사회구성원을 재생산하는 기능을 한다. 사회에 대한 가족의 기본적인 기능이면서 사회제도로서 가족만이 가지는 고유한 기능이다(강홍렬 외, 2006). 가족이 갖는 정서, 사회화 등의 기능이 있지만 재생산의 기능은 가족만이 수행할 수 있는 기능이며, 미래 사회에 가족기능이 변해도 다른 제도로 옮기기는 어렵다고 볼 수 있다(김은지 외, 2010).

2) 경제

전통사회에서 가족은 주요한 생산과 소비의 중요한 경제적 공동체로서 기능을 했다. 즉, 부모를 중심으로 공동생산과 소비를 해왔지만 산업화로 인해 가족과 일의 공간이 분리되면서 점차 가족이 갖는 공동생산과 소비로서의 경제적 기능은 약화되고 현재에 와서는 예외적인 경우를 제외하고는 거의 없어졌다. 한편 맞벌이가구가 증가하면서 가족의 합리적인 소비생활의 기능은 더 강조되고 중요해졌다.

3) 자녀 양육 및 사회화

가족에게 자녀 양육은 출산 못지않게 중요하고 가족과 사회의 건강한 발전을 위해서 매우 중요하다. 더욱이 현대사회에서 가정에서의 자녀를 양육하는 일은 더 크게 강조되고 있다. 저출산 사회가 도래하면서도 자녀 양육은 가족에게는 경제적으로나 정서적으로 큰 부담이 되고 있다. 이전에 비해서 자녀 수가 적어짐에도 불구하고 자녀에게 들어가는 시간과 경제 부담은 더 커지고 있다. 한편, 사회화는 가족 안에서 성장하면서 부모 등 다른 성원과의 상호관계를 통해서 사회의 가치와 규범을 습득하여 사회에 잘 적응하도록 하는 기초를 마련하는 일이다. 양육과 사회화의 기능에 대한 사회적 관심이 더 커져야 하는 상황이다.

4) 정서

가정은 부모와 가족구성원을 통해서 사랑하고 받는 방법을 익히고 아동과 청소년기에 성인이 되어 가는 과정에서 겪는 갖가지 갈등과 어려움을 돕도록 보호하고 정서적 지지를 하는 공간이다. 핵가족이 보편화되고 가족형태가 다양해지면서 오히려 가정에서의 정서적 기능이 더욱 강조되고 있다. 다시 말해서 가족이 갖는 재생산, 경제, 자녀 양육과 사회화 등의 기능은 사회에서 어느 정도 대체할 수 있지만 가족 혈연에서 오는 정서적 지지와 이에 대한 욕구는 다른 부분에서 해결하기가 쉽지 않다. 결국 사람이 가장 친밀하고 극히 개인적인 소속감의 정서적 욕구를 강하게 해결할 수 있는 중요한 공간이 가정이기 때문이다. 또한 부부간의 정서적 교류와 친밀감이 더 중요하게 여겨지면서 부모 상호 간에 정서적 기대가 충족되지 않으면 가족의 문제가 생길 가능성이 높아지는 이유도 정서적 기능의 중요성을 보여준다.

3. 청소년기와 부모의 양육

부모는 청소년에게 태어날 때부터, 가정으로부터 독립하고 또한 그 이후까지도 많은 영향을 미친다.

특히 부모의 양육방식은 아동기에도 중요하지만 청소년기에도 어떤 청소년이 되느냐에 상당한 영향을 미친다고 볼 수 있다. 어릴 때부터 부모로부터 받은 교육과 보살핌 또는 정서적 반응에 따라서 자녀의 개성과 삶의 태도와 대인관계 방식이 달라질 수 있다.

여기서는 심리학자 바움린드(Baumrind)의 부모 양육태도를 통해서 아동에서 청소년기까지 부모의 양육방식과 그 영향에 대해서 살펴본다.

바움린드는 부모의 자녀에 대한 애정과 통제가 높고 낮음에 따라서 4가지 형태로 부모의 양육 유형을 나누었다.

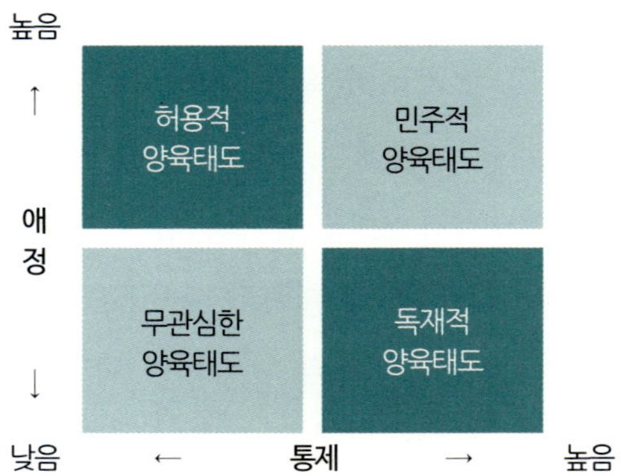

▮그림 8-1▮ 바움린드의 자녀 양육 유형

1) 허용적(permissive) 양육태도

자녀에 대한 애정 수준은 높고 통제 수준은 낮아 통제를 거의 하지 않는 양육 형태이다. 자녀의 행동이 사회에서 받아들일 수 있는 것인지 아닌지를 설명하지 않고 자녀가 행동하는 그대로 수용하는 태도이다. 자녀의 행동 통제가 적절하게 이루어지지 않으며 지나치게 방임적인 태도를 취한다. 이러한 양육태도는 다른 사람의 감정을 배려하는 데 어려움을 갖고 자기중심적인 행동만 할 수 있어서 집밖에서 다른 사람과의 관계를 어렵게 만들어서 많은 갈등을 일으킬 수 있다.

예를 들면, 공동주택인 아파트에 살면서도 아래층을 배려하지 않고 밤늦게 집안에서 뛰어다니는 자녀를 통제하지 않는다든지, 길을 가다가 누군가에게 실수를 했을 때 사과하지 않고 아이만 감싸는 행동을 하는 것 등이다.

허용적인 부모 아래 자라난 아이들은 충동적이거나 공격적이고 반항적이며, 자립심과 자제력이 낮으며, 어른에게 의존적이며 과도한 요구를 하는 등 독립심과 책임감이 결여될 수 있다. 이러한 유형은 독재적 양육태도와 거의 비슷한 결과를 맺을 때도 있을 만큼 바람직한 양육태도가 아니다.

2) 민주적(authoritative) 양육태도

자녀에 대한 애정과 통제 수준이 모두 높은 양육태도이다. 4가지 유형 중 가장 바람직한 양육태도로 볼 수 있다. 소위 전통적인 부모상인 엄부자애(嚴父慈愛)의 요소를 적절히 적용하는 태도이다. 사랑을 줄 때는 자애로운 어머니처럼 아낌없이 주고, 반면 자녀가 바람직하지 않은 행동을 할 때는 단호하게 제재하여 바로 잡아준 다음 잘못한 이유에 대해서 말해준다. 분명한 기준을 세워 놓고 있으며 자녀에게 성숙한 행동을 기대하고, 자녀의 견해를 존중하며 부모 자신의 견해를 표현하는 서로 개방적인 의사소통을 한다.

예를 들면, 공동주택인 아파트에 살면서도 아래층을 배려하지 않고 밤늦게 집안에서 뛰어다니는 자녀에게 하지 말라고 명확히 말한다. 그러면서 자녀가 밤늦게 뛰어다니는 이유와 의도에 대해서 잘 들어주고 파악한다. 그리고 공동주택 아파트에 살면서 지켜야 하는 기본 예의에 대해서 설명하고 자녀가 이해할 수 있도록 충분히 대화한다.

이러한 양육태도 아래서 자란 자녀는 기본적인 신뢰와 애착관계가 견고하며 독립적이고 주체성이 뚜렷하고 강한 경우가 많다. 활기차고 붙임성이 있으며 성취지향적이며 책임감이 강하고 높은 자아존중감을 갖는다. 또한 스트레스에 잘 대처하며 대인관계가 원활한 성인으로 성장할 수 있다.

3) 독재적(authoritarian) 양육태도

애정 수준은 낮고 통제 수준은 높은 양육태도로 자녀에게 애정을 주는 것에는 인색하고 통제로 양육하는 유형이다. 절대적 기준을 정해 놓고 그에 따라 자녀의 행동과 태도를 통제하고 평가하려 한다. 자녀의 의견은 무시하고 부모가 정한 규칙에 따라서 생활하는 것이 마땅하다고 여긴다. 자녀의 개별성, 자립성, 자율성을 인정하지 않는다.

예를 들면, 자녀가 학교 끝난 다음 가야 할 학원과 공부할 교과목까지 정해서 자녀에게 공부를 강요한다. 자녀가 갖고 있는 생각이나 관심 분야에 대해서는 귀담아 듣지 않거나 아예 의견을 묻지도 않는다. 자녀의 의견 표현은 허락하지 않고 자녀의 의견을 말대꾸라 생각한다. 당연히 자녀와 의사소통이 잘 이루어지지 않고 잠재되거나 드러나는 갈등이 생긴다.

이렇듯 부모가 강압적인 태도로 자녀를 양육하면 자칫 자녀는 무력감에 빠지기도 한다. 왜냐하면 자신의 감정과 생각은 제쳐놓고 늘 부모가 정해준 대로 행동하다 보면 남들에게 착한 아이로 보일 수는 있어도 마음에 상처가 생길 수 있다. 매사 자신감이 없고 남들 눈치를 보기도 하고 나아가 자신에 대해 잘 모르고 의사를 표현할 기회가 없어서 부정적인 자아존중감을 갖게 된다. 결국 대인관계를 힘들어하고 주도적으로 행동하지 못하고 다른 사람의 생각과 의견에 무작정 뒤따르거나 수동적으로 공격하고 스트레스에 취약하며 우울하고 불행해 한다.

4) 무관심한(uninvolved) 양육태도

자녀에 대한 애정도 별로 없고 통제적이지도 않은 부모이다. 극단적으로 말하면 자녀에 대해서 무관심한 양육태도이다.

예를 들면, 자녀가 어떤 과목에 관심이 있는지, 친구 관계가 어떤지, 학원을 다니는지 아닌지 등 자녀 공부와 생활에 관심을 갖지 않는 유형이다. 이런 경우에는 자녀와 함께 지내는 시간이 짧고 자녀의 생각과 느낌, 행동 등에 대해서 공감하지 않는다. 자녀가 바람직하지 못한 행동을 해도 외면하고 자녀의 마음이 어떤지조차 알려고 노력하지도 않는다. 때로는 부모가 자신의 생활이 너무 힘들어서 자녀에게 무관심할 수도 있다.

결국 이런 부모 아래서 자란 자녀는 우울하고 외로운 감정을 갖기 쉽고 반면, 극단적인 경우에는 부모와 나아가 타인으로부터 인정받지 못한다는 생각에 오히려 공격성을 보이기도 한다. 한편, 다른 사람이 애정을 보이면 두려워하고 받아들이기 힘들어한다. 이런 자녀는 자기가 하고 있는 생각과 행동이 옳고 바람직한지, 어떤 상황에서 어떻게 자신의 감정을 표현해야 하는지 등을 알지 못해서 자신감 없는 성인이 될 수도 있다.

4. 청소년기와 가족관계의 변화

청소년기는 아동의 특성을 갖고 여전히 부모로부터 보호와 양육을 받아야 하는 시기이지만, 한편으로는 부모로부터 심리, 정서, 사회, 경제적으로 독립을 꾀하는 시기로서도 중요한 생애전환기이다. 아동기까지 가졌던 부모의 일방적 보살핌으로부터 벗어나 독립을 성취하기 위한 자율성과 책임의식을 가져야 하는 시기이다.

이러한 청소년기에는 불가피하게 부모와 갈등을 빚기 쉽다. 왜냐하면 부모는 원론적으로는 청소년으로서의 자율성을 인정하지만 여전히 품 안의 자식으로서 아동기의 모습을 유지하고 부모의 의사에 따라서 행동했으면 하는 양가감정을 갖고 있기 때문이다. 이에 따른 청소년과의 갈등은 일반적으로 청소년이 성장하고 부모가 수용하면서 큰 마찰 없이 끝나서 오히려 청소년의 심리정서 발달에 긍정적인 영향을 미치지만, 때에 따라서는 갈등의 정도가 심해서 가족의 문제로 확대되며 아울러 청소년의 바람직하지 못한 비행과 일탈행위의 문제로 나타날 수 있다. 청소년기에 가정만큼 영향을 주는 집단과 관계는 다음과 같다.

1) 또래집단의 영향

청소년은 학교에 들어가고 주변에 친구들이 생기면서 또래집단과의 시간을 많이 보낸다. 그동안 부모와의 관계가 대인관계의 중심이었다면 이제는 다른 인간관계에도 관심을 돌린다. 그러면서 자연스럽게 부모와 자녀와의 관계도 변화한다. 일반적으로 청소년은 부모로부터 심리적으로 멀어지고 자신의 고민과 문제 그리고 상황을 부모보다는 친구들과 더 많이 상의한다. 이러한 가운데 청소년과 그의 주변과의 관계를 염려하는 부모와의 갈등이 종종 빚어진다.

그렇지만 청소년기 또래집단의 영향은 사람의 전체 생애를 볼 때 자연스럽고 의미 있는 부분이고, 또래집단은 청소년이 어떤 사람이 되느냐에 부모 못지않게 강한 영향을 미친다.

2) 가정 내의 위치와 관계

아동기를 벗어나 사춘기에 들어서면서 청소년은 보호의 대상인 동시에 준비된 성인으로서의 역할을 해야 한다. 아동기보다는 가족 안에서 더 많은 의사결정에 참여하고 자율성과 책임감을 가진 구성원으로 역할을 담당해야 한다.

청소년기는 즉 여전히 부모에게 의존하면서도 심리 · 경제적으로 독립을 준비해야 하는 모호한 시기이다. 그렇기 때문에 가정 안에서 청소년의 주체적이고 독립적인 성향의 의사표현은 때로는 부모와 가족 구성원 간의 불가피한 갈등을 야기시킬 수 있다.

청소년과 부모가 이러한 현실을 받아들이고 청소년의 가정 내에서 위치와 역할을 적절히 자리매김하며 나아가 가족 갈등이 생길 때 이를 해소할 수 있는 방안을 찾는다면 가정에서 청소년의 위치는 가족의 역동성을 강화하는 데 도움이 될 수도 있을 것이다.

3) 부모의 중년

결혼 연령이 늦어지면서 늦은 나이에 자녀를 두는 경우가 많아졌다. 이러한 상황은 신체적 · 심리적으로 부모 역할에 대한 부담을 증가시킨다. 또한 한편에서는 부모의 중년과 자녀의 청소년기가 맞물리는 현상이 일어난다. 물론 부모의 갱년기도 건강수명의 증가로 인해 늦어지고는 있지만 그럼에도 부모와 청소년이 갱년기와 사춘기를 함께 겪는 것만으로도 가정에서의 전체적인 어려움은 크다고 볼 수 있다. 특히 정서적인 측면에서 부모와 청소년 모두 보살핌과 관심을 받아야 하지만 상호 감정과 상태에 대해서 집중하기 어렵다는 데 문제가 있다.

이러한 현상은 부모와 청소년의 갈등으로 이어질 수밖에 없다. 갈등해소의 방법은 다양하지만 물리적으로는 청소년이 집에 머무는 시간을 줄이는 것도 필요하며 이것은 청소년기 후기에는 자연스럽게 생겨날 수 있다. 왜냐하면 청소년은 나이가 들어감에 따라 집에 머무는 시간이 줄어드는 경향이 있기 때문이다.

부모의 중년에 따른 청소년과의 갈등은 부모의 체력적 부담과 사회생활에서 사용하는 에너지의 양이 정점에 다다를 때 깊어질 수 있다. 왜냐하면 청소년과 부모 서로 스트레스를 감당하기 힘들기 때문이다. 따라서 청소년에 대한 이해와 함께 청소년에게도 부모의 연령 변화에 따른 가정의 경제주기와 신체 · 심리 · 정서 변화도 잘 알릴 수 있어야 한다. 이를 통해서 갈등은 불가피하더라도 상호 간에 해결방안이 모색될 수 있는 기회를 얻을 수 있을 것이다.

4) 보호와 권리의 조화

청소년 보호와 권리는 상충되는 것은 아니다. 하지만 현실적으로 가정에서 청소년의 과도한 보호는 그들의 권리와 밀접한 관련을 갖는다. 물론 청소년을 유기하거나 방임하는 것도 청소년의 권리를 침해하는 일이다.

청소년기에는 청소년을 보호하는 방법과 방안 그리고 이와 맞물려 청소년 권리를 올바르게 수행하고 확장할 수 있도록 고려해야 한다. 사회 변화에 따라 조금은 다른 관점에서 청소년 보호와 권리에 대한 이해와 관심이 있어야 한다. 여러 가지 사회의 유해환경과 가정 문제로부터 청소년은 보호받아야 한다. 청소년에게 유행환경을 차단하는 등 노력과 더불어 새로운 보호 분야에 대한 관심도 기울여야 한다. 사회 변화에 따라서 청소년기가 장차 노동을 위한 유예기 또는 준비의 시기가 아닌 하나의 노동력을 제공하는 시기가 되고 있다. 첨단산업의 발달과 창의성에 대한 폭발적 요구는 청소년에게 다양한 노동시장과 기회를 주고 있다. 이에 따른 사회문제에서 청소년도 주요한 주체와 객체로 등장하고 있다. 따라서 청소년에 대한 보호의 방법에서도 새로운 시각 전환이 이루어져야 한다. 청소년 스스로 새로운 사회환경과 문화 속에서 보호의 방법과 방향을 찾는 데 참여하도록 해야 한다. 아울러 청소년의 권리가 기성세대의 시혜적 태도와 범위 안에서 이루어지는 것에서 벗어나 보호와 함께 사회적 권리를 청소년에게 부여하고 그에 따른 일정한 책임을 주어, 과학기술 등 급격히 변화하는 사회에서 스스로 생활 경험을 배우고 현재와 미래 삶의 주인으로서 경험하고 지향할 수 있는 권리의식까지 높여야 한다.

5. 청소년과 가족체계

사춘기에 들어간 청소년에게 가족은 일반적으로 애증이 교차하는 대상이다. 여전히 가족의 공간에 익숙하고 그 안에서 안정감을 느끼면서도 점차 사회와 타인과의 접촉이 많아지고 신체적으로 성숙하면서 가족과의 갈등이 적지 않게 일어난다.

따라서 청소년이 갖고 있는 문제와 곤란이 상당 부분 가족과 연결되어 있다. 그래서 청소년이 겪는 문제를 해결할 때 청소년 자신뿐만 아니라 기본적 생활 배경이 되고 있는 가족을 함께 살펴봐야 한다.

이런 관점에서 많은 학자들은 가족을 하나의 체계로 이해하면서 청소년과 관련한 문제를 효율적으로 진단하고 해결하려 했다. 따라서 청소년과 가족을 논의할 때 체계로서 가족을 이해하는 일은 여전히 청소년을 파악하고 문제를 해결하는 데 중요한 관점이라고 볼 수 있다.

1) 가족과 체계(system)의 의미

체계(system)는 각 요소(factor)가 일정한 원리에 따라서 서로 의존 작용하며 계통을 갖고 결합한 실체이다. 체계에서 요소(부분)들의 결합은 단순한 전체의 합보다 더 큰 기능을 한다. 유기체인 사람은 대표적인 체계이고 가족 또한 전형적인 체계라고 볼 수 있다. 체계는 그리스어 시스테마(systema)에서 유래되었는데, 원래의 뜻은 통합, 합일, 전체의 의미이다.

유기체인 사람은 다양한 요소로 구성되어 있다. 뼈, 근육, 장기, 뇌, 팔, 다리 등이 결합하여 하나의 유기체를 이루고 있다. 사람의 신체에 각 기관(요소)들은 서로 유기적으로 연결되어서 생명을 유지해 나간다. 사람마다 신체를 구성하고 있는 요소는 약간의 차이가 있을 뿐 다르지 않다. 그렇지만 사람은 똑같지 않다. 모습은 물론 성격이나 체력을 비롯해서 다른 사람과 의사소통하는 방식까지 다르다. 유일무이한 개성을 가진 생명체라는 것이다.

이러한 관점에서 보면 가족도 사람과 비슷한 체계로서 모습과 기능, 역할을 한다. 가족도 부부와 자녀라는 요소로 구성된 집단으로 상호 역동성을 지니고 있는 집단인 동시에 가족 나름의 고유한 문화와 특성을 갖는 사회체계의 하나이다. 이처럼 가족은 단순한 개인의 집합체가 아닌 상호 영향을 주고 받는 역동적인 실체이다. 마치 사람의 몸처럼 유기적으로 각 가족 구성원들이 연결되어 있다. 그렇기 때문에 가족 내에서 한 구성원의 태도나 행동은 다른 구성원에게 영향을 미치고 또한 그에 따른 반응을 가져온다. 결과적으로는 가족 전체에 균형을 유지하여 안정감을 갖거나 가족 내에 긴장을 일으키기도 한다.

이러한 체계에서 중요한 것은 우리 신체도 각 장기와 뼈 그리고 조직들이 갖는 역할이 있는 것처럼 가족도 구성원 하나하나 역할이 있어야 건강한 가족 성격과 형태를 유지하고 지속할 수 있다.

2) 가족체계와 가족이론

한 가족에서 변화무쌍한 청소년기 자녀가 보이는 행동은 가족에 직간접적으로 상당한 영향을 준다. 특히 심리적으로도 밀접한 영향을 주고 받는 통합체로서 가족을 고려하면 자녀의 가족 내에서 원활하지 못한 기능은 가족 전체의 안전성에 위협이 될 수 있다. 따라서 또래집단 등 사회적 접촉이 많아지면서 하나의 성숙한 인간으로 독립된 기능을 추구하려는 청소년에게 가족은 적절한 거리감을 유지하는 심리사회 공동체이다. 결국 건강한 청소년기의 발달과정은 가정 내에서 자신의 역할과 위치를 발달 변화에 따라 어떻게 자리매김하느냐가 핵심인 것이다.

여기서는 보웬(Murray Bowen)의 가족이론을 중심으로 하나의 체계로서의 가족과 청소년의 적절한 분화와 부적절한 관계에서 비롯되는 문제에 대해 개괄적으로 알아보려 한다.

(1) 건강한 자기분화

보웬은 정신분석을 이용해서 환자를 치료하던 정신과 의사였다. 이후 가족에 대한 연구를 시작해서 가족체계(치료)이론을 제시했다. 그의 이론은 모든 생명체는 자신의 주체성과 독립성을 지키면서 존재하는 개별성과 다른 존재와 환경에 의존하는 공동성 등 두 가지 개념으로 이루어진 자연체계이론에 바탕을 두고 있다.

이와 비슷하게 인간도 유기체로서 개별성과 공동성이라는 두 가지의 욕구를 동시에 가지면서 양자 간의 상충되는 성질로 인해 갈등한다. 개인은 적절히 기능하기 위해 개별성과 공동성의 두 욕구 간 배분을 조절하고 관리할 수 있어야 하는데, 그것은 자기분화(differentiation of self)가 되어야만 가능하다는 것이다(이선혜, 2000).

자기분화는 보웬이론의 핵심 개념이다. 자기분화는 자아형성을 통해서 이루어지며, 사고와 감정을 분리할 수 있는 능력이자 자신과 타인 사이의 분화를 나타내는 개념이다. 잘 분화된 사람은 독립성을 갖고 자신의 신념에 따라서 결정하고 행동한다. 또한 다른 사람과 친밀한 정서적 관계를 맺으면서도 자신의 정체성을 잃는 것을 두려워하지 않고 정체성을 지킨다. 그리고 가정 내의 안정과 조화를 위해서 자신을 일방적으로 희생하지 않는다. 즉, 자기분화가 잘 된 사람은 가족과 친밀한 관계를 유지하면서 자기 자신으로 기능하는 능력이 발달되어 있으며 연결성과 개별성 간의 균형을 유지한다.

반면 미분화, 즉 분화 수준이 낮을수록 독립적으로 사고할 수 있는 능력이 부족하고 상황에 감정적으로 대응한다. 또한 다른 사람의 정서와 욕구에 민감하게 반응하며 의존적이다. 그리고 이성적인 사고보다는 감정을 토대로 의사결정을 한다.

이러한 자기분화는 이미 결정된 것이 아니라 연속적인 개념으로서 사람이 평생을 통해서 성취하는 과정이다.

특히 청소년기에 자기분화는 성숙한 성인으로서 자기정체성을 확립하는 데 매우 중요한 과정이다. 즉, 가족과 동일시가 아닌 독립된 개체로서 나의 존재를 인식하고 행동하는 것이다. 그동안 태어나서 부모로부터 경제, 심리, 정서, 사회 등 거의 모든 부분에서 부모에 의존해야 했다면 이제는 사회와 소통하고 독립된 성인으로서 심리적인 준비인 분화를 해야 한다. 이런 건강한 분화가 되지 않는다면 심리정서적으로 불안과 긴장, 우울이 높아지고 인간관계에서도 어려움을 겪을 수 있다.

'자기분화과정'은 개인의 분화 정도를 측정하기 위해 사용하는 도구로 0에서 100까지로 이루어진 분화척도(scale of differentiation of self)를 사용한다. 여기서 100인 완전분화는 원래 가족으로부터 정서적으로 완전히 분리되는 하나의 이상적인 상태로 현실적으로 불가능하다. 척도점수가 낮을수록 미분화상태로 가족관계에서 역기능적이다.

자기분화 수준

■ 0–25
가장 낮은 자기분화 수준이다. 자아의 융합정도가 심해서 다른 사람에게 정서적으로 융합되고 주관이 없어지며 의존적이다. 또한 감정과 사고의 융합이 심해서 삶 자체가 감정에 의해 지배당하며, 다른 사람의 인정을 받기 위해서 자신의 개별성을 희생하여 불안이 높다. 이러한 과정에서 다른 사람에게 쉽게 상처받고 불안과 스트레스 상황에 적응하지 못하며 심한 역기능과 부적응이 발생할 수 있다.

■ 25–50
낮은 자기분화 수준이다. 융합의 정도가 그리 심하지 않으나 자아정체감이 낮아 감정적 대응의 경향이 있다. 그리고 다른 사람의 눈치를 보며 인정받으려 노력하며 타인에 대해서 의존적이 된다. 독립적으로 결정하거나 스스로 문제를 해결하는 능력이 부족하다. 스트레스 상황에서 균형을 잃게 되면 정서적인 장애를 보이기도 한다.

■ 50–75
비교적 자신의 감정에 충실하고 독립적으로 의사결정을 할 수 있다. 다른 사람의 선택과 인정을 의식하는 경향은 있지만 정서가 안정되어 있고 사고와 이성이 충분히 감정을 제어할 수 있다. 또한 스트레스의 대처능력이 뛰어나지만 심하면 일시적으로 융합되려는 경향도 있다. 그러나 비교적 빠른 회복을 보인다.

■ 75–100
자기분화 수준이 아주 높은 상태이다. 자신의 삶에 대해서 주체적이며 독립적이고 분명한 신념과 가치가 있다. 안정적이며 융통성이 있다. 감정과 지적 사고 사이에 잘 분화되어 조율할 수 있고 객관적인 사고를 하며 자신과 다른 사람의 가치와 신념을 있는 그대로 받아들이고 존중한다. 그리고 자율적이며 독립적으로 의사결정을 한다. 또한 심각한 스트레스 상황에 대한 대처능력이 있다.

(2) 삼각관계(triangles)

삼각관계는 일반적으로 부부 두 사람 사이에 긴장과 문제가 발생했을 때 정서적 긴장을 해소하기 위해서 제 3자인 자녀 또는 대상을 관계로 끌어들여 정서적으로 삼각 형태의 관계를 맺는 것이다.

가족 내에서 부부의 관계가 불안정해서 문제가 발생할 때 부부 중 한 사람은 심리적으로 스트레스가 강해지면 그것을 해소하려 다른 구성원, 즉 대부분 자녀를 부부간의 상호작용체계에 끌어들여서 만드는 것이 바로 삼각관계이다.

이러한 삼각관계는 일시적으로 긴장을 완화할 수는 있지만 문제를 더욱 심각하게 만들고 해결하는 데 바람직하지 않은 역할을 한다. 가족의 분화가 낮으면 낮을수록 삼각관계의 형태가 좀 더 심하다. 예를 들어서 부부간의 갈등이 심하면 정서적으로 더 불안정한 부부 중 한 사람이 자녀를 부부의 정서적 관계에 끌어들여서 삼각관계를 형성해서 안정감을 찾고자 하는데 이 관계가 고착되면 결국 자녀에게서 더 심각한 문제와 정서적 · 정신적 증상이 나타나게 된다.

삼각관계가 형성되었음에도 불구하고 긴장이 계속 증가되면 제 3자는 떠나고 4번째 사람을 끌어들여서 또 다른 삼각관계를 형성하게 된다. 만일 가족 구성원 안에서 대상을 찾지 못하면 가족 밖에서 친지와 친구 등 다른 사람을 끌어들이게 된다. 또한 삼각관계는 반드시 사람만이 아니라 반려동물이나 술, 취미활동 등도 대상이 될 수 있다.

이러한 삼각관계는 자기분화와 밀접한 관련이 있다. 가족구성원들의 자기분화가 낮을수록 정서적 안정감을 갖고 유지하려고 삼각관계를 만들게 되지만 일시적 효과만 있고 결국 문제를 악화시켜 가족구성원의 자기분화 수준을 낮게 한다. 그러므로 가족 구성원들의 자기분화 수준을 높여서 삼각관계가 의존하지 않고 문제와 긴장과 불안 등을 합리적으로 해소할 수 있는 기초가 필요하다(남순현 외 역, 2005).

보웬은 가족 내에서 구성원의 문제가 발생하는 이유는 원가족과 관계에서 겪는 낮은 분화와 삼각관계 그리고 불안 등의 요소로 보았다. 그렇기 때문에 그들은 치료하고 해결하기 위해서는 잘 분화될 수 있도록 돕고 가족체계의 관계를 수정, 즉 탈삼각관계와 차단을 회복하는 등의 방법으로 접근해야 한다.(김유숙, 1998; 송성자, 1995).

(3) 핵가족의 정서체계

핵가족의 정서적 기능으로 얼마나 정서적으로 결속하고 연결되어 있느냐를 나타내는 것을 말한다. 가족 안에서 일어나는 감정의 상호작용에 대한 개념이다. 만일 자기분화가 낮은 남녀가 결혼을 하면 미분화된 공동자아를 형성해서 부부가 미분화된 하나의 덩어리를 형성하고 이는 곧 부부간의 문제를 자녀에게 투사할 위험성이 높다.

이렇듯 분화 수준이 낮은 부부는 감정의 융합 정도가 심해서 문제의 해결을 상대에게 의존한다. 그래서 뜻대로 되지 않는다고 생각되면 실망과 분노, 두려움과 함께 불안이 높아진다. 또한 부모의 분화 수준이 핵가족의 정서적 분위기를 결정하고 자녀들도 부모와 비슷한 분화 수준을 갖는다. 이러한 부부는 두려움과 불안을 해소하기 위해서 다투거나 가족투사과정 등을 사용하지만 이것은 역기능적이며 바람직한 방법은 아니다.

불안한 상태에서 부부가 주로 하는 반응행동은 다음과 같다. 부부 간에 다툼을 하거나 한쪽 배우자가 신체 또는 정서적인 아픔을 호소한다. 또한 부부간에 두려움과 불안 등을 회피하기 위해서 정서적으로 거리를 두거나 자녀(들)에게 투사한다. 이는 만성적인 결혼생활에 갈등을 일으키는 요인이 된다. 불안으로 인해 부부는 정서적인 거리감 또는 지나친 애착이 반복되는 역기능적인 형태가 일어난다. 전체적으로 가족 내에 감정의 분화가 성숙되지 않은 문제로 결국 자녀에게까지 이러한 불안이 이어지는 유형이 될 수도 있다.

(4) 가족투사과정

가족 안에서 감정과 상호작용의 전달 방식을 이해하는 것으로 부모에서 자녀 세대로 세대에 걸친 미분화를 이어가는 과정이다. 가족투사과정이란 부모가 자녀에게 불안과 두려움 등 감정과 관련된 부모 자신의 심리적 문제를 자녀에게 전달하는 것이다. 자기분화가 낮은 미성숙한 부모가 자신의 두려움과 불안을 해소하고 부부체계의 안정을 도모하기 위해서 무의식적으로 가정에서 취약한 자녀에게 정서적 에너지를 집중하는 방어기제이다. 즉, 미성숙한 부모는 미분화에서 오는 불안을 자녀를 끌어들여서 삼각관계를 형성하여 이를 통해서 회피하려고 한다. 이러한 투사는 분화 수준이 낮은 가정일수록 심하게 나타난다. 이때 투사대상이 된 자녀는 최소한의 자기분화 수준을 유지한 채, 부모와 밀착관계를 갖는다. 가족투사과정에서 성장한 자녀는 결국 성인이 되어서도 대인관계 또는 사회에 잘 적응하지 못하며 자기분화의 수준도 낮다(Bowen, 1978). 가정에서 아버지의 음주로 인해 갈등관계에 있었던 딸이 결혼 후에 배우자의 음주에 과민하게 반응하여 부부갈등을 일으키는 것은 가족투사과정이라고 볼 수 있다.

6. 미래사회와 가족

저출산 고령화 사회는 이미 현실의 문제이다. 이와 함께 결혼하는 남녀가 적어지고 경제사회적 이유 등으로 인한 맞벌이가구의 증가, 부의 양극화 심화, 사회적 갈등 증가, 삶의 높은 질에 대한 욕구 증가 등, 가족제도와 형태 그리고 내용에 변화가 이루어지고 있다.

또한 가족의 기능도 전통적으로 가져왔던 출산과 재생산, 교육, 경제, 보호 등의 기능이 달라지고 있다. 이미 교육과 보호, 나아가 경제도 다른 기관으로 이양되어 행해지고 있다. 돌봄은 시장기능에 맡겨져 있으며, 가족 공동체를 위한 경제적 노력보다는 개인의 삶과 성취를 위한 소득의 확보를 위해 노력하고 있다. 따라서 미래 사회에서 가족은 매우 탄력적인 형태로 바뀔 가능성이 높다. 즉, 핵가족과 대가족, 1인가족 등 혈연 중심의 가족문화에서 식구라는 개념의 가정의 의미에 더 큰 강조점을 둘 수 있다. 가족 자체가 개인주의 문화에서 정서적 안정과 친밀감을 줄 수 있을 때 그 필요성이 제기된다고 여길 것이다.

한편, 이런 맥락에서 노마드(遊牧民, Nomad)라는 용어에 주목할 필요가 있다. 매클루언(Mcluhan)은 오래 전에 디지털 노마드(Digital Nomad)라는 말을 사용했고 이는 이제는 하나의 문화형태로 발전해서 노마드족(Nomad族)이라는 용어까지 등장했다. 즉, 시간과 장소 그리고 환경 등에 구애받지 않고 자유롭게 자신이 원하는 바를 추구하는 현대인들에게 확산되고 있는 노마드족은 미래 사회 가족과 가정의 형태 변화에 시사점을 준다.

그럼에도 불구하고 미래 사회에서도 가정이든 가족이든 한 개인이 사회와 접촉하면서 삶을 영위하는 최소 그리고 기초적 단위로서의 역할과 기능은 여전히 남아 있을 것이다. 다만 가족이 한 공간에서 생활하는 의미보다는 무엇을 매개로 친밀하고 지지적 관계를 만들고 유지하는가의 문제가 핵심이 될 것이다. 이미 인공지능기술이 사회 전반에 확산되면서 마치 반려동물이나 식물처럼 하나의 동반자로서 자리매김을 할 수 있는 시대에서 가족 구성원들이 상호 감정을 나누고 공감을 하도록 노력해야 껍데기만 가족이 아닌 진정한 가족의 가치와 기능, 의미를 나타낼 수 있을 것이다.

■ **노마드**

프랑스 철학자 들뢰즈(Gilles Deleuze)에 의해 의미를 부여받은 말로, 특정한 가치와 삶의 방식에 얽매이지 않고 끊임없이 자기 자신을 바꾸어 나가며 창조적으로 사는 인간형 또는 여러 학문과 지식의 분야를 넘나들며 새로운 앎을 모색하는 인간형을 이르는 말

■ **디지털 노마드**

첨단장비를 갖추고 여러 나라를 다니며 일하는 사람 또는 그런 무리

■ **노마드족**

원하는 목적을 이루기 위해 여러 곳을 돌아다니는 사람 또는 그런 무리

CHAPTER 09

청소년과 학교

1. 학교의 개념과 역할

1) 학교의 개념

학교는 청소년(학생)을 교육하는 기관이다. 학교는 교육을 위하여 일정한 시설과 설비를 갖추고 교사가 교육과정을 통해서 학생을 가르치는 조직적인 공공의 사회제도이다.

학교(school)의 어원은 고대 그리스어에서 '여가'를 뜻하는 스콜레(scole)라는 단어에서 비롯되었다. 그런데 '여가'라는 말은 여러 의미로 해석되지만 오늘날처럼 일하다가 남는 시간의 개념이 아닌 세상과 그 속의 사물들을 올바로 보고 그 안에서 인간 자신의 존재의 의미를 확인하는 매우 바람직한 상태, 즉 사물(事物)의 모습을 있는 그대로 받아들이는 정신상태인 관조(觀照)를 의미하는 것이었다(김안중, 1995).

우리가 알고 있는 오늘날 모습의 학교는 근대화의 산물이다. 사실 원시시대에는 모든 교육은 가족을 통해서 이루어졌다고 볼 수 있다. 이후 사회가 형성되고 발전하면서 다음 세대에게 전수할 삶의 기술과 경험 등이 쌓이고 이를 전달할 조직적인 기관이 필요했다. 그런데 근대에 이르러 학교는 지배계층의 자녀를 위한 교육기관으로의 역할을 했고, 노동계층은 가정 안에서 직업과 삶에 필요한 기술을 배웠다. 학교는 지배계층이 지속적으로 사회적 특권과 권력을 유지하는 데 큰 역할을 했다. 그렇지만 산업혁명이 일어나 현대사회로 넘어오면서 학교는 노동 현장에서 일하는 부모를 대신해서 지식과 경험을 일반화하고 보편화할 수 있는 교육을 담당하게 되었다. 이러한 공공교육은 계층이동의 합법적 수단을 마련했고, 모든 시민에게 공평한 교육의 기회를 제공하는 이상을 갖고 인재양성의 공간이 된다. 학교교육이 역사의 흐름 속에서 본연의 역할과 기능을 충실히 수행하고 있는지에 대한 의문과 함께 변화의 필요성도 지속적으로 제기되는 오늘날에 이르렀다고 볼 수 있다.

학교는 가르치고 배우는 곳이다. 이처럼 현대에서 학교는 학생을 잘 가르쳐서 인격적으로 정신적으로 그리고 사회경제적으로 자립해서 스스로 삶을 구성하는데 초점을 맞추고 있는 교육기관이다. 하지만 21세기를 넘어서 급격한 시대와 환경의 변화에 따라서 학교의 기능도 점차 변화하고 있다. 즉, 학교를 통하지 않고서는 지식을 습득하기 어려운 시대가 아닌 시공간을 막론하고 언제 어디서든지 지식과 정보를 배우고 익힐 수 있는 환경에서 학교는 새롭게 변화하지 않으면 안 되는 상황에 이르렀다.

따라서 그동안 학교가 변화하면서 수행한 경제적 기능과 사회적 기능 못지않게 청소년에 대한 돌봄과 보호 그리고 또래관계 형성의 장으로서 나아가 복지적인 기능까지 모색해야 하는 시점이다.

2) 학교의 역할과 기능

일반적으로 학교의 역할과 기능은 지식과 기술의 전달, 문화 전수, 사회화, 사회발전 등으로 제시할 수 있다. 이에 더하여 여기서는 성찰하는 관점에서의 학교의 기능을 살펴본다.

(1) 학교의 역할과 기능

학교는 새로운 세대를 교육하는 기관이다.

개인적 관점에서 학교는 청소년들의 주요한 삶의 공간인 동시에 미래의 직업과 경제적으로 어려움 없이 지낼 수 있는 기반을 만드는 공간이다. 아울러 일상생활에서 필요한 여러 가지 생활 정보와 기술 등을 습득함으로써 원만하고 원활한 생활을 하는 데 장애가 없도록 돕는 곳이다. 나아가 타인과 원만히 지내면서 행복한 삶을 이끌어가는 사회화의 장소이다.

한편, 사회적 관점에 따르면 학교는 기존 사회의 문화와 긍정적 유산을 대물림하고 이를 토대로 새로운 문화와 사회역량을 창출하는 곳이다. 학교는 사회의 지속적인 발전을 꾀하기 위해서 사회구성원을 선발하고 사회화를 통해서 사회에 적응하여 더 바람직한 사회로 발전하는 인력을 교육하는 역할도 갖고 있다.

이와 같은 학교의 주요한 기능들은 서로 조화를 이루어야 본연의 학교의 모습과 의미를 가질 수 있다. 학교가 갖는 능력개발을 위한 지식 교육과 생활습득기능이 너무 강조될 때는 집단과 사회에 대한 책임의 기능을 약화시킬 수 있고, 반면에 문화와 사회적 기능에 집중할 때는 학교가 갖고 있는 기본적인 개인의 교육기능을 훼손할 수 있다.

(2) 학교의 사회적 기능에 대한 성찰

학교의 역할과 기능과 관련하여 라이머(Reimer, 1971)는 일반적으로 사람들은 학교는 교육하는 곳이라고 생각하며, 학교에 대해 오늘날까지 본격적인 비판이 없었던 것은 교육이라는 용어의 의미가 사람마다 서로 달랐기 때문이라고 주장하였다. 그는 오늘날 학교들은 그 종류와 수준에 관계없이 다음과 같이 네 가지로 구분할 수 있는 사회적 기능을 수행하고 있다고 보았다.

① 학생을 보호하는 기능

학교에서 공부만 한다면 그토록 오랜 기간 교육할 필요는 없을 것이다. 학교는 초등학교부터 고등학교 또는 대학까지 학생이라는 신분의 청소년을 보호한다. 보호에 따른 비용은 막대하다. 그런데 아이들이 성장할수록 보호할 필요성과 비용이 줄어들어야 하지만 반대의 현상이 일어나고 있다. 보호연령을 지속적으로 높이기 때문이다. 아직도 학생 보호 기능은 중요하지만 이에 대한 회의도 적지 않다. 청소년들은 점차 빨리 성숙해지고 있는데 성장발달에 긴 시간을 학교라는 제도 속에서 계속 보호하는 것이 바람직한 것인지에 대한 논란이 끊임없이 일어난다.

② 사회적 역할의 선별 기능

순수하게 직업을 선택하기 위해서 학교에 다니는 것은 낭비일 수 있다. 더욱이 직업 선택은 개인의 자유로운 선택이 아니라 대부분 학교 체제 안에서 머문 기간에 따라 결정되는 문제로 보인다. 이에 따라 권력과 부의 가능성이 결정된다. 결국 학교의 선별기능은 승자와 패자를 나누며 그에 따라 육체와 정신노동이 결정되고 급여 수준뿐만 아니라 나아가 대인관계의 대상 그리고 생활양식까지 결정한다. 어떤 면에서 학교는 신분제를 유지하기 위한 수단으로도 전락한다. 심지어 학교체제가 확고한 지역이나 사회에서는 사회의 존경, 명예, 건강, 심지어 애정까지도 권력과 재산에 의해서 좌우된다.

③ 이론, 원리, 사상을 주입 시키는 기능

훌륭한 학교는 인간의 기본적인 가치를 가르친다. 학교는 학생에게 학교 환경에 순응해서 배우는 것을 매우 중요한 사실로 각인시킨다. 사회의 지배적 가치를 효율적이고 효과적인 방법으로 학생들에게 주입한다. 실제 아이들은 취학 전부터 자발적으로 배우고 익힌다. 그러나 학교에 들어가서는 성인 등 다른 사람에 의해서 배움을 의존한다. 대부분의 아이들에게 제도적으로 엄격한 환경 자체가 아이들을 퇴행시키는 부작용을 갖고 있다. 물론 학교에 긍정적인 사람들은 학생들이 성인이 되었을 때 사회의 한 성원으로서 제도적 역할을 수행하는 데 필요한 적응성을 길러준다고 하지만 학교 자체의 탄력적이지 못한 모습에서는 불가능에 가깝다. 교과과정은 현실을 잘 반영하고 있는 것이 아니라 결국 사회에서 보이는 지배적 가치를 반영하고 계층적 질서를 합리화시켜 주는 수단에 불과할지도 모른다.

④ 기술, 지식을 개발시킨다고 하는 통상적인 의미의 교육 기능

학교에서 기술과 지식을 배울 수 있다. 그렇지만 모든 학생이 그렇지는 않다. 학교가 명확히 일률적으로 학생들에게 교육내용과 목적을 통제하는 데도 불구하고 기술과 지식을 배우는 것 자체가 드문 현상일 수 있다.

말을 유창하게 할 수 있는 학생은 많지만, 이것은 학교가 아닌, 즉 학교 밖에서 배우는 것이다. 독서도 연습의 결과이다. 개인의 흥미와 관심에 따른 부단히 연마하는 기술이다. 학교교육에 흥미를 느끼는 학생도 있을 것이다. 흥미를 느껴서 열심히 공부하는 학생은 성적이 좋고 그렇지 못한 학생은 성적이 나쁘다. 학교가 과연 이 흥미를 북돋아줄 수 있는지는 의심스럽다. 아인슈타인

(Albert Einstein)은 학교에 열심히 다니면서 공부했던 기간에 대해서 회의적으로 말한다. 그는 학교교육 이후 수년간이나 창조적인 연구가 불가능했다고 말했다.

3) 학교를 보는 두 가지 관점

학교는 개인에게는 교육을 통해서 더 나은 경제적 삶을 위한 직업과 성취지위를 갖게 하고 사회 측면에서는 사회의 규범과 전통 그리고 가치와 질서를 더 확고히 해서 사회 안정과 통합을 가져오는 역할을 담당한다. 이러한 학교를 보는 시각은 크게 기능주의와 갈등주의로 나눌 수 있다.

기능주의에서는 사회는 하나의 커다란 체계로서 각기 요소들이 유기적으로 잘 조직되어서 안정을 이루고 중요한 가치에 대해서는 합의를 통해서 이루어진다고 본다. 마치 우리의 몸의 부분들이 주어진 역할과 기능을 하면서 건강한 몸 상태를 이루는 것과 마찬가지로 볼 수 있다. 반면 갈등주의는 사회는 항상 변화의 과정을 겪으면서 그 각 요소들이 갈등을 나타내며 이것이 바로 사회 변화를 일으키는 역동성을 드러낸다고 본다.

기능론적 관점에서는 교육도 사회체계의 중요한 한 부분(요소)으로 사회의 안정과 발전에 기여한다. 전체 사회의 안정과 발전을 위해서 교육도 중요한 요소로서 기능을 해야 한다. 즉, 학교교육은 사회에서 필요로 하는 지식과 기술을 개인에게 전수하는 기관으로서 사회의 지속적 발전과 변화를 이루는데 큰 기여를 한다. 학교는 공정한 평가를 통해서 공부를 잘하는 학생을 선발하고 이들의 능력에 따라서 사회적으로 좋은 직업을 갖고 지위를 갖게 한다. 이를 통해 사회는 유지하고 발전해 나간다. 만일 학교에서 문제가 발생해도 일시적인 병리현상으로 학교 스스로 점진적 개혁을 통해서 해결이 가능하다고 본다.

반면 갈등론적 관점은 기능론과는 다르다. 교육은 문화와 경제적 재생산의 도구이다. 전체체계를 중요시하는 기능론과는 달리 갈등론은 개별적 인간 존재를 부각시킨다. 한 사람의 생존과 인권이 사회체계보다 더 중요하고 우선되어야 한다고 본다. 사람들이 존엄을 지키기 위해서는 충분히 사회구조를 바꿀 수 있다고 생각한다. 그리고 오늘날 교육이 가치 있는 인간의 존엄과 문화를 전수하기보다는 기득 세력의 이데올로기를 담은 편향된 지식을 주입하고 나아가 능력보다는 사회경제 배경에 의해서 교육이 좌우되는 모습을 지닌다. 그래서 학교는 기득권을 유지하기 위해서 학생들이 본래 갖고 있는 재능이나 창의성을 억압하고 강제하여 수동적인 존재로 만드는 한편, 학교의 교육내용은 현재 기득 세력이 만들어 놓은 지식을 그대로 전수하는 일이다. 따라서 학교가 학력 불평등의 분배를 허용하고 자본주의의 자본가와 노동자의 체제를 공고히하는 역할을 하는데 불과하다는 것이다(김경자, 2000; 김신일, 2012; 오욱환, 2021). 따라서 교육을 통한 사회적 불평등을 해소하는 일은 불가능하다. 학교교육뿐 아니라 학교를 둘러싸고 있는 문제는 결국 사회의 구조적 모순에서 비롯되는 것이므로 학교 내에서 해결이 불가능하고 사회적 변혁을 통해서 가능할 수 있다.

4) 청소년과 학교의 의미

중고등학교 연령에 해당하는 청소년은 거의 다 학생이다. 학교는 청소년에게는 반드시 필요한 성장발달에 중요한 공간이지만 반면 자발적 선택이 아닌 의무와 대안이 없는 교육체계이기 때문에 힘들고 어려운 터전이기도 하다. 그래서 학교를 떠나는 청소년도 적지 않다. 그럼에도 불구하고 여전히 학교는 청소년에게 핵심적인 공공의 교육기관이다. 학교는 교사와 학생 그리고 교육과정이 어우러져 움직이는 공공의 목적을 지닌다. 우리나라에서 학교교육의 목적은 명확하다. 지덕체를 균형 있게 갖춘 인재를 양성하는 것이다. 홍익인간 정신, 즉 널리 사람을 이롭게 하는 사람으로 키운다는 개념과 크게 다르지 않다. 교육을 통해서 개인과 사회의 긍정적이고 바람직한 발전을 이루어 내는 사람으로 변화시키는 공간이 학교이다. 그러나 오늘날 학교 나아가 교육의 기본 목표와 역할 그리고 기능이 현실에서 드러나지 않는다고 많은 비판이 있다. 학교는 상급학교 더 정확히 말하면 대학입시를 위한 기관으로 본래의 기능을 충분히 수행하지 못하고 있다는 말이다. 아울러 학교가 미래사회에 지속적으로 비슷한 기능과 역할을 감당하기 위해서 큰 변화가 필요하다는 주장에 대해서 반박하기 어려운 상황이 되어간다.

한편, 청소년은 특정 발달시기에 이름을 붙인 것이지만 미성숙하고 현재를 유보한 미래지향적 의미만 나타내고 있다. 다행히 선언적이지만 새로운 청소년헌장에서는 '청소년의 지위를 성인과 동등한 사회구성원으로 존중하고 인권과 시민권 그리고 청소년의 자율성에 대한 사회의 책임'을 강조하고 있다. 그런데 학생은 신분을 나타내는 용어로 청소년보다 더 사회에서 차별적 요소를 내포한다. 학생이라는 표현 안에는 여러 제약이 따른다. 물론 학생이기 때문에 얻는 이익도 있지만 그보다 더 큰 손해를 표면적으로 또는 은연중에 감당해야 한다. 많은 시간을 학교에서 보내지만 학교 교칙과 규칙으로부터 개인의 자유와 권리 그리고 개성을 유보당하고, 학교 밖에서는 학생으로서 지켜야 할 사회적 감시와 제약으로부터 자유롭지 못하다. 학교는 청소년과 학생이라는 고리를 통하여 밀접한 관계를 맺고 있지만 그 연결이 지속될지 또 어떤 형태로 변화하게 될지는 예측하기 힘들다.

5) 학교 비판과 탈학교

학교는 청소년을 교육하는데 필수적이고 절대적인 제도라고 많은 사람들이 인식해오고 있다. 하지만 학교가 본래 교육의 기능을 충실히 수행하고 있는지에 대한 의문은 오래 전부터 적지 않은 학자와 지식인들을 중심으로 제기되어 왔다. 학교교육의 가치는 인간다운 사람으로서 생각하고 공동체를 구성원으로서 덕을 갖춘 사람을 바탕이 되도록 키우는 것이다. 오래 전부터 우리 교육이 참다운 방향으로 나아가도록 선언한 역사는 있었다. 1895년, 고종은 “학교를 널리 세우며” ‘교육입국 조서’를 내렸다. 조서에서는 “교육하는 강령”으로 ‘덕양(德養), 체양(體養), 지양(智養)’을 말하고 있다. 물론 지식과 덕성과 체력이 분절되는 것은 아니지만 지식보다는 덕과 체력을 강조하여 학교에서 입시(출세) 위주 교육을 경계하고 있었다고 본다(강태중, 2023).

오늘의 학교교육은 입시위주의 교육이 전제되어서 논의되는 것으로 보인다. 즉, 학교가 입시위주의 교육에 수요자이자 소비자인 학생과 학부모의 욕구에 충실하지 못한 것에 대한 성찰을 토대로 사교육을 방지할 수 있는 학교교육을 외치는 역설을 빚어내고 있다. 즉, 입시를 위한 사교육의 경제적 부담과 심리적 고통을 학교가 온전히 안아야 하는 것이 정상화가 될 수 있다는 논리이다. 이에 대해서 강태중은 이렇게 말한다. “사교육 대책의 핵심과 관련한 정부의 발표자료에서는 ‘사교육 수요 원인별 맞춤 정책으로 사교육 수요를 공교육 내 흡수’하는 것이다. 그리고 ‘공교육 입시컨설팅’이라는 말을 자연스럽게 쓰고 있다. ‘공교육 경쟁력 제고’라는 말도 여기저기 쓰고 있는데, 이때 ‘경쟁력’은 사교육과 대비해서 뜻을 지닌다. 학교가 학원보다 대입 지원 서비스에서 나아야 한다는 그래야 경쟁력을 지니는 것이라는 뜻이 담겨 있다. 이제 정부의 정책이나 담론에서 ‘바람직한 학교’란 입시 준비시키는 데서 사교육 기관을 능가하는 학교를 뜻하게 되었다. 학교교육의 정상화는 학관(학원)화와 다름없게 되었다."(강태중, 2023).

이런 맥락에서 오래 전부터 일리치(Illich)는 '탈학교론'을 주장했다. 탈학교는 모든 학교를 없애자는 것이 아니라 국가교육에 들어가는 국민들의 세금(재원)을 낭비하지 않고 사회적 특권을 주는 시스템을 없애자는 데 있다. 즉, 국가지원에 의한 학교제도를 폐지하자는 것이다. 이러한 주장은 매우 급진적인 교육 변화를 말하지만 오늘의 학교 현실을 볼 때 상당히 설득력이 있는 부분이 적지 않다. 공교육이 사라지면 자본제 사회에서 계층을 이동할 수 있는 매우 중요하고 결정적인 기회인 교육혜택의 평등성이 무너지지만, 과연 오늘의 공교육제도가 그 역할과 사명을 충실히 수행하는지에 대한 확신은 없어 보인다. 일리치는 평생교육 관점과 생활에서 유용한 교육을 언제 어디서든지 받아야 할 필요를 강조한다. 일리치는 공부하기를 원하는 모두에게 나이에 관계없이 필요한 자원에 접근할 수 있게 해야 한다. 그리고 자신이 아는 것을 나누고자 원하는 사람들에게 그로부터 배우고자 원하는 사람들을 찾게 해줘야 한다고 강조한다. 일리치가 말하는 탈학교는 학교에서 배우는 것을 무시하는 것이 아니라 강제적이고 의무적인 교육이 아닌 선택할 수 있도록 하자는 것이다. 일리치의 탈학교는 오늘날 홈스쿨링을 시도하는 과정이라고 볼 수 있다. 강제로 학교에 가거나, 입학하기 전에 시험을 치거나, 원하는 주제를 배울 기회를 거부당하는 대신, 사람들은 학습 방법을 자유롭게 선택할 수 있도록 하는 것이다(박홍규 역, 2009).

학교교육에 대한 비판과 탈학교 등에 대한 주장은 학교제도 자체에 대한 거부보다는 학교가 갖고 있는 본래의 목적과 역할 그리고 기능을 충실히 수행하지 못하는 현실에 대한 외면과 대안을 찾기 위한 노력으로도 보아야 한다. 이와 관련해서 청소년의 부등교(不登校)와 대안교육(학교) 그리고 '학교 밖 청소년'에 대한 관심은 주목해야 하는 현상이고, 학교 전체에 대한 새로운 변화와 형태를 설정하는 데도 지속적으로 의미 있는 상황을 만들 것이라고 본다. 어떻게 보면 학교가 해야 하는 필수적인 사회적 기능을 올바르게 수행하지 못하는데 대한 성찰이며 따라서 학교를 대체할 만한 대안을 찾아야 한다는 주장이 지속적으로 제기되고 있는 것이다.

2. 학교의 3요소와 교육형식

1) 학교의 3요소

학교교육을 구성하는 중요한 세 가지 요소는 교사와 학생 그리고 교육내용이라고 볼 수 있다. 물론 이와 같은 세 가지 요소를 뒷받침하는 교육환경도 중요하다.

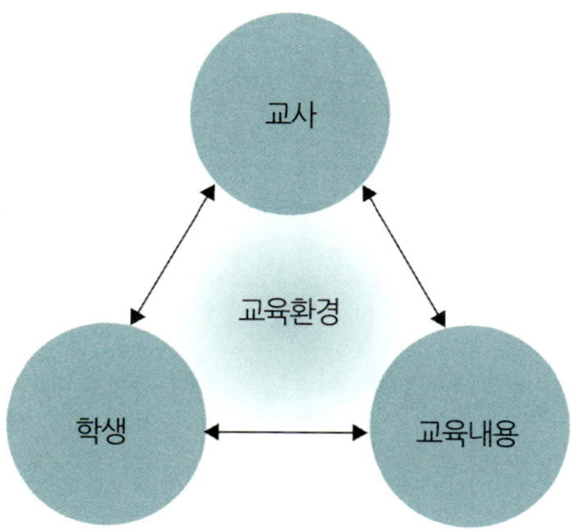

▮그림 9-1▮ 교육의 3요소

(1) 교사

교사는 해당하는 교과목에 대한 지식과 정보 등을 알고 있고 교육과정 전반을 이끌어가는 전문가 역할을 담당한다. 또한 학생들의 생활지도 및 진로활동도 도와야 한다. 전통적으로 교사는 모든 지식과 기술을 알고 있는 교육 중심 역할을 해왔지만 오늘날에는 교과내용 및 교육 전반에 함께 참여하는 수행자이자 동반자로 인식되고 있다.

(2) 학생

학교는 가르치고-배우는 것을 기본 구조로 하는 공간이다. 학생은 가르치고 배우는 '교수-학습'이 추구하는 목표를 성취하기 위해서 적합한 지능과 적성, 동기, 태도 등을 갖고 있어야 한다. 학생은 하나의 교육의 대상으로서 인식되어 왔으나 점차 교육내용에 교사와 함께 참여하여 성취하는 주체로 변화하고 있는 실정이다.

(3) 교육내용

교육내용은 정해진 목표에 따라서 교사와 학생이 교육과정을 통해서 배우고 경험하는 내용이다. 이러한 교육내용은 학습자인 학생이 배우고 익혀야 할 지식과 기술에서부터 전반적인 경험 활동까지 아우르는 형태로 바뀐다고 볼 수 있다.

이외에 학교교육을 둘러싼 물리적 환경은 교사와 설비 등에서 지금은 점차 교사와 학생을 비롯한 구성원들의 사회문화 및 심리적 환경까지 고려하고 포괄하는 추세라고 볼 수 있다.

2) 교육형식

이러한 학교교육의 3요소는 전형적으로 형식교육의 구조 안에서 이루어진다. 그런데 학교교육을 둘러싼 사회 변화의 움직임은 교육형식도 여러모로 성찰하도록 한다. 이와 관련해서 교육의 형식으로 형식과 무형식 그리고 비형식 교육에 대해서 살펴본다.

첫째, 형식(formal)교육은 교육의 철학과 이념 그리고 목적에 따라 계획을 가지고 비교적 장기간 실시되는 교육으로 현재 제도권의 학교교육이 대표적이다. 주로 교사가 교육과정을 매개로 해서 학생을 대상으로 교육을 하는 것으로 학교교육의 3요소가 필수적이라 할 수 있다.

둘째, 비형식(nonformal)교육은 학교 밖 실제 생활 속에서 자연환경과 사람과의 관계 등을 자연스럽게 경험하면서 얻어지는 교육을 말한다. 학교보다는 덜 구조화되어 있지만 계획이 있고 교사가 주도 또는 안내하는 역할을 하며 학습에 대한 평가가 없고 비연속적 활동이다. 이러한 비형식교육이 이루어지는 곳은 사교육(학원), 학습 동아리, 평생학습 센터, 홈스쿨링 등이 있다.

셋째, 무형식(informal)교육은 교육을 위해서 활동하고 경험한 것은 아니지만 결과적으로 배움을 얻게 되는 교육형태를 말한다. 우리는 살아가면서 물리적인 것부터 정서적 관계까지 알게 모르게 많은 경험을 한다. 그런데 이러한 경험을 통해서 생활에 필요한 지혜, 즉 기술, 규범, 관습, 사회적 행동양식 등을 배운다. 예를 들면 직장생활 경험이 풍부해질수록 나름의 노하우를 자연스럽게 터득하거나, 음악에 관심이 있어서 듣다가 다양한 음악 용어를 배우게 되는 경우이다. 이러한 무형식교육은 언제 어디서나 계획적이지 않고 자기 스스로 할 수 있는 직접경험이 많기 때문에 관심과 흥미를 가지고 배운다는 특징이 있다(Eshach, 2006).

▌표 9-1▌ 교육형식 분류

분류	의미
형식교육	일정한 과정을 통해 학생을 선발하고 교육장소와 기관, 교육목표, 수업시간, 교육내용과 방법, 평가기준이 정해져 있으며, 교육 이후 자격증 또는 졸업장을 부여하는 학교교육. 장기간에 걸쳐 체계적이고 표준화된 교육과정을 제공
비형식교육	체계적 학습활동이 이루어지지 않는 경우가 대부분이며 교육의 결과에 따른 공인된 자격증은 주어지지 않는 학교 밖에서 시행되는 사회교육
무형식교육	자연발생적이고 우발적으로 이루어지는 교육 대중매체나 동아리활동, 인터넷 미디어에 의해 이루어지는 학습 가정 내에서의 일상적인 생활을 통해 자연스럽게 이루어지는 가정교육

3) 학교에서 학생의 유형

학교가 갖는 성격과 문화는 주로 교사와 학생 사이에 교육과정을 통해서 형성된다. 즉, 학생이 학교 수업과 학교의 제도와 규칙을 받아들이는 태도에 따라서 학생들의 유형을 구분할 수 있다. 모든 학생은 학교와 학업에서 다양한 나름의 방식으로 생존하고 생활하려고 노력한다. 학급상황에서 학생들이 적응을 위한 대응전략의 형태를 살펴본다(Wakeford, 1969).

① **낙관적 순응형**: 학교의 목적과 수단을 모두 수용하는 유형이다. 수동적으로 학업과 학교생활에 적응하려고 애쓴다.

② **도구적 순응형**: 학교교육을 오로지 대학에 들어가기 위한 수단(도구)으로 여겨 일정한 거리를 두고 학교생활을 받아들이는 유형이다.

③ **식민화 유형**: 자포자기의 순응형태로 학습의욕 상실증에 걸려 있는 학생들에게서 많이 찾아볼 수 있다. 이들은 졸업장이나 받아야 한다면서 아무 생각 없이 시계추처럼 학교에 오가는 생활을 되풀이한다.

④ **도피형**: 학교생활을 피하는 유형으로, 극단적인 경우 자살에까지 이르게 된다.

⑤ **비타협형**: 학교의 목표에 무뚝뚝하게 거부하고 협력하지 않는 형태로, 흔히 복장을 통해 표현된다.

⑥ **반역형**: 새로운 학교규칙과 전통을 만들기 위해 저항하는 유형이다.

한편, 이영호(2002)는 머턴(Merton)이 분류한 적응방식에 따른 학생들의 학습참여방식을 밝혀주고 있다. 학생들의 학습참여방식에 따라 학습목표(학력 · 학벌 획득)와 제도적 수단(학교교육)을 모두 수용하는 동조형은 학교교육 의존 입시집착형, 혁신형은 사교육 의존 입시집착형, 의례형은 무기력 학습기피형, 도피형은 도피반항적 학습거부형, 반역형은 새로운 학습체제 구축형으로 나타나는 것으로 밝히고 있다.

① 학교교육 의존 입시집착형: 동조형

학교에서 이루어지는 교육활동에서 입시 관련 학습에만 최대의 관심을 보이고 적극 동참하나, 입시와 관련 없는 교육활동을 불필요한 것으로 여기고 관심을 보이지 않는 학습참여방식

② 사교육 의존 입시집착형: 혁신형

입시에서 학교교육의 효과를 불신하며, 과외와 학원 등 사교육을 통하여 학력 · 학벌획득 그 자체에만 매달리는 학습참여방식

③ 무기력 학습기피형: 의례형

단순히 졸업장만을 받는 데만 관심을 가지며 배우는 것 없이 그저 무기력하게 학교만 왔다 갔다 하는 학습참여방식

④ 도피반항적 학습거부형: 도피형

학력 · 학벌획득이 강조되는 입시경쟁체제에 동참하여 학습하기보다는 가출과 자퇴와 같은 일탈행동을 하는 유형

⑤ 새로운 학습체제 구축형: 반역형

개념적으로 학습목표와 제도적 수단 모두를 새로운 것으로 대체하려는 탈학교 유형

표 9-2 머턴의 적응양식 유형

유형	의미
동조형	목적과 수단 수용
혁신형	목적은 수용하고 수단은 거부
의례형	목적은 거부하나 수단은 수용
도피형	목적과 수단 모두 거부
반역형	현존하는 목적을 거부하고 새로운 목적으로 대치

3. 학교 밖 청소년

1) 개념

학교 밖 청소년의 개념은 법에 명시되어 있다. '학교 밖 청소년 지원에 관한 법률' 제2조(정의)의 2에 따르면 학교 밖 청소년은 초 · 중학교 입학 후 3개월 이상 결석 또는 취학의무를 유예한 청소년이다. 또한 고등학교 또는 이와 동일한 과정을 교육하는 학교에 진학하지 않거나 자퇴 및 제적 · 퇴학 처분 청소

년을 말한다. 그리고 학교 밖 청소년에게는 청소년의 개인적 특성과 수요를 고려한 상담지원, 교육지원, 직업체험 및 취업지원, 자립지원 등의 프로그램을 지원할 수 있다고 규정하고 있다(제8조, 제9조, 제10조, 제11조).

사실 학교를 중도에 그만 둔 청소년에 대한 사회적 시선은 그리 긍정적이지 못했다. 흔히 학교 부적응, 중도탈락 학생 등으로 불렸다. 마치 학교를 그만 둔 청소년에게 중대한 결함이 있어 학교에 적응하지 못하는 일탈행동으로 보는 경향이 있었다. 그러나 시대의 변화에 따라 이들 청소년에 대한 인식도 조금씩 바뀌어 왔다. 오늘날에는 공교육인 학교 이외의 여러 교육형태의 기관이 생기면서 학교 이외에 다른 방식으로 상급학교를 진학하거나 나름의 학업을 지속하는 청소년이 많아지고 있다. 이런 맥락에서 학교는 그만두었지만 학업을 지속하는 청소년까지 포함하는 '학교 밖 청소년'이라는 개념이 등장해서 관련 법률까지 제정해서 시행하고 있는 상태이다.

따라서 학교 밖 청소년은 학교 재학 중 여러 가지 지유로 인해 학교를 중퇴한 청소년, 비진학청소년, 근로청소년, 무직청소년, 검정고시 등과 같이 정규과정을 거치지 않고 다른 경로로 학업을 계속 이어나가는 청소년까지 포함하는 포괄적인 용어로 본다(최세영 · 최미경, 2020). 이러한 학교 밖 청소년들의 학교 중단은 개인, 가정, 학교, 또래 요인뿐만 아니라 사회적 요인 등에 의해 다양하고 복합적으로 일어난다고 보고 있다(김미옥, 2020; 오은경, 2014; 윤철경 외, 2016).

2) 유형

학교 밖 청소년의 유형은 여러 방식으로 분류된다. 몇 가지 의미 있는 유형 분류를 보면 다음과 같다.

(1) 학업형

자신의 학업을 스스로 책임지기 위해서 학교를 그만두는 경우이다. 대체로 학업 수준이 낮지 않고 양부모 가정일수록 경제 수준이 높으며 비행경험도 상대적으로 적은 중상위권 학생들에게서 나타난다. 정규학교를 떠나서 대안교육기관에서 학업을 지속하는 경우와 진학준비를 위해서 정규학교 이외의 기관이나 홈스쿨링 등을 통해서 학업을 이어나가는 경우이다.

(2) 근로형

주로 취약계층 학생이나 부득이한 사정으로 학업과 경제활동을 병행해야 하는 처지에 있는 경우이다. 또래보다 상대적으로 높은 연령에 해당하는 청소년들이 학교를 떠나 근로현장으로 뛰어들기도 한다. 이들은 자신의 미래에 대해서 체계적인 준비를 하고 있으나 가정환경이 어려워 자신의 진로결정에 영향을 줄 수 있는 경제력을 확보하기 위하여 학업을 유예하는 경우라고 볼 수 있다. 검정고시 등을 통해 학력을 취득하고 상급학교에 진학할 계획을 세우지만 그렇지 않은 청소년의 경우에는 학업을 중단한 이후 미래에 대한 뚜렷한 설계 없이 단순한 아르바이트나 노동을 한다. 자칫 미래에 대한 불안감이 커지고 충동적인 소비 성향을 보이는 경향도 있다.

(3) 학업유예형

학업유예형은 학교에서 개인의 내외적인 원인(성적, 진로, 교우관계, 가정문제 등)으로 학업을 지속하기 어려운 상황에 처한 청소년을 말한다. 이들은 주로 자신이 처한 현재 갖고 있는 문제에서 오는 어려움을 피하기 위해서 일정기간 동안 학업을 유예하는 경우로 볼 수 있다. 또한 이 유형에 속하는 청소년은 주로 가정 내에 은둔하는 형태가 많을 가능성이 있다.

(4) 니트(NEET)형 / 무업형

학교에는 다니지 않으면서 일도 안 하고 취업을 위한 훈련도 받지 않고 따로 상급학교 진학을 위한 준비도 하지 않는 유형이다. 다시 말해서 노동능력이 있지만 일을 할 의사가 없는 유형을 말한다. 상당수는 은둔형 청소년과 중복되어 나타나기도 한다.

(5) 비행형

비행형은 일탈과 비행문제로 학업을 중단하는 청소년으로 고등학교 연령대에서 주로 나타나고 학업중단기간이 길어질수록 비행에 관계될 가능성이 높다고 보고되고 있다. 비행형에 속하는 청소년은 주로 열악한 가정환경으로 가족과의 정서적 관계가 약하고 경제적으로도 낮은 수준에 있다. 그리고 학교에서 학업성적이 낮고 비행을 저지르는 친구들과 어울리면서 학교생활에 부적응을 보이는 경우가 많다(백혜정 외, 2015; 윤철경 외, 2016; 최세영 · 최미경, 2020).

3) 지원체계

학교 밖 청소년을 위한 지원체계는 주로 청소년정책을 총괄하는 여성가족부를 중심으로 교육부, 고용노동부, 법무부 등 여러 부처에서 목적에 따라 운영하면서 학교 밖 청소년에게 직접 또는 간접적으로 도움을 주고 있다.

(1) 학교밖청소년지원센터(꿈드림센터)

여성가족부에서는 2014년 학교 밖 청소년 지원에 관한 법률을 제정한 이후로 2015년에는 학교 밖 청소년들만을 별도로 지원할 수 있도록 학교 밖 청소년 지원센터를 지정 · 운영하였다. 2022년 현재 전국 220개의 '학교 밖 청소년

지원센터(꿈드림센터)'가 지정 · 설치되어 운영되고 있다. 법에 따른 명칭은 '학교밖청소년지원센터'이나, 꿈드림은 '꿈=드림(Dream)', '꿈을 드림'이라는 중의적 표현으로 학교 밖 청소년에게 새로운 꿈과 희망을 드리겠다는 의미를 지닌 일반 명칭으로 활용한다. 꿈드림 지원센터는 개인적 특성 및 수요를 고려하여 학교 밖 청소년들에게 상담 및 교육지원, 직업체험 및 취업지원, 자립지원 등의 제공을 목적으로 하고 있다(여성가족부, 2022).

(2) 지역사회청소년통합지원체계(CYS-Net)

학업중단, 가출, 정신건강문제 등 위기청소년을 지원하기 위한 지역 내 청소년 서비스 제공 기관이 협력하여 대상자 조기 발견과 통합적 서비스 제공을 위한 통합체계이다. 위기청소년에 대한 상담 · 보호 · 의료 · 자립 등 맞춤형 서비스를 One-Stop으로 제공하도록 구축되어 있다(여성가족부, 2022).

(3) 학업중단 숙려제

학업중단의 징후를 보이거나 학업중단 의사를 밝힌 학생 및 학부모에게 Wee센터(클래스), 청소년상담지원센터 등 외부전문기관을 통해 상담을 받으며 최소 2주 이상 숙려하는 기간을 갖도록 하는 제도이다. 기간 중 상담, 진로체험, 예체능 등 프로그램을 지원하여 신중한 고민 없이 이루어지는 학업중단을 예방하는 제도이다. 상담 내용은 주로 학업복귀 권고 및 학업중단 이후 상황 안내와 진로정보 제공 등이다(초 · 중등교육법 제28조 참고).

이외에 고용노동부 취업사관학교, 교육부 방송통신 중고등학교 등 각 부처별 학교 밖 청소년을 위한 여러 지원 프로그램과 정책을 실시하고 있다.

4) 학교 밖에서의 교육활동

(1) 대안교육운동과 대안학교

대안교육(alternative education)은 기존 제도권 교육의 한계를 인식하고 그것을 넘어서려는 새로운 교육운동이다. 대안교육운동에 대표적인 활동이 대안학교이다. 2022년 시행된 '대안교육기관에 관한 법률' 제2조(정의)에 따르면 "대안교육이란 개인적 특성과 필요에 맞는 다양한 교육내용 및 교육방법을 통하여 개개인의 소질과 적성 개발을 목적으로 하는 학습자 중심의 교육을 말한다."라고 명시되어 있다. 대안학교는 대안교육기관에 관한 법률에 의한 대안교육기관이다. 대안학교는 학교마다 다른 철학과 가치를 가지고 교육목표를 세우고 운영하는 다양한 모습을 보인다. 대부분의 대안학교는 학교교육의 일률성과 정형화에서 오는 폐단에서 벗어나 자유로운 인간(학생) 중심의 개방교육을 주장하며 지식교육에서 벗어나 학생이 주체가 되고 중심이 되는 자발적이고 주체적 교육으로 다양한 경험과 대인관계 활동을 중요시한다. 비교적 소규모 형태로 운영되며 생활 속에 교육을 실천하려고 노력하지만 대안학교 중 일부는 비용이 많이 드는 사교육형태로 운영되어서 교육기회의 불균형을 심화시킨다는 비판을 받기도 한다.

대안학교의 유형은 인가 유무와 운영 형태에 따라 다음과 같이 분류한다.

① 인가 유무에 따른 분류

● 인가형 대안학교

초중등교육법에 따라 졸업 후에 제도권 중학교와 고등학교 졸업생처럼 학력을 인정받을 수 있는 학교로서 대안학교와 대안교육특성화학교가 있다.

● 위탁형 대안학교

일반 초중고등학교를 다니는 학생들 가운데 학교생활이 어려운 학생에게 대안교육과정으로 교육을 하는 위탁 교육기관이다. 정규학교에서 위탁을 하는 것이므로 이곳에서 취득한 출결은 기존 다니는 학교에서 그대로 인정되며 학적 취득이 가능하다. 주로 학업중단 위기학생의 중도탈락 예방을 위해서 실시하는 경우가 많다.

● 비인가 대안학교

법적 인가를 받지 못한 대안학교이다. 이들 학교를 졸업해도 중졸이나 고졸 학력이 인정되지 않아 따로 검정고시에 합격해야 학력을 인정받을 수 있다. 더욱이 비인가 대안학교는 국가로부터 보조금을 받지 못하기 때문에 학비가 비싼 경우가 있다.

② 운영형태에 의한 분류

대안학교는 전일제와 프로그램 형태로 크게 구분할 수 있다. 전일제형태의 대안학교는 일반 초·중·고등학교처럼 주말 등을 제외하고 매일 운영을 하는 형태이고, 프로그램 형태의 대안학교는 특정 계절이나 방과 후, 또는 주말에 프로그램 중심으로 운영을 하는 학교를 말한다. 그리고 홈스쿨링도 프로그램 형태의 대안학교로 분류하기도 한다.

표 9-3 교육목적의 유형에 따른 분류

유형	교육목적
자유학교형 대안학교	학습자의 가능성을 믿고 학습자 중심의 교육을 실시하며 학습자에게 자유를 주려는 형태
생태학교형 대안학교	소규모 학생을 대상으로 하며 지식과 더불어 의식주에 관련된 기본적인 활동들을 포함하는 형태
재적응형 대안학교	학교 부적응 학생을 주 대상으로 하는 형태

(2) 홈스쿨링

홈스쿨링(homeschooling)은 가정(home)과 학교(schooling)의 합성어로 부모가 자녀를 학교에 보내지 않고 가정을 중심으로 부모의 가르침을 따라 자녀를 교육하는 교육 형태를 의미한다(김현숙, 2017). 즉, 홈스쿨링은 가정에서 자녀를 학교에 보내지 않고 학부모가 직접 교육자가 되어 자기 자녀의 교육에 책임감을 갖는 교육적 대안으로(김동국, 2013), 학교가 만든 정해진 틀인 시간과 특정 공간에서 전문적인 교사가 가르치며 같은 연령의 아이들과 동일한 교과서로 배우는 형태가 아닌 시간과 장소, 관계와 활동이 자유로운 형태를 말한다(서덕희, 2006). 우리나라는 특별한 경우를 제외하고는 초등학교(6년)-중학교(3년)-고등학교(3년)-대학교(4년)의 학제를 실시하고 있다. 초등학교에 입학하면 대부분의 학생은 연령에 따라서 고등학교까지 진학을 한다. 당연한 교육과정과 절차로 받아들이는 청소년과 부모도 있지만 모든 청소년이 그렇다고 보기 어렵다. 분명히 이러저러한 이유로 학교와 맞지 않는 청소년이 있을 것이다. 더욱이 학교는 학력 제일주의의 영향으로 학습의 결과만을 강조하고 학생들의 개성과 재능은 무시한 채 지식 중심인 입시위주의 교육의 장이 되어버려 학교체제의 비민주성과 지나친 경쟁 중심 문화에 문제의식을 느끼는 청소년과 부모도 있다(박은숙, 2016). 또한 홈스쿨링은 학교폭력과 집단따돌림 문제에서 자유롭지 못한 학교환경에 어려움을 느낀 학생과 학부모가 학교라는 틀에서 벗어나 보다 자유로운 환경에서 각자의 방식으로 대안교육의 하나로 이해되고 있다.

이러한 홈스쿨링도 대안교육의 한 형태지만 미인가 대안학교처럼 아직 합법화되고 있지 않다. 홈스쿨링이 활발한 미국은 1993년에 가정에서 대학까지 모든 교육과정을 가르치는 것이 합법화되었다. 그리고 일본의 '도쿄 수레'는 1983년에 결성된 '등교거부를 생각하는 모임'에서 출발하여 아이들을 위한 대안교육 공간으로 발전했다. “스스로 학습하고 스스로 결정한다”는 철학 아래 시민 활동과 여러 프로그램에 참여하는 방식으로 이루어졌다(신민경 · 이숙명, 2011). ‘도쿄 수레’의 중요한 활동 중 하나가 홈스쿨링이다.

이러한 홈스쿨링은 교육 선택의 다양성을 존중하고 다변화하는 사회현상에 적합한 교육방식일 수 있다는 장점과 함께 자칫 공교육을 어렵게 하고 학교에서 배우는 사회성 함양 등 학습 이외의 활동을 할 기회가 부족하고 사교육을 조장해서 교육의 빈부격차를 더 심하게 할 수 있다는 우려도 있다.

CHAPTER 10

청소년문화

1. 청소년문화의 개념

문화(文化, culture)의 개념을 정의하기는 쉽지 않다. 문화는 정치, 경제, 사회, 교육, 산업 등 각 부문에 따라 의미가 다양하고 또한 사용하는 사람에 따라 개념이 달라서 명확한 정의가 어렵다. 이처럼 문화의 개념이 어려운 이유는 문화 자체가 삶의 양식을 의미하므로 그 범위는 시간과 공간을 어떻게 설정하느냐에 따라서 달라질 수 있기 때문이다.

일반적으로 문화는 사회 구성원에 의해 공유되는 지식 · 신념 · 행위의 총체로 인류의 고유한 특성이다(김평수 외, 2016). 이런 맥락에서 보면 문화는 사회가 갖고 있는 생활양식이나 상징체계를 의미한다. 즉, 인간이 스스로 만들어내는 생활양식과 그에 따른 산물을 문화라 할 수 있다. 이처럼 사회 전반의 기술, 예술, 삶의 양식 등 광범위한 것을 문화로 정의하지만 협의의 의미에서 문화는 음악, 미술, 문학, 연극, 영화와 같은 예술 등을 말하고 박물관, 학교, 영화관 같은 공간들도 문화의 범주에 넣기도 한다. 문화가 갖는 여러 의미에도 불구하고 현대사회에서 문화의 특징은 예전에 비해서 더욱 강력히 상품으로서의 모습을 갖고 있다는 것이다.

문화는 20세기 초까지만 해도 성인들의 영역이라고 보았다. 그렇지만 이제는 청소년문화라는 용어가 어색하지 않은 시대에 살고 있다. 우리나라에서도 1980년대 이전에는 청소년문화를 청년문화를 흉내 내는 정도로만 생각해 왔다. 실제 청소년문화라는 용어를 처음으로 도입한 사람은 파슨스(Talcott Parsons)이며, 그 의미는 나이와 성별에 따른 특정 역할에 의해 구조화된 독특한 세계를 뜻하는 것이었다. 이 개념은 이성과의 데이트를 즐기며, 성인으로서의 책임으로부터 자유로움을 만끽하는 미국 중산층 청소년들을 대상으로 도입되었다(조혜영, 2015; Wulff, 1995).

청소년문화는 청소년세대가 공유하는 생활양식 및 사고방식이다(오찬호, 2009). 그런데 1970년대 이후 청년문화의 성격 규명에 대한 논쟁이 문학과 예술 그리고 대중문화에까지 치열하게 이루어지는 시기에 청소년문화는 아류에 불과하다고 여겨졌다. 그러나 1980년대 생활 수준이 향상되고 가정 내에서 자녀의 수가 줄어드는 한편 자녀에 대한 교육과 성장에 대한 관심이 증가하면서 1990년대 이후에는 청소년들이 구매력을 갖고 사회의 주요한 소비의 한 축으로 등장하고 아울러 국제교류 및 사회적 다양성이 확대되면서 청소년문화가 문화의 한 부문으로 자리 잡게 되었다.

종합하면 청소년문화는 청소년세대가 공유하는 생활양식 및 사고방식이다. 여기서 청소년세대는 연령집단이나 생애단계를 의미하며, 역사적 경험을 공유하는 사람들의 의미이다. 그리고 특정 사건에 대해 동일하게 반응하여 동일한 정체성이 체화된 집단으로 '공통된 의미지평(common horizon of meaning)'을 공유한다(박재흥, 2002; 오찬호, 2009).

2. 문화의 속성과 문화이론

1) 문화의 속성

문화의 속성은 보통 5가지로 구분된다.

첫째, 공유성이다. 한 사회의 구성원들에게 공통적인 경향으로 나타나는 행동 및 사고방식을 말한다. 이러한 특성은 같은 문화를 가진 사람들에게 원활한 사회생활을 위한 공통의 장을 제공해 준다. 따뜻한 국물을 먹으면서 시원하다고 한다든지, 늦가을에서 초겨울이 되면 김장을 하는 행위 등을 예로 들 수 있다.

둘째, 학습성이다. 문화는 타고나는 것이 아니라 후천적으로 학습된다는 것이다. 따라서 인간이 어떻게 행동하고 생각하는지는 성장과정에서 그가 어떤 문화 속에서 생활하며 그 문화를 학습하느냐에 달려있다. 우리의 경우 젓가락을 잡는 법을 배워서 음식을 먹는다든지, 외국 사람이 한국에 살면서 매운 음식을 잘 먹게 되는 것 등은 문화의 학습성의 예라고 볼 수 있다.

셋째, 축적성이다. 문화는 언어와 문자 등의 상징체계를 통해서 세대에 걸쳐 이어진다. 이런 과정에서 서로 발달하고 상호작용하며 진보한다. 즉, 한 세대에서 이루어진 경험과 지식은 다음 세대로 전해지고 이러한 세대의 이어짐을 통해서 문화는 축적된다. 삼국시대의 동치미와 백김치 등 소금에만 절이는 김치에서 현재의 고춧가루와 젓갈이 들어간 김치로 발달한 것이 그 예이다.

넷째, 전체성이다. 지식, 예술, 도덕 등의 문화적 요소는 각각 독립적으로 존재하는 것이 아니라 각각이 모여서 하나의 통합적 체계를 이루고 있다. 따라서 유기체처럼 하나의 사회에서 문화를 구성하고 있는 각 요소들은 어느 한 요소(부분)에 변동이 생기면 연쇄적으로 영향을 받는다. 이러한 전체성의 예는 우리의 온돌문화를 보면 알 수 있다. 온돌문화가 이층 이상의 집을 짓기 어려운 환경을 가져왔고 또한 앉아서 생활하는 방식이기 때문에 밥상, 방석, 책상 다리로 앉기 등이 생겨났다.

다섯째, 변동성이다. 문화는 정체되어 있거나 고정 불변한 것이 아니다. 축적된 문화는 계속해서 변화 발전한다. 인간의 역사는 바로 문화 변동과 변혁의 역사이다. 예를 들어 이전에는 손 편지를 사용했지만 불과 몇십 년 사이에 우리는 이미 이메일에 더 익숙해졌고, 전화를 발명한 지 150년도 채 되지 않아서 통신뿐만 아니라 인터넷 등이 가능한 휴대폰에 익숙해졌다(금성출판사 사회과 교과서, 2018; 김정준, 2019; Jenks, 1996).

2) 문화이론

(1) 구조주의와 기능주의 문화론

구조주의는 문화의 모습은 사회마다 다르더라도 깊숙이 내재되어 있는 구조는 같다는 입장이다. 문화현상을 설명함에 있어 구조와 체계에 중점을 두는 이론이다. 이를 통해서 문화의 보편적 원리를 발견한다.

한편, 기능주의는 각 사회의 문화적 요소들은 전체를 구성하는 하나의 부분이며 그 전체를 형성하고 유지하기 위한 기능을 갖고 있다고 본다. 문화는 안정을 추구하며 개인의 심리적 욕구를 충족하는 기능을 갖고 있다.

(2) 문화적 마르크스주의 문화론

마르크스주의(Marxism)에서 문화를 다룬다기보다는 마르크스주의 안에서 문화를 파악하려는 이론들이다.

마르크스주의의 핵심 중 하나인 경제 및 사회정치적 철학과 사상적 탐구를 통해 자본주의에 대한 비평의 연장선상에서 문화를 바라본다. 즉, 문화를 사회계급구조 · 경제 · 정치제도와의 관계로 설명하려는 것으로 문화가 어떤 정치적 역할을 하는지, 자본주의 경제구조와 어떤 관계인지, 사회 변형을 위해 어떤 노력이 필요한지를 분석하는 것이 마르크스주의 문화론이라고 볼 수 있다 (www.netongs.com).

마르크스(Karl Marx)에 따르면 자본주의에서 생산 수단을 소유한 소수의 지배계급은 그들이 갖고 있는 이데올로기, 즉 일반 대중들이 살고 있는 사회가 불합리하지만 지배계급의 권력구조를 통해서 이상적인 사회라는 것을 믿게 해서 대중에 대한 통제력을 지속적으로 유지한다. 소수계급의 권력층은 경제력이라는 무기를 통해서 모든 정치와 사회적 체계와 관계의 기반을 만든다. 그러므로 모든 문화는 그 문화를 생산한 사회의 경제구조에 의해 이미 결정된다고 본다. 그렇기 때문에 문화의 진정한 의미를 알기 위해서는 그 사회의 경제구조를 분석해야 한다. 마르크스주의에서 의식과 문화양식 및 정치제도 등은 경제적 관계에 의해 구조화된다고 본다. 이런 맥락에서 자본주의와 서구사회 기득권 계급은 대중문화의 다양성을 억압하여 대중들을 정치사회적으로 통제한다는 시각도 존재한다.

(3) 엘리트주의 문화론

엘리트주의 문화론은 사회는 지배계층인 엘리트와 피지배계급인 대중으로 구분되고, 사회는 엘리트를 중심으로 움직이고 대중은 엘리트를 따른다는 전통적인 엘리트 이론과 마찬가지로 엘리트가 중심이 되어서 문화를 이끌어야 한다고 본다.

엘리트주의에서 보는 대중들의 문화는 자본에 의해서 생산된 상품이며 대중은 수동적으로 소비할 뿐이라고 보았다. 엘리트주의에 따르면 대중들의 문화는 자본이 만들어낸 소비지향의 문화로 폭력이나 저급한 콘텐츠를 통해 일상에서 힘겨운 대중들을 천박한 상황과 인식으로 몰아간다고 여겼다. 이러한 결과 사회에 필요한 유용하고 품격 있는 덕목들이 손상될 수 있다고 한다.

(4) 다원주의 문화론

다원주의 문화론은 대중문화의 시각에서 문화적 다양성은 인정하면서도 문화 수준과 대중의 취향에 따른 문화적 수용과 향유에 초점을 맞춰 대중문화의 의의를 옹호한다. 다원주의 문화론은 소수가 존중되어야 한다는 다원성의 인식 아래 출발한다. 그렇다고 소수에 대한 구별과 격리가 전제되는 것은 아니어야 한다. 다원주의 문화는 문화의 다원성 및 다양성을 인정하면서도 거기에는 주류(core)가 존재한다는 것을 전제로 한다. 이에 반해 다문화주의적 관점에서는 주류(core)의 존재를 인정하지 않고 다양한 문화가 평등하게 인정되어야 한다는 것이다. 즉, 다문화주의는 모든 구성원이 동등한 자격이라는 것을 전제로 하는 것에 비해서 다원주의 문화는 대중 취향의 주류문화를 형성하는 지배사회를 인정하고 문화적 다원성을 수용한다. 이를테면, 캐나다, 호주에서는 다문화주의를, 미국이나 유럽에서는 다원주의 문화를 사회통합의 원리로 적용하고 있다.

다원주의 문화론자인 쉴즈(Shils)와 갠즈(Gans)는 대중의 취향에 따른 대중문화의 의의를 중요하게 생각했다. 쉴즈는 문화수준론에서 평범한 문화는 독창성이 강한 우수한 문화의 모방품이라고 주장하고 한편, 갠즈는 취향문화론에서 상급과 중급, 중하급, 그리고 하급문화 등으로 구분하고 있다.

(5) 기어츠의 문화이론

기어츠(Clifford Geertz)의 문화이론은 문화를 해석하고 이해하는 데 초점을 둔다. 사람들이 갖는 심리나 행동 그리고 의미 등을 이해하기 위해서는 문화 배경과 상황을 고려해야 한다고 본다. 있는 그대로 보이는 현상에 대해서 말하는 것이 아니라 그 현상이 갖는 맥락과 의미를 함께 담고 있어야 한다는 것이다. 이런 맥락에서 그는 상징의 중요성을 강조한다.

생활세계는 평면적이지 않고 입체적인 것으로 복합적인 여러 개의 층이 겹쳐 있다. 따라서 이러한 여러 층의 구조를 이해하려면 생활 속에 문화의 상징에 대해 행동을 하는 사람, 즉 역지사지의 관점에서 사물을 보는 것이 중요하다. 그래야 보이는 현상 이면의 맥락과 의도 그리고 의미를 이해할 수 있게 된다.

(6) 부르디외의 문화이론

부르디외(Bourdieu)는 시대에 따른 문화의 움직임을 사회적 환경이나 조건의 변화가 아닌 자본의 개념을 들어서 설명한다. 부르디외는 자본을 경제적 형태뿐만 아니라 문화와 사회 그리고 상징 등의 다양한 자본 형태로 말하고 있다.

그중 문화자본은 가정환경, 가정교육으로 형성된 아비투스(Avitus)처럼 내면화된 것이나, 소장하고 있는 그림과 골동품 등 실재적인 문화재 그리고, 학력과 같이 제도화된 것을 지칭한다. 아비투스는 부르디외가 처음 제시한 개념으로 사회문화적 환경에 의해 결정되는 제2의 본성, 즉 타인과 나를 구별짓는 취향, 습관, 아우라를 말한다. 라틴어의 태도, 모습, 외관, 상태 등을 의미하고 영어단어 Habit(습관)의 어원이기도 하다. 아비투스는 특정한 환경에 의해 형성된 성향이나 사고, 인지, 판단, 행동체계를 의미하는 것으로, 계급 구성원들의 문화적 상징이나 행동특성을 나타내는 개념이다.

사람들은 사회적 지위를 향상시키거나 유지하는데 문화자본에 대한 지원이 중요하다. 아비투스는 특정유형의 환경을 구성하는 조건(예를 들면 계급조건의 특징인 존재의 물질적 조건)에 의해 생산되는 것으로, 실천과 재현을 발생시키고 구조화하는 원칙으로서 지속적이고 치환이 가능한 성향이다(Bourdieu, 1980). 행위자들은 아비투스를 통해 사회적 조건과 사회적 위치에 따라 각각의 성향을 획득하게 된다. 비슷한 계급이나 직업에 속한 사람들은 자신들의 아비투스를 지향하고 있으며, 자신들의 계급적 이익을 보호한다. 아비투스는 문화적 실천과 밀접히 관련되어 있으며, 사회적 불평등은 바로 아비투스의 차이에 의해 유지된다. 결국 부르디외는 계층 간의 불평등이 결국 문화재생산문제와 관련이 있다고 본다.

3) 청소년문화의 특성(청소년문화를 보는 다양한 시각들)

(1) 미성숙한 문화로 보는 시각

청소년을 어리고 정신과 정서가 미숙하다고 보는 전형적인 일부 성인의 시각이 그대로 문화에 반영된 특성이라 할 수 있다. 청소년문화 자체를 부정하거나 무시하는 관점이다. 즉, 청소년기를 성인으로서의 성장 과정에 있는 준비기간으로 보며 이에 따라서 청소년이 주도하는 문화도 미숙한 문화로 여기는 것이다.

(2) 비행문화 등 부정적 시각으로 보는 입장

청소년문화를 비행문화 등 바람직하지 못한 문화로 보는 부정적인 시각이다. 성인들 관점에서 청소년은 바람직한 삶의 규범에서 벗어나 문제가 많은 생활과 행동을 한다고 보기 때문에 그들이 추구하는 문화도 일탈과 비행의 부정적인 문화로 보는 입장이다. 따라서 청소년들은 항상 어른들의 통제 아래서 생활해야 한다고 생각한다. 그리고 이 시각에서 보는 청소년문화는 성인과 사회가 만든 규범적 질서에 따르지 않음으로써 자신들의 정체성을 찾으려 한다고 본다.

(3) 대항문화 또는 반문화로 보는 시각

청소년문화를 대항문화(counter culture) 또는 반문화(反文化)로 보는 시각이다. 대항문화는 한 사회의 지배적인 문화에 반대하는 문화라고 볼 수 있다. 예를 들면 1960년대의 미국의 히피, 동성애 해방운동, 여성 해방운동 등이 이에 속한다. 청소년문화도 기성세대와는 다른 가치와 행동규범에서 이루어지는 문화이다. 청소년문화가 대항문화의 성격을 띠는 이유는 미숙하거나 기성세대에 반항적인 성향을 가져서라기보다는 기성세대와는 다른 경험을 하고 그에 따라서 기성세대와는 다른 인생관과 가치관을 갖고 다른 삶의 방식을 추구하기 때문이라고 볼 수 있다. 1960년대 미니스커트부터 시작해서 히피 등 기성세대가 받아들일 수 없는 옷차림과 행동 그리고 기존 사회규범에 대한 무시와 파괴 등의 행위가 대항문화의 예라고 볼 수 있다.

(4) 하위문화로서 바라보는 시각

청소년들이 사회 전체를 구성하는 한 하위집단으로서 그들의 문화도 전체 문화 가운데 하나의 문화를 이룬다는 관점이다. 예를 들면 도시와 농촌문화, 여성과 남성의 문화가 있는 것처럼 연령과 지역에 따라서 나름의 문화를 갖고 있고 이러한 맥락에서 청소년문화 내에서도 여러 하위문화가 존재한다.

(5) 새로운 문화로 보는 시각

청소년문화를 세대가 바뀌면서 생기는 새로운 문화로 보는 시각이다. 시간은 돌이킬 수 없지만 앞으로 흘러간다. 따라서 문화도 지속적으로 변한다. 이러한 문화의 변화에 앞선 역할을 하는 것이 청소년문화이다.

이전에 볼 수 없었던 새로운 과학기술 문명에 잘 적응하고 기성세대에 비해서 창조적이고 새로운 유행 문화를 이끌기도 한다. 이런 시각에서 바라보는 청소년문화는 한 사회가 성장하고 발전하는 데 중요한 활력이다. 컴퓨터를 다루는 데 익숙하고 다양한 비대면 생활방식을 만들어내는 등을 보면 이해할 수 있다.

3. 청소년문화활동

1) 청소년문화활동 문제

(1) 문화공간의 부족과 활용

문화공간의 범위설정에 따라서 다르겠지만 청소년을 위한 문화공간이 부족하다. 물론 청소년문화에 대한 정책적 관심이 높아지면서 청소년시설로서 문화의 집이나 청소년문화센터 등 공공시설이 설치 운영되고 있다. 하지만 청소년들이 많이 모이는 도심 중심가에 시간과 경제적 제약이 있는 청소년들에게 비용이 들지 않거나 싸게 또래들과 어울릴 수 있는 건강한 여가 공간은 여전히 부족한 실정이다.

더욱이 설치 운영 중인 공공시설도 프로그램의 다양성과 적극적 참여유도 등의 미흡으로 충분히 활용되고 있지 못하다. 여기에는 대부분이 학생 · 청소년이므로 청소년문화활동에 참여할 수 있는 절대적 시간의 부족 등 구조적인 환경문제가 있지만 상업적인 청소년문화공간과의 차별성과 경쟁력 부족도 원인이라고 볼 수 있다.

(2) 청소년문화의 상업화

청소년문화가 상업화에 이용되는 경우가 많다. 학생이 대부분인 청소년에게 이제 스마트 폰은 바쁜 학업에서 짬을 내서 하는 디지털 미디어가 아닌 생활과 활동에 없어서는 안 될 일부분이 되었다. 그러나 많이 활용하는 포털사이트 검색엔진이나 SNS 또는 유튜브 등 비디오 플랫폼 등에서 편향적으로 정보를 제공한다는 사실을 인지하지 못하고 궁극적으로 상업적 목적으로 이용되는 콘텐츠나 알고리즘 등을 비판적 시각 없이 수용하고 있다. 이처럼 미디어의 상업성도 문제지만 더욱이 심각한 상업화 현상은 소비를 부추기고 외모지상주의 등의 바람직하지 않은 사회 인식과 의식을 알게 모르게 받아들이게 만드는 것이다.

1990년대 이후 디지털 환경에 익숙한 청소년들이 인터넷을 통하여 정보를 얻을 뿐만 아니라 동영상, 음악, 게임, 쇼핑까지 즐기며 소비의 주체로 등장하면서 청소년문화의 상업화는 가속화되고 있다. 물론 대중문화를 중심으로 청소년에 파고드는 상업화가 부정적인 현상만은 아니다. 상업화가 문제라기보다는 모든 것이 상품으로 전환되면서 청소년의 일상도 자칫 영리와 이윤추구의 수단으로만 이용될 가능성이 높다는 것이다.

(3) 교육 환경의 열악성

입시 중심의 교육제도와 환경은 대부분이 학생인 청소년에게 삶의 질이라는 측면에서는 매우 열악하고 수많은 문제를 드러내고 있다. 입시를 향한 획일화된 수업과 여전히 암기 위주의 교육으로 창의력과 문제해결능력은 떨어지고 심지어는 청소년의 미래까지 교사와 부모 등 성인이 선택하는 삶을 살고 있다. 청소년의 삶의 만족도가 OECD 국가에서 지속적으로 하위에 머물고 있다는 사실은 청소년이 처한 삶의 열악성을 내보이고 있다. '아동 · 청소년 삶의 질 2022 보고서(통계청 통계개발원)'에 따르면 2018년 한국 청소년의 삶의 만족도는 OECD 30개국 중 27위로 보고되고 있다.

이런 가운데 많은 청소년이 자신만의 시간과 생활을 갖기 어려워 주체적으로 문화를 누리거나 창조하지 못하고 상당수의 청소년문화는 영상미디어, 음악, 인터넷 게임 등을 수동적으로 받아들이는 데 한정되는 경향이 있다.

(4) 문화 격차

청소년문화는 청소년들의 빈부와 교육정도, 지역에 따라 불평등한 모습을 보인다. 더욱이 2019년부터 3년 가까이 전 세계를 휩쓴 감염병으로 인한 비대면의 일상화는 청소년 간의 문화 격차를 더 심화시켰다.

문화의 격차는 대다수의 사람들이 누리고 소비하는 문화에서 소외되는 것이다. 이런 문화 격차 현상은 서비스 · 자원 · 시설 등 물질적 환경과 자신이 생활하는 지역이 다른 지역보다 물질적 환경적 여건이 열악한 박탈과, 사회에서 자신의 역할 · 관계 · 기능 · 권리 · 책임 등에서 발생하는 사회적 박탈이 있다. 이러한 문화 격차는 사회문제를 일으킬 수 있다. 대도시 등 지역을 선호하는 이유 중 상당수가 양적으로 질적으로 문화 인프라가 잘 구축되어 있기 때문이다. 이에 따라서 지역 간의 균형 있는 발전이 어려워지는 하나의 요인이 되며 다른 여러 사회 문제들이 발생하게 될 것이다.

더욱이 청소년들에게는 빈부의 격차에 따른 문화 격차가 더 심각할 수 있다. 예전처럼 문화의 향유가 경제적으로 여유 있는 계층이 누리는 여가와 사치의 표현이 아니라 청소년의 삶에 깊숙이 들어와 있는 생산과 소비, 나아가 일상을 움직이는 강력하고 주요한 요소가 되었다. 따라서 빈부에 따른 문화 격차는 단순히 청소년의 현재 삶의 질을 좌우할 수 있는 요소일 뿐만 아니라 미래까지도 좌우할 수 있는 삶의 중요한 부분이 되었기 때문에 그 심각성은 더욱 높아질 수밖에 없다.

2) 청소년문화활동 지원방안

(1) 문화자본 확충을 위한 역량 강화

문화자본은 현금, 부동산, 재물 등과 같은 유형의 자본과 달리 취향이나 취미 또는 학력이나 태도와 같은 무형의 형태를 띠면서 사회적 계급을 구분짓는 자본의 역할을 한다. 이런 문화자본은 어린 시절부터 자연스럽게 자녀에게 노출되고 한 가정 안에서 전승된다(이상호, 2003; 최샛별, 2006). 문화자본을 개념화하기 시작한 부르디외(Bourdieu, 1987)는 문화적 자본을 계급 격차를 부추기는 부정적 의미보다는 한 문화집단의 정체성을 형성하는 데 있어서 발전적 역할을 하는 긍정적 의미로 제시하였다. 즉, 사회 구성원으로 문화활동을 통해 얻는 지식 또는 미학 행위를 추구하는 역량 또는 능력을 문화적 자본으로 정의하였다(Lin & Chen, 2012).

▌표 10-1▐ 부르다외의 자본 형태 분류

자본 형태	의미
경제자본	실물자본과 금전적 자본 의미(예: 돈)
사회자본	개인이 집단에 소속됨으로써 제공받는 연줄망으로부터 얻게 되는 잠재적 자원(예: 인맥)
문화자본	문화와 지식시장에서 전문가들이 보유하고 있는 권력수단으로 계급 간의 불평등한 관계를 야기하고 유지하는 자본 형태

그리고 부르디외는 문화적 자본을 체화된(embedded) 문화적 자본과 객체화된(objectified) 문화적 자본, 제도화된(institutionalized) 문화적 자본의 세 가지 유형으로 구분지어 설명한다. 문화 행위와 지식을 습득하면 그만큼 자신의 삶을 심미적으로 풍요롭게 한다는 것이 체화된 문화적 자본이고, 문화활동에 활용되는 재화, 즉 서적이나 예술품, 음반, 영화, 스포츠, 여가 등과 같은 창작물들이 객체화된 문화적 자본이다. 그리고 교육을 통해서 습득한 문화적 지위를 제도화된 문화적 자본이라 할 수 있다.

오늘날 문화자본은 경제와 밀접한 관련성을 갖는다. 가정 간의 경제적 격차가 결국 문화 격차를 만들고, 이러한 문화 격차는 계층구조를 더욱 견고하게 하여 또 경제적인 불평등으로 이어지는 사회적으로 볼 때 바람직하지 못한 순환구조를 갖는다. 심지어 자본주의사회에서 불평등을 해소할 수 있는 합리적 수단이라는 교육마저 경제와 정치사회적으로 기득세력이 자신들의 지위와 권력을 대물림하는 도구가 되었다.

경제적으로 궁핍한 청소년이 문화자본을 형성하는 일은 점점 더 어려워지고 있다. 그렇다면 국가와 사회가 개입해야 한다. 왜냐하면 개개인이 자신의 취향을 누리면서 개발하도록 누구에게나 공평하게 문화자본을 접하고 형성할 수 있는 환경을 만들어주는 일은 중요한 책무라고 볼 수 있기 때문이다.

그렇기에 부르디외가 말한 대로 '눈에 보이지 않는 무형의 문화자본을 더 많은 사람과 나누면' 반드시 벤담이 강조한 '최대 다수의 최대 행복'에 한 발짝 더 다가가는 일이 될 수 있다.

이런 맥락에서 청소년들에게 문화적 수용성을 제고하여 가치있는 삶에 통합되도록 문화적 성숙성을 나타낼 수 있는 문화역량을 제고하여 문화자본을 쌓기 위한 기회와 동기를 제공하는 일은 청소년문화의 건설적이고 창조적인 미래를 위해서 매우 필요한 일이다.

표 10-2 부르디외의 문화적 자본 분류

문화적 자본 분류	의미
체화된 문화적 자본	그것을 소유하고 있는 사람과 물리적으로 분리하여 생각될 수 없는 신체적 성향, 품위, 세련됨, 교양 등 의미 아동기 이후로 문화자본이 풍부한 환경에 지속적으로 노출될 때 형성
객체화된 문화적 자본	그림, 책, 사전, 도구, 물건 등의 문화적 재화 형태의 자본 체화된 상태의 문화자본을 소유한 계급에 의해 이용될 때 문화자본으로서의 가치를 발휘할 수 있음
제도화된 문화적 자본	학위나 자격증 등의 상징적인 능력의 지표로 이것을 보유한 사람을 사회적으로 능력 있는 사람으로 확인시켜 주는 자본 제도화된 문화적 자본은 보유한 사람에게 금전적 가치를 보장함으로써 문화자본을 경제자본으로 전환시키기도 함

(2) 문화활동지원을 통한 문화 격차 해소

현재 중앙과 지방정부에서는 다양한 문화바우처 사업을 전개하고 있으며 청소년에게도 적극적으로 개방하고 지원하고 있다. 그런데 많은 청소년은 음악회나 뮤지컬과 같은 고급스러운 문화활동을 즐길 경제적 여유가 많지 않다. 간혹 공연에서 청소년을 위하여 뒤쪽의 자리를 청소년석이라 하여 싼 가격으로 제공하기도 한다. 그러나 이러한 뒷자리는 감상의 느낌이 다르며 그 공연이 주는 현장의 감동을 전달받기에 어려움이 있다. 그러므로 청소년이 생생한 느낌을 공감할 수 있는 자리를 차지하면서도 값싸게 이용할 수 있는 지원방안이 있어야 할 것이다. 더욱이 빈곤 등 소외된 계층의 청소년에게 고급 문화공연물을 접할 수 있는 기회는 거의 없다. 이들을 위해서 여러 가지 문화활동 지원방안이 더 확대되어야 할 것이다. 또한 대부분 학생인 청소년이 여유시간을 갖기 어렵다는 점도 감안해서 학교현장과 문화예술활동에 관련한 교육과 프로그램을 협력해서 추진해야 한다.

(3) 청소년문화교육

문화의 보편성을 공유해야 하는 시대에서 살고 있다면 청소년기에 문화전반에 관한 교육은 중요한 일이다. 가장 문화적 감수성이 예민한 청소년기에 문화교육은 좁게는 예술적 소양을 일깨우는 촉매가 될 뿐만 아니라 자신이 원하는 생애설계를 할 수 있는 정신적 여유를 가져다줄 수 있다.

청소년문화교육은 지적교육의 범주를 넘어서 청소년들의 체험을 통해 이루어져야 한다. 청소년기의 체험은 당시로서 끝나는 활동이 아니라 성인이 되어서 관련 분야에 접근할 수 있는 중요한 동기부여가 되는 동시에 스스로 새로운 문화요소를 창출하는 힘이 된다. 이와 함께 가치관 교육도 동시에 진행되어야 한다. 청소년에게 다가오는 시대에서 더불어 살아가야 하는 방향에 대한 가치관 논의는 문화를 보다 성숙하고 깊이를 갖게 만드는 동인이 될 것이다(노혁, 2012).

3) 청소년문화의 미래

청소년은 글로벌 시장에서 주로 소비자의 위치를 부여받고 있으며 주요 소비주체로 이야기된다(Kjeldgaard & Askegaard, 2006). 이와 같은 맥락에서 청소년문화도 글로벌 문화의 양상을 보이고 있다. 특히 정보통신의 획기적인 발달로 인해 청소년들의 삶은 시시각각으로 전 세계에 공유되고 있다. 사이버공간 경험은 청소년들의 삶에서 '시 공간의 제약을 극복하는' 소통공간으로서의 역할을 하고 있다. 인터넷의 확산과 더불어 본격화된 사이버 공간에 대한 일상 의존도 증가 과정에서 청소년들은 행위 양상의 다양성과 체험의 독특한 특징을 보인다. 사이버 공간에서 청소년들은 규범적 테두리에서 벗어나 훨씬 다양하고 풍성한 가치관이나 태도를 습득하게 되었다. 특히 사이버 공간에서 경계를 넘어 새로운 자아를 만들어 내면서 정체성을 만들어 간다(김미윤, 2003; 김종길 · 김문조, 2004).

이러한 사이버 공간이 생활 깊숙이 자리 잡고 있는 청소년문화는 새로운 문화 성향을 보인다. 감각적이고 초현실적이며 즉시성이 강한 포스트문화로 시시각각을 중요하게 생각하는 문화를 창출하고 있다. 이에 더하여 AI와 로봇 등이 일상에 침투하는 현실에서 청소년문화는 개인의 생활을 전 세계적 문화 양태로 순식간에 변화시킬 수 있으며 아울러 획일적이고 집단적인 삶의 양식을 도출해 낼 수도 있다. 즉, 이제는 교육에 있어서 학습 교재(텍스트)가 고정되고 정형화되어 있는 것이 아니라 즉시성을 갖고 보완되고 재구조화되는 세상이 될 수 있다. 이러한 방향은 모든 사람들의 삶에서 중요한 변화를 보이겠지만 특히 청소년에게는 새로운 도전인 동시에 미래예측이 불가능한 문화요소들이 등장할 가능성이 높다.

이제 청소년문화를 단순히 비주류문화 또는 기존 문화의 하위문화로 분류하는 것을 넘어서 새로운 형태의 문화적 코드로 사회나 성인 그리고 청소년 스스로가 지속적으로 찾고 발굴해 내야 한다. 이제껏 보기 어려웠던 소비와 생산이 동시에 이루어지는 문화적 성격에 따른 다양한 삶의 모습과 전개를 담아

내고 분류하고 활용하는 방안을 모색해야 한다. 예를 들면 상품처럼 생산하고 소비자의 필요에 따라 유통되고 소비되는 일련의 과정이 아닌 공연처럼 극장에서 즉시 생산되고 소비되는 현상을 말한다고 볼 수 있다. 그러한 소비는 또 관객들에게 제3의 생산물(아이디어, 창작 등)을 만드는 동기와 기회를 제공하기도 한다. 즉, 이와 같이 새롭게 규정될 수 있는 청소년문화 내용들이 기존 문화와 어울리도록 하면서 선도할 수 있는 방안도 미래지향적으로 탐구되어야 할 것이다.

4. 청소년문화의 주요 부문

1) 여가문화

(1) 청소년 여가의 개념

대부분 학생인 청소년에게 여가는 사치일 수 있다. 하루의 대부분을 학업과 보충학습에 전념하는 청소년이 따로 시간을 내서 여가생활을 하는 일은 쉽지 않다. 그럼에도 불구하고 여가는 단순히 쉬고 노는 개념을 넘어서 전통적인 레크리에이션의 재창조와 재충전의 의미를 갖고 있어 창조성과 자기개발을 증진하고 사회성을 향상시키는 역할을 한다.

여가는 해야 할 의무와 자기관리 활동 외에 자유로운 시간이다(Parker, 1972). 즉, 여가는 자유로운 시간에 이루어지는 자발적인 활동이다. 자유시간이란 불쾌한 의무로부터 해방되어 여가활동을 하는 사람이 특정한 활동을 하는데 있어 강요받지 않고 즐거운 의무감을 갖는 시간이다(김미량, 2008).

이런 의미에서 보면 청소년에게 여가는 하루 중 학업과 잠자고 식사하는 등의 생리적인 필수시간을 제외한 자유시간이라고 볼 수 있다.

(2) 청소년 여가 개념의 특징

여가의 개념에는 시간, 활동, 상태, 제도 및 포괄적 측면 등의 요소의 관점에서 정의가 가능하다. 따라서 청소년 여가도 어떤 요소를 강조하느냐에 따라서 다양한 방식의 정의를 할 수 있다.

① 시간적 정의

청소년에게는 잠, 식사 등 일상에 필수적인 시간을 제외한 자유시간을 말한다. 예를 들어서 하루 24시간 중 잠자고 밥 먹고 학업을 하는 시간을 제외한 시간을 말한다.

② 활동적 정의

청소년이 자유롭게 활동할 수 있는 시간에 이루어지는 체험, 레크리에이션 등의 활동이다. 예를 들면 학업과 가족 구성원으로서의 책임 등을 수행한 이후에 자신의 뜻대로 마음대로 할 수 있는 활동을 말한다.

③ 상태적 정의

여가를 시간이나 활동의 개념으로 정의하는 데 다소의 문제점이 있다는 인식에서 출발한 정의로 여가를 시간 및 활동의 관점에서 찾는 것이 아니라 여가활동에 참가하는 청소년의 학업 등 분주한 일상에서 벗어난 마음 상태를 말한다. 예를 들면 학습과제로 소설을 읽는 것과 그냥 소설이 재미있어서 읽는 것의 차이라고 볼 수 있다.

④ 제도적 정의

사회적 상태의 상징으로서의 의미를 가진다는 접근(경제적 부의 정도에 따른 소비 및 신분과시 방편으로 여가 이용)으로 청소년은 학업으로부터 생기는 피로, 권태, 압박감에서 해방되어, 에너지를 보충하고, 재생산하기 위한 수단이라고 할 수 있다. 예를 들면 학업에 지친 청소년에게는 쉬는 여가가 몸과 마음을 편안히 할 수 있는 해결방안이지만 우리 사회에서 이를 위해서는 돈이 필요하다. 그렇기 때문에 여가는 노동, 즉 경제적 지위와 재산 상태 등과 밀접한 관계를 지닌다.

⑤ 포괄적 정의

청소년여가의 개념에는 시간적, 활동적, 상태적, 제도적 속성들이 포함되어 있는데, 이를 종합해서 정의하면 '청소년여가는 청소년이 학업, 기타 사회적 의무로부터 자유로운 상태에서 휴식, 기분전환, 자기계발, 사회적 참여를 이루기 위해 활동하는 시간이다'라고 할 수 있다. 예를 들면 여가로 태권도를 배우기 위해서는 돈과 시간 그리고 청소년의 자발적 참여 등이 필요한 것이다.

(3) 청소년 여가의 기능

청소년 여가는 다음과 같은 기능을 갖는다.

① 건강 및 신체기능

학업 등에서 오는 신체 피로를 회복시켜 주고 건강을 증진시킨다.

② 심리적 기능

일상 스트레스를 해소시켜 주고 경쟁심리를 완화해 주며, 감정을 조절할 수 있다.

③ 사회적 기능

사회화의 도구이며 바람직한 대인관계능력과 기술을 배울 수 있다.

④ 문화적 기능

다양한 문화예술활동의 경험은 한 개인의 경험인 동시에 우리 사회의 문화를 건강하게 발전시키고 문화의 상대성에 대한 가치도 내면화한다.

⑤ 자아실현의 기능

청소년 자신뿐만 아니라 다른 세계의 사람들과 직간접적으로 교류하고 경험함으로써 사회적이고 이상적인 자아를 점차 확립한다.

⑥ 사회적 통합기능

집단활동을 통해 청소년들은 집단을 알아가며 사회의 성원으로서 조화와 통합의 중요한 의미를 확인할 수 있다.

(4) 청소년 여가활동의 유형

여가활동의 유형은 여러 가지 형태로 구분할 수 있다. 정신이나 신체활동을 중심으로 구분이 가능하고 또한 적극적 또는 소극적 활동으로도 나눌 수 있다. 그리고 재충전을 목적으로 한 활동인지 아니면 쉬거나, 건강과 교양을 쌓은 활동인지 등 여러 유형으로 나눌 수 있다.

몇 가지 유형을 중심으로 관련되는 여가활동을 나타내면 〈표 10-3〉과 같다.

표 10-3 여가활동의 유형

유형	항목
감상활동	신문 잡지 읽기, TV시청, 만화 보기, 비디오 및 음악감상
게임	컴퓨터, 온라인, 비디오 게임
휴대폰 및 인터넷 활동	채팅, 검색, 카페 및 커뮤니티 활동, 문자 및 SNS 활동
문화예술활동	영화 및 연극 관람, 미술, 음악회
야외활동	산책, 등산, 낚시, 여행
취미활동	만들기, 그리기, 글쓰기
휴식	잠자기, 멍 때리기
종교 봉사활동	종교 및 봉사
스포츠 활동	자전거타기 태권도, 검도, 수영, 헬스, 스키, 골프
일탈	술 마시기 담배 피기

출처: 서우석(2007). "청소년의 여가활동 유형과 사회경제적 요인의 영향"에서 재구성

(5) 청소년 여가의 문제점

첫째, 여가생활을 하는데 경제적 부담이 있다. 소비지향적이고 거의 대부분이 상품화되는 시장에서 여가를 즐기거나 누리기 위해서는 돈이 필요하다. 그런데 청소년은 노동을 해서 소득을 얻기 힘든 시기이기 때문에 경제적인 부담이 클 수밖에 없다. 물론 일부 경제적으로 여유 있는 계층은 다르겠지만, 이 또한 여가의 부익부 빈익빈 현상을 불러오는 문제를 안고 있다.

둘째, 청소년 여가문화에 대한 모델이 빈약하다. 어릴 때 좋은 습관을 쌓아두면 성인이 되어서도 그 습관이 그대로 유지되고 발전한다. 갑자기 시간과 경제와 마음의 여유가 생겼다고 쉽게 여가생활을 즐기거나 누리기 힘들다. 준비와 꾸준한 경험이 뒷받침되어야 나중에 여유가 생겼을 때 당황하지 않고 바람직한 여가생활을 할 수 있다. 따라서 여가교육과 함께 청소년들에게 여가문화의 모델을 제시하고 직간접적으로 경험할 수 있도록 해야 하지만 우리는 아직도 여가는 시간 있을 때 그냥 누리거나 놀면 된다는 인식이 강하다.

셋째, 절대적인 시간 부족의 문제이다. 학생인 청소년 생활의 거의 전부가 대학 진학의 입시를 중심으로 움직인다. 정규 교육뿐 아니라 사교육 등 학생을 둘러싼 모든 환경이 입시를 위한 활동으로 이루어진다고 해도 지나친 말이 아닌 것이 현실이다. 이러한 상황에서 아무리 좋은 여가 프로그램과 제도 그리고 방법이 있더라도 여가를 누릴 수 있는 시간이 없기 때문에 무용지물이라고 볼 수도 있다. 청소년에게 여가를 즐기는 것은 사치일 만큼 시간이 절대적으로 부족하다.

넷째, 청소년이 여가를 즐길 수 있는 공간과 시설이 부족하다. 청소년의 여가활동과 학업 이외에 심신단련 등을 위한 공간과 시설이 지속적으로 생기고 있지만 아직도 사회와 함께 변화하는 청소년의 욕구와 수요에 적합한 시설과 공간도 절대적으로 부족하다. 또한 청소년에게 유용한 공간도 여전히 물리적 접근이 힘들거나 아니면 개방성 등의 제한 때문에 잘 활용되고 있지 못하다. 이러한 공간과 시설의 부족과 청소년의 욕구에 부응하지 못하는 상황은 자칫 청소년에게 바람직하지 못한 유해환경에 접근할 수 있도록 유도하는 실정이기도 하다.

다섯째, 청소년들의 여가활동이 편향적이다. 청소년의 여가활동이 게임과 인터넷이나 대중매체에 집중되는 경향이 있다. 물론 이것은 여가시간이 절대적으로 부족한 청소년에게 불가피한 상황일 수도 있지만 청소년이 여가를 소비와 상품과 연결시키는 왜곡된 여가문화를 조성할 가능성이 있다.

(6) 바람직한 청소년 여가의 방향

① 청소년 전용 여가공간 및 시설 확충 및 활성화

청소년수련시설에 여러 유형의 청소년전용공간이 있지만, 여전히 지역사회에서 청소년이 쉽게 접근하기 힘든 곳이 많고 또한 청소년을 위한 특화된 사업이 미흡한 공간도 적지 않다. 가급적 지역사회 다수의 청소년이 참여하고 활동할 수 있는 공간이 확충되어야 하며 이와 함께 청소년문화의 집 등 청소년전용공간에서 청소년이 활발히 여가활동을 누릴 수 있는 프로그램과 사업이 개발되어서 지속적으로 추진되어야 할 것이다.

② 지역 스포츠 시설 확대와 지역 청소년 욕구반영

지방자치단체별로 소규모 공원을 만들어서 그 안에 간단한 스포츠활동을 할 수 있는 공간을 확보하고 또한 전용스포츠 시설 등을 만들기도 하지만 아직도 지역간에 시설의 숫자나 프로그램 편차가 심한 실정이다. 따라서 스포츠 시설의 확충 못지않게 지역 내의 청소년의 특성을 파악하여 그들의 욕구에 맞도록 간단하면서도 효율성 있는 시설을 만들 필요가 있다.

③ 청소년 동아리 지원 확대

청소년 동아리활동은 또래집단의 중요성이 강조되는 청소년시기에 여러모로 청소년에게 많은 의미와 긍정적 영향을 줄 수 있는 사업이다. 현재 청소년수련시설에서 여러 동아리활동을 구성하고 실시하고 있지만 대부분 적극적인 청소년참여를 유도하기 어려운 실정이다. 이는 대부분 학생인 청소년들이 손쉽게 접근할 수 있는 시간과 기회가 부족한데서 비롯된다. 따라서 지역사회와 학교에서 동아리활동을 연계할 수 있는 방안을 모색할 필요가 있다. 또한 청소년 지도자와 학교 교사에게 동아리활동 경험과 전문적인 지식을 효율적으로 활용할 수 있는 매뉴얼을 개발하고 보급하는 일도 요구된다.

④ 학교 내 여가 시설 확충

지역에 따라 다르겠지만 학교에서 여가활동을 할 수 있는 공간이 그리 많지 않다. 특히 학생이 신체활동을 할 수 있는 야외는 물론 학교체육관 등의 시설과 공간이 크게 확충되고 있지는 않아 보인다. 여가를 위한 시간을 확보하는 일이 쉽지 않지만 적어도 여가를 즐길 수 있는 공간이 많아진다면 학업 못지 않게 중요하다는 동기유발이 될 뿐만 아니라 청소년의 학업에 시너지 효과를 기대할 수도 있을 것이다.

⑤ 청소년문화예술활동 지원

청소년의 취미를 다양하게 하고 활성화할 수 있도록 문화예술 관련 활동에 대한 적극적인 정부와 민간단체 등의 지원이 필요하다. 청소년이 현재 뿐만 아니라 미래에 여가활동을 하는데 상당히 의미 있는 부분이 문화예술활동이다. 음악, 미술, 연극, 문학 등 여러 분야에서 청소년이 참여해서 익힐 수 있도록 중앙과 지방자치단체는 물론 민간기업 등의 참여를 유도하여 청소년이 풍부한 교양을 갖춘 지식인으로 성장하는 데 도움을 주어야 할 것이다. 특히 빈곤 등 소외계층 청소년에 대한 보다 적극적인 지원이 강조되어야 한다.

(7) 여가로서 놀이

놀이는 여가에서 중요한 위치를 차지한다. 놀이(play)는 재미 또는 스트레스를 풀기 위해서 하는 여가활동 중 하나라고 볼 수 있다. 놀이의 반대 지점에는 노동이 있다. 사회에서 사람은 노동을 해야 한다. 현대사회에서 노동은 생활에 필요한 소득을 얻기 위한 중요한 수단일 뿐만 아니라 때로는 자신의 삶에 의미와 가치를 주는 도구이다. 이러한 노동은 호이징가(Huizinga)의 말대로 수단과 목적이 분리되어 있는 반면 놀이는 수단과 목적이 일치하고 결합되어 있다.

건설현장에서 벽돌을 나르는 사람의 목적은 소득을 얻기 위해서이다. 이들에게 벽돌을 나르는 일은 그다지 즐겁지 않을 것이다. 자발적이기보다는 소득이 전제가 되기 때문이다. 그래서 벽돌을 다 나르고, 즉 노동이 끝난 다음 소득을 얻는 순간이 행위의 목적이 된다. 반면 한 여름 더위 아래에서도 벽돌을 가지고 친구들과 쌓기도 하고 허물기도 하고 깨기도 하면서 노는 일은 수단인 동시에 목적이기에 그렇게 웃으며 놀 수 있는 것이다. 이러한 놀이는 하고 싶은 것을 언제든지 마음대로 자유의지에 따라서 하는 활동이다. 여가는 노동과 생존을 위한 일상생활을 하고 남는 자유재량 시간을 말하는데, 놀이는 이러한 여가시간에 외부의 압력 없이 언제 어디서나 자발적으로 하는 모든 활동이다. 이와 같은 놀이 중 게임은 놀이에 비해서 보다 구조적이고 규칙적인 여가활동으로 나아가 경쟁적 상황까지도 갖고 있는 특징이 있다.

호이징가의 놀이이론에 따르면 '놀이는 문화보다 우선한다'고 한다. 자유롭고 자발적인 활동을 말한다. 그는 놀이의 특징을 그 자체에 몰두하는 것이며 일상적인 것이 아니고, 시간과 공간의 한계가 없으며, 창조적이고, 그럼에도 질서와 규율이 있다고 보았다. 더불어 놀이는 불확실성과 사회성 그리고 상징성을 지닌다고 말한다.

이런 측면에서 보면 청소년 여가활동에서 놀이는 그 내용과 방법 그리고 유형에 따라서는 현재 마음껏 즐기는 수단이 되는 동시에 성인이 되어서 자발적이고 창의성을 기르고 자아를 탄력적으로 실현할 수 있는 중요한 방법이다. 그렇기 때문에 청소년 여가활동에서 놀이의 의미를 되새기고 그 방법과 방향을 살피는 일은 매우 중요하다고 볼 수 있다.

2) 소비문화

(1) 청소년 소비문화의 개념

청소년들이 상품과 서비스를 구매하고 소비하는 방식을 통틀어서 말한다.

지역과 시대, 사회의 문화적 배경에 따라 다르다. 그리고 이러한 청소년의 소비문화는 개개인의 정체성을 잘 드러낼 수 있는 생활양식이라고 볼 수 있다.

(2) 청소년 소비문화의 특징

청소년 소비문화는 일반적으로 다음의 특징을 갖는다.

첫째, 온라인을 통한 소셜미디어의 영향을 강하게 받고 있다. 다양한 영상매체와 소셜미디어 플랫폼을 통해서 제품을 파악하고 온라인 쇼핑을 통해서 구매하고 리뷰하면서 소비와 관련한 정보를 공유한다.

둘째, 트랜드에 민감하게 반응한다. 어느 시대나 그렇지만 여러 과학기술로 인해 소통과 정보의 인프라가 혁명적으로 발전하면서 청소년은 음악과 영상, 그리고 패션 등에 시시각각으로 새로운 환경에 적응하고 앞장서 나가기도 한다.

셋째, 특정한 브랜드로 자기정체성을 나타내기도 한다. 소비를 통해서 자신의 정체성을 표현하고 만들어간다. 특정한 브랜드나 장르, 스타일을 선택해서 자신과 다른 사람들을 구별짓기 하려는 경향이 있다.

넷째, 소비 관련 양극화가 심하다. 청소년 소비문화는 자신과 가족 부모의 소득에 큰 영향을 받는다. 따라서 비싼 브랜드와 유명 상표를 선택할 수 없는 청소년은 소외되는 경향까지 나타나고 나아가 미래 개인의 문화 향유에도 불균형이 일어날 수 있다.

다섯째, 소비를 통해 새로운 문화를 구축하려 한다. 청소년은 교육과 경험 등을 통해 책임감 있는 소비자가 되려 하고 아울러 소비에 대한 가치와 사회적 책임도 충실히 고민하고 실행한다. 예를 들어 환경과 공정무역 등에서 가치와 책임을 엿볼 수 있다.

(3) 소비문화의 3가지 관점

① 생산주도적 소비문화

소비문화가 소비자가 만드는 것이 아니라 자본을 갖고 상품을 생산하는 생산자에 의해서 형성된다는 것이다. 이 이론에서는 기업과 미디어 그리고 광고 대행사 등이 마켓팅과 브랜드, 디자인을 통해서 소비자들에게 영향을 주는데, 기업과 연계해서 소비자들의 욕망과 선택을 조정할 수 있다고 본다. 이처럼 소비자들은 주도적으로 자신의 선호나 의식을 만드는 것이 아닌 생산하는 사람들에 의해 좌우된다.

② 쾌락주의 소비문화

소비자가 쾌락과 즐거움을 느끼고 만드는 데 집중하는 소비문화를 말한다. 소비자들이 만족스러운 경험과 정서적 만족감 그리고 자기만족과 욕망을 통해서 자신의 삶을 풍요롭게 만드는 경향을 강조한다.

쾌락주의 소비문화에서는 제품의 질보다는 경험을 중시하기도 하고 여행, 식당, 축제, 야외활동 등을 통해서 풍부한 경험을 느끼고 나누기 위해서 소비한다. 또한 고급 브랜드의 옷과 화장품, 고급 레스토랑 등 높은 가격의 제품과 서비스에 대한 소비를 즐기며, 인터넷 등을 통한 배달 등 시간과 노력이 절감되는 소비를 선택한다.

쾌락주의 소비문화는 생산주도적 소비문화와는 달리 소비자의 주체성과 능동적 역할을 통해 높은 수준의 개인 경험 중심의 소비를 강조함으로써 경제와 사회문화 부문에서 변화를 주기도 한다.

③ 소비양식론

소비양식론에서는 상품을 개인의 선호와 가치를 가진 것으로 보면서 사람

간의 '다름'의 욕구를 충족한다고 본다. 소비양식론에 따르면 상품은 사회적 지위와 자신의 문화적 속성을 나타내는 상징이고 다른 집단과 구별되는 집단 정체성을 나타내기도 한다.

베블렌(Veblen)은 소비는 의사소통과 사회적 인정과 지위를 위한 수단이어서 인정을 받고 지위를 나타내기 위해 소비가 더욱 더 이루어진다고 주장하였는데, 그는 자신의 사회적 지위를 드러내고 인정받기 위한 소비를 '과시적 소비'라고 했다. 그 특징은 재화, 용역의 사용으로부터 효용을 얻기보다는 사치와 낭비 그 자체로부터 효용을 얻는 것이기 때문에 비판받아야 한다고 보았다. 이후 부르디외는 사회계층이 소비행위를 통해서 자신의 정체성을 만들고 다른 계층과 구별짓는지를 분석하고 일상의 소비를 통해서 정체성이 만들어지고 이어진다고 보았다.

(4) 청소년의 비합리적 소비행동 유형

① 모방소비

다른 사람에게 잘 보이기 위해서 제품을 구입하는 소비행동이다. 자신을 드러내는 수단으로 제품의 상징성을 이용한다.

② 과시소비

자신이 감당할 수 있는 경제적 범위를 넘어서는 소비행동이다. 싸다는 이유로 필요 없는 물건을 대량 구매하기도 한다.

③ 충동소비

꼭 필요하지 않아도 주위 사람들을 따라 하는 소비를 말한다. 청소년의 경우 연예인이나 또래집단을 모방하는 경우가 많다.

④ 과소비

화려한 외형이나 포장 등에 순간적으로 이끌려 즉각 구매하는 것으로, 자극과 감정에 의한 소비이다.

(5) 청소년 소비문화의 문제

① 대중문화의 상업화에 충동적으로 편승한다.

문화의 상품화는 자본주의 사회가 발달할수록 더욱 가속화되고 있다. 물론 대중문화를 중심으로 한 문화가 상품과 결합되는 일이 반드시 부정적이지는 않다. 그렇지만 상품의 속성상 청소년이 더 빨리 쉽고 강력하게 접근할 수 있도록 유도하기 때문에 수동적 소비자 역할만 하게 될 수 있다. 이에 따라서 새로운 문화를 창조하려 하기보다는 이미 시장에 나와 있는 수많은 상품 속에서 대중문화를 소비함으로써 문화 발전을 지체시키거나 때에 따라서는 퇴보를 가져올 가능성이 있다.

② 과시적이고 충동성이 강하다.

고가의 물건이나 유행하는 물건과 서비스를 자신의 성향과 지위 그리고 내외적인 능력을 나타낸다고 인식해서 충동적이고 분별없는 소비를 함으로써 올바른 생활과 소비문화를 내면화시키는데 어려움을 갖는다.

③ 절약 정신이 부족하다.

경제와 과학기술 발전은 사회문명에 긍정적인 역할과 기여를 하고 있지만 한편으로는 수많은 환경문제를 낳고 있다. 소비도 이러한 문제에서 예외일 수 없다. 환경보호의 측면에서 봐도 청소년의 무분별한 자원 낭비와 남용 등은 하나의 습관이 되어 성인의 삶에서도 이어질 수 있다는 염려가 크다. 과소비와 과시소비 등이 유행처럼 번지면서 개인적인 절약을 넘어서 사회적 자원보호와 활용에 무관심해지고 있다.

(6) 바람직한 청소년 소비문화 방향

① 소비교육의 활성화

많은 사람은 사회에서 일(생산)을 해서 그 대가로 소득(분배)을 얻고 생활에 필요한 물품과 서비스(소비)를 산다. 일반적인 경제활동이다. 생산과 분배 그리고 소비의 과정에서 사람은 더 많은 소득을 얻는 데에 모든 역량을 집중하면서 노력한다. 그런데 생산만큼 소비생활에 대해서는 중요성을 강조하지 않는다. 당연히 많은 소득이 생기면 소비는 문제가 없다고 보는 것이다. 따라서 노동과 일 나아가 진로와 관련한 교육과 프로그램은 무수히 많지만 이에 비하면 소비활동에 관한 교육과 안내는 미미한 실정이다. 물론 경제교육의 중요성이 점차 강조되면서 올바르고 합리적인 소비에 대한 인식이 높아지고 교육도 많이 생기고 있지만 청소년에게 핵심적인 교육과정으로 나타나고 있지는 않다.

따라서 학교를 중심으로 현재 실시하는 소비교육을 좀 더 정교하고 세심하게 준비해서 시행해야 한다. 왜냐하면 소득보다도 소비가 더 쉽다는 인식이 강하기 때문이다. 즉, 돈을 버는 일은 힘들지만 돈이 있으면 원하는 물품과 서비스를 언제 어디서든 살 수 있다고 생각하기 때문이다. 그렇기 때문에 소비는 돈을 버는 일에 비해서 준비와 자세가 부족하다. 소득을 얻는 일에 대한 관심과 관여는 높지만 소비에 대한 관여의 중요성은 떨어진다. 소득 자체를 얻는 만족과 행복감도 있겠지만 소득을 얻는 일은 결국 소비를 통한 만족감과 삶의 질 향상이다. 그런 면에서 본다면 소비는 돈을 버는 것 이상으로 중요하다. 그럼에도 불구하고 청소년기부터 합리적이고 바람직한 소비방법은 오랫동안 더 나은 소득을 얻기 위한 학업이나 경험 등의 노력보다 많이 기울이지 못하고 있다. 따라서 이제부터라도 청소년의 올바른 소비문화 및 장차 바람직한 소비활동을 할 수 있도록 가정과 학교 그리고 사회에서 단편적이 아닌 종합적이고 입체적인 관심과 프로그램으로 교육해야 할 것이다.

② 합리적인 소비습관 내면화

합리적인 소비는 물건을 살 때 적정가격인지 아니면 소득과 용돈 수준에 맞는지를 따지는 것도 중요하지만, 소비로 인해서 얻는 효용의 적정성을 가늠하는 일도 필요하다.

물건이나 물품을 사는 것보다는 경험을 얻는 것이 더 효용성이 높다고 말한다. 즉, 컴퓨터나 옷을 사는 일은 그 당시에 만족감은 클지 몰라도 특정한 물품을 제외하고 시간이 지나면 효용성이 떨어져서 구매 당시보다 크게 만족감이 떨어진다. 반면 여행을 하거나 공연장에서 음악을 듣거나 미술관의 전시를 관람하는 일은 시간이 갈수록 추억 등이 되어서 만족감이 더 클 수도 있다는 말이다. 따라서 합리적인 소비는 자신의 성향과 특성 그리고 환경에 적합한 소비 선택과 방식 그리고 미래지향적인 소비습관까지 고려한 방향에서 이루어져야 한다. 이를 위해서는 청소년기부터 단순히 소비활동 뿐만 아니라 삶과 생활에 대한 자신의 가치관과 지향점 등을 이해하고 명확히 하는 일이 선행되어야 할 것이다.

▌표 10-4▐ 주요 세대구분

명칭	출생년도	특징
P세대	1963-1979년	열정(passion)과 힘(power)을 바탕으로 자신들이 사회를 바람직하게 변화시킬 수 있다는 긍정적인 가치관을 갖고 있음
X세대	1970-1979년생	맞벌이부부 가정에서 자라 가정에 대한 그리움과 반발심리가 강한 세대로 사회의 공통문제보다는 개인적인 삶에 더 관심이 큼. 자기중심적이고 소비와 유행에 민감하며 대중문화에 열광함
Y세대	1980-1994년생	베이비붐 세대가 낳은 자녀들로 컴퓨터를 익숙하게 다루며 IT기술을 활용하고 타 문화에 대한 거부감도 크지 않음
M세대	1980-1994년생	모바일 또는 밀레니얼(Millennial) 세대라고 하며 휴대전화로 인터넷 등을 사용하며 자신을 중요시하고 책보다는 이메일, 인터넷 등에 익숙하고 자유로운 사고를 함
Z세대	1995-2009년생	밀레니얼 세대와 알파세대 사이. 청소년기에 스마트폰을 사용하면서 IT기술에 익숙하며 SNS를 자유롭게 사용함. 강력한 정보력을 바탕으로 소비 및 여론 형성에 중요한 집단으로 등장
MZ세대	1980-2009년생	밀레니얼 세대와 Z세대를 합친 세대로 디지털 환경에 익숙하고 유행에 민감하며 SNS 활용에 능숙해서 시장에 강한 영향력을 끼침
α세대	2010년-현재	인공지능(AI), 로봇 등 첨단기술에 익숙한 세대. 문자보다는 영상에 더 친숙함

PART 04
청소년 문제

CHAPTER 11

청소년 비행

1. 청소년 비행과 관련 이론

1) 청소년 비행

청소년문제에 대표적인 유형이 비행이다. 흔히 성인에게는 범죄라는 말을 사용하지 비행이라는 표현은 하지 않는다. 비행은 청소년 비행을 전제로 한다. 비행은 '도리나 도덕 또는 법규에 어긋나는 행위'를 뜻한다(김경식 외, 2006). 청소년 비행(Juvenile delinquency)은 사회규범에 어긋나는 청소년의 일탈행동을 일컫는다. 일탈행동은 범죄 등 법률 위반 행동부터 시작해서 청소년들의 폭력, 가출, 음주, 흡연뿐 아니라 법에 저촉되지는 않지만 청소년이라는 사회적 지위 때문에 갖는 지위비행까지 포괄적인 일탈행동을 말한다(이숙 외, 2009). 즉, 일탈행동은 보편적으로 받아들일 수 있는 사회문화적 규범의 허용한계를 벗어나는 모든 행위를 말한다. 이러한 청소년 일탈행동은 시대와 장소에 따라 변화해 왔고 오늘날에도 어떤 행동이 청소년의 일탈행동으로 규정하는지에 대한 논란은 여전히 있다. 청소년 일탈행동을 포괄적으로 비행이라고 본다면 청소년 비행은 청소년 범죄보다는 더 광범위한 개념이라고 할 수 있다.

그렇지만 일반적으로 청소년 비행은 다음과 같이 분류할 수 있다.

첫째, 중한 범죄로 소년법에 규정된 범죄 행위 중 중대한 범죄행위를 말한다. 살인, 강도, 폭행이나 절도, 강간 등이 이에 속한다.

둘째, 약한 비행으로 이는 중한 범죄보다 자주 발생하는 범죄행위로 경미한 처벌을 요하는 것으로, 사소한 절도나 약한 폭행 등이 이에 속한다고 할 수 있다.

셋째, 지위비행으로 일반 성인의 경우에는 위법한 행위에 해당하지 않지만, 가출, 흡연, 음주 등과 같이 청소년이 했을 경우에는 범죄행위로 간주하는 것이다(김준호, 2007).

2) 청소년 비행 이론

청소년 비행에 대한 개인 중심이론은 크게 고전이론, 생물학적 이론, 심리학적 이론으로 나눌 수 있다. 고전이론에서 청소년 비행은 결과에 대한 개인의 합리적인 판단을 통해 선택된 결론이라고 주장하고, 이에 반해 생물학적 이론과 심리학적 이론에서는 비행의 원인이 청소년 개인의 특성에서 비롯된다고 주장하였다(곽한영, 2007).

청소년 비행은 청소년 개인 중심 이론과 심리학적 이론 그리고 청소년을 둘러싼 사회 · 환경적 요인과의 상호작용도 중요한 영향요인으로 연구되고 있다. 개인의 특성을 강조한 개인 중심 이론인 고전이론에서는 청소년 비행은 개인의 판단을 통한 합리적인 선택의 결과라고 보고 있으며, 또한 심리학적 이론에서는 비행의 원인을 개인의 특성에서 비롯된다고 보았다. 여기에서는 청소년 비행의 원인을 사회구조적, 대인관계, 사회집단의 측면에서 원인을 찾으려는 사회 중심 이론에서 주요한 이론들을 살펴보려 한다.

(1) 아노미 이론

아노미 이론은 머튼(Merton)의 사회구조이론에 기반을 두고 있다. 아노미(anomie) 이론에 따르면 한 사회는 문화적 가치와 규범을 갖고 있고 이를 성취할 수 있는 합법적인 사회적 수단이 있는데 이 두 가지 요소가 불일치하면 사회적 통합이 깨진다고 본다. 이런 상태를 '아노미'라고 하고 균형이 깨진 상태인 아노미로 인해서 긴장이 발생하면 비행 가능성은 높아질 수 있다고 본다(Merton, 1957).

표 11-1 뒤르켐과 머튼의 아노미 이론 비교

구 분	뒤르켐(Durkheim)의 아노미	머튼(Merton)의 아노미
내용	무규범	문화적 목표와 제도적 수단간의 괴리
발생 시기	사회 변혁기	사회에서 일상적 상황
아노미상태	사회구조가 개인의 욕구에 대한 통제력을 유지할 수 없는 상태	문화적 목표와 제도적 수단의 차등화에 의한 긴장의 상태
예시	절도가 범죄지만, 물질 만능주의가 확산하면서 '돈'에 대한 사람들의 욕망을 통제하기가 어려워지면서 절도가 증가하게 되는 현상	풍족한 삶을 살고자 하는 목표를 갖고 있지만 정상적인 방법으로 목표를 달성할 수 없어서 비합법적인 방법인 절도 등과 같은 일탈행동이 발생하는 현상

사람들은 누구나 사회에서 중요하게 여기는 가치와 목표를 성취하고 싶어 한다. 즉, 성공하고 행복하게 살고 싶어 한다. 그런데 이렇게 중요한 사회적 가

치와 목표를 얻는데 있어서는 사회구조 차원에서 볼 때 사회경제적으로 지위가 높을수록 획득할 기회가 더 많고 낮은 소위 하위집단일수록 기회가 제한된다. 그렇기 때문에 하위집단 사람들이 좌절을 느끼고 아노미를 경험하면서 비행을 저지른다는 것이다.

예를 들면 자본주의 사회에서 더 많은 부를 가지면 행복하고 편안한 삶을 살아가는 데 도움이 된다. 그런데 부자는 상관없지만 가난한 사람은 교육 등의 제도를 통해서 정당한 방법으로 부를 얻으려 한다. 그러나 이처럼 가난한 사람, 차별대우를 받는 사람, 사회문화적으로 혜택을 전혀 받지 못하는 사람들이 정상적인 통로나 수단을 갖지 못해서 경제적으로 여유가 생기지 못할 수 있다. 이러한 사람들이 비정상적, 즉 사회적으로 받아들여지지 않는 범죄나 일탈 등 불법적인 통로를 통해서 부와 지위를 얻으려고 할 때 아노미 현상이 일어나는 것이다. 아노미 이론에서 보면 청소년의 비행이나 범죄 등이 일어나는 이유는 혼란스러운 사회라고 느끼면서 자신의 욕망을 억제하지 못해서 규범에 어긋나는 행동을 하거나 또한 욕망을 충족하는데 비합법적인 수단을 사용하기 때문이다.

아노미(anomie)

프랑스의 사회학자인 뒤르켐(Emile Durkheim)이 저서인 '자살론'에서 처음으로 사용한 용어이다. 아노미는 법이 없는 무질서한 상태를 가리키는 그리스어 아노미아(anomia)에서 비롯된 말이다.

뒤르켐에 따르면 오늘날처럼 자본주의 발달로 인해서 사회변동이 급격히 일어날 경우에는 그동안 당연하게 생각하던 사회규범이나 가치관 모호해져 사회 균형이 깨지는 개인적으로도 사회적으로도 불안한 '무규범 상태'를 보인다. 사회가 이러한 아노미 상태에 빠지면 사람들은 삶의 가치나 목적의식을 상실해서 심한 무력감을 빠지고 결국 자포자기하게 되어 심하게 되면 자살까지 하는 현상이 발생한다.

예를 들면 전쟁이나 경제적 대공황 등 큰 사건이 발생하면 개인의 행동을 규제하는 공통의 가치나 규범이 사라지고 혼란스러운 상황을 맞게 된다. 이렇게 아노미 상태가 오면 자살이나 범죄와 같은 일탈행위가 늘어나게 된다는 것이다.

(2) 차별접촉이론

서덜랜드(Sutherland)가 제시한 차별접촉이론은 빈곤이 범죄로 이어지는 일은 그 사회가 갖는 문화적 맥락에서 이해할 수 있다고 하였다. 즉, 가장 기본적인 전제는 범죄행위는 학습된다는 것이다. 사람의 행동은 정상적이든 일탈적이든 모두 학습된 것이며, 그렇기에 빈곤한 지역에서는 범죄를 부추길 수 있는 문화가 있다는 가정에서 시작한다. 이러한 빈곤지역의 청소년들은 범죄에 대해서 친근한 지역의 문화와 접촉하여 일탈행동을 학습하며 이에 따라서 비행을 일으키게 된다는 것이다(Sutherland, 1939). 그렇지 않더라도 범죄와 가까운 사람과 접촉을 통해서 학습될 수도 있다.

학교와 지역사회에서 일어나는 집단따돌림이나, 폭행, 금품 갈취 등 일탈행동에는 여러 가지 요인이 있지만, 직접적인 요인 중 하나가 비행친구나 집단과의 접촉이 원인이다. 비행친구들과 접촉함으로써 집단이 형성되고 바람직하지 않은 방향으로 일탈행동을 모방하고 강화하게 되며 지역과 집단 안에서 범죄 등 일탈행동이 우호적으로 여겨지면서 청소년폭력과 일탈행동이 증가하여 범죄율이 더욱 높아진다고 본다.

(3) 낙인이론

베커(Becker)의 낙인이론은 말 그대로 청소년의 사소한 일탈행동에 낙인을 찍으면 결국 범죄로 이어지는 심각한 일탈행동이 된다는 것이다. 베커는 사회에서 어떤 사람을 범죄자로 낙인 찍는 것 자체가 범죄자를 만드는 것이라고 했다. 이 이론은 사회가 갖고 있는 제도 · 관습 · 규범 · 법규 등을 지속하기 위한 장치들이 범죄를 유발시킬 수 있다고 주장한다. 만일 어떤 사람이 사회가 갖고 있는 규범에서 벗어나는 행동을 했을 경우 사회 구성원이나 주변에서 그 사람의 행동이 범죄도 아니고 아주 반도덕적 행위가 아님에도 불구하고 도덕적으로 마땅치 않다고 나쁜 행동으로 규정하고 나쁜 사람으로 낙인찍으면 결국 그 사람은 범죄자가 되고 만다는 것이다. 어떤 특정인의 행위가 이 규범에서 벗어났을 경우, 구성원들이 단지 도덕적인 이유만으로 나쁜 행위라고 규정하고 당사자를 일탈자로 낙인 찍으면 결국 그 사람은 범죄자가 되고 만다.

이 이론에서 확장된 사회학과 심리학에서도 많이 사용하는 '낙인효과(烙印效果, labeling effect)'를 통해서 예를 들 수 있다. 어떤 청소년이 가출해서 배가 고파서 빵을 훔쳤다고 하면, 물론 그 자체는 범죄지만 사소한 실수에서 비롯된 것일 수도 있다. 그런데 이 청소년에게 성인이 되어서도 그 버릇을 버리지 못하는 것이 사람이라고 비난하고 지속적으로 낙인을 찍으면 결국 그 청소년은 범죄자가 된다는 것이다. 역설적으로 초범인 청소년에게 어쩔 수 없는 범죄자의 기질을 갖고 있다고 비난하면 더 큰 범죄자가 될 수 있다. 마치 주변에서 어린이에게 바보라고 자꾸 놀리고 비난을 지속하면 그는 자신이 바보인가 의심하고 나중에는 진짜 바보가 될 수도 있다는 것과 같다.

(4) 사회통제이론

허쉬(Hirschi)는 사회통제이론에서 사람은 반사회적인 성향과 본성을 갖고 있지만, 그럼에도 불구하고 대다수의 사람들은 법을 위반하지 않는다. 왜냐하면 사람들의 비행 성향을 통제할 수 있는 사회적 유대가 있기 때문이다. 그렇기 때문에 범죄를 일으키는 것은 범죄를 하려는 동기를 잘 통제하는 요인에 달려 있다고 보았다. 즉, 사회적 유대감이 강하면 강할수록 범죄가 억제될 수 있고 약해지면 자연히 더 많은 범죄가 발생할 수 있다고 보는 것이다. 그 중요한 요인으로는 애착(attachment), 참여(commitment), 관여(involvement), 신념(belief) 네 가지의 통제 요인을 제시하였다.

청소년이 가정, 학교 등에 애착, 참여, 관여, 신념 등이 강하면 강할수록 비행 가능성이 적고, 약하면 약할수록 비행에 빠지게 된다. 다시 말하면 가정과 학교 등에서 가족과 친구 및 교사 등과 형성된 유대감이 약해지면 비행을 저지를 확률이 높아진다는 것이다. 흔히 전통적인 농촌사회에서 마을은 대부분이 친척관계로 이루어져 있어 그 안에서는 강한 유대와 신념 그리고 관여 및 애착이 있었다. 다시 말해 마을에 사는 청소년의 그릇된 행동에 대해서는 많은 지적과 걱정 등과 함께 강한 정서적 유대가 있었기 때문에 쉽사리 일탈행동을 할 수 없었던 것과 비슷하다.

① 애착(attachment)

사람이 다른 사람과 갖는 긴밀한 관계로서 애정적인 결속력, 존경심, 동일시의 정도 등을 뜻한다. 허쉬는 이러한 애착을 3가지 형태로 나눈다. 부모에 대한 애착, 학교(교사)에 대한 애착, 친구에 대한 애착 등이 그것이다. 특히 부모에 대한 애착을 청소년의 일탈을 억제하는 가장 중요한 요소가 된다고 보았다. 왜냐하면 부모와 애착이 강한 청소년이 일탈행동을 하면 부모와의 좋은 관계를 위험에 빠뜨리게 할 것이고 그들은 이러한 결과를 원하지 않을 것이기 때문이다. 또한 높은 수준의 애착을 갖게 되면, 자신을 그 사람과 동일시하게 되고 자신에 대한 타인의 기대와 평가를 걱정하며 행동하게 된다는 것이다. 그래서 애착은 빈도보다는 동일시 정도가 더 중요한데 만일 범죄나 일탈의 유혹을 받는 순간 부모가 떠올라서 행동을 자제하는 생각이 더 효과적이라고 볼 수 있다는 것이다.

② 관여(commitment)

그동안 자신이 사회적으로 허용되는 관습에 잘 따라왔는지 정도에 따라서 법을 위반하거나 일탈행동을 하면 자신이 이룬 평판이나 업적이 관계를 위험하게 할 수 있다는 판단 때문에 규칙을 준수하는 것이다(Hirschi, 1969).

허쉬는 이러한 관여의 요소로서 직업과 교육에 대한 열망과 기대, 학업성취도(학교성적) 등을 들고 있다. 예를 들면 어떤 학생이 공부를 열심히 해서 좋은 성적을 받았다면 이러한 학업성취를 중요하게 생각해서 일탈행동을 할 수 있는 상황에서도 주저하거나 참게 된다는 것이다.

③ 참여(involvement)

사회의 일상적 활동, 즉 학습이나 운동, 가정생활 등에 활발히 참여하는 것을 뜻한다. 만일 이러한 활동에 적극적으로 참여하고 집중한다면 일탈행동을 할 수 있는 시간적 정신적인 여유가 부족하기 때문에 비행이나 불법적 행위에 관심을 갖고 가담하는 기회가 줄어드는 것이다. 대표적인 참여의 예로서는 공부, 가족과 함께 하기, 스포츠활동, 취미활동, 여행 등이 있다.

④ 신념(belief)

사회의 가치와 규범에 인정과 동의, 지지 등을 말한다. 청소년이 자신이 속해 있는 사회의 규칙이 공정하고 공평하여 반드시 지켜져야 한다는 믿음을 갖는 것이다. 이러한 믿음은 법과 규칙을 만들고 실행하는 사람에 대한 존중도 뒤따르게 한다. 이와 같은 믿음이 강하면 비행 가능성이 줄어들지만 만약 법이 공정하거나 공평하지 않다고 믿는다면 사회에 대한 결속이 약해지고 위법한 일탈행동을 할 가능성이 높아진다(Hirschi, 1969).

(5) 비행하위문화이론

비행을 하위계층의 문화로 보는 이론이다. 인간의 모든 행동은 자신이 속한 집단 문화에서 학습되며, 이에 따라서 청소년의 비행과 문제행동 등도 청소년이 속한 집단문화에서 자연스럽게 습득하였다고 본다. 이처럼 비행하위문화이론은 문제행동을 일으키는 데 도움이 되는 별도의 독특한 문화가 존재하며, 이러한 문화를 전체 문화와는 달리 하위문화로 정의한다(홍봉선 · 남미애, 2000). 이런 관점에서 보면 사회에는 다양한 계층이 존재하고 나름대로의 문화를 갖는다. 그런데 사회적으로 강력한 힘을 갖고 있는 계층이나 집단에 비해서 상대적으로 소외된 하위계층 집단은 사회에 대해 욕구불만이 생긴다. 자연히 이러한 하위계층 집단에 속한 청소년들도 자연스럽게 영향을 받는다. 그러면서 기존의 지배계층이 설정한 문화와 다른 행동이나 문화, 즉 비행문화를 경험하는 것이다. 결과적으로 독특한 하위계층의 비행문화를 습득해서 실행하는 것을 말한다.

미국 사회에서 백인에 비해서 여전히 빈곤한 계층인 흑인집단이 빈곤에 대한 상대적인 불만과 박탈감 그리고 소외감으로 인해 자신들만의 문화를 형성한다. 그런데 이 문화는 강한 기득권력의 집단문화와 갈등을 일으키면서 일탈행동으로 분류된다.

(6) 중화기술이론

사이크스(Sykes)와 맛짜(Matza)가 제시한 중화기술이론(theory of techniques of neutralization)은 비행청소년들도 사회의 기본가치를 받아들이고 있지만 비행을 저질렀을 때 내적 통제가 약해져서 중화를 통해서 자신의 비행을 합리화시키려 한다고 본다(Sykes, & Matza, 1961). 소위 '내로남불'(내가 이성을 사귀면 로맨스이고 남이 하면 도덕적으로 불륜)처럼 자신의 어쩔 수 없는 상황 또는 다른 사람으로 인해서 비행을 저지르게 되었다고 정당화하면서 사회규범들을 중화시키는 것이다. 중화의 유형은 다음과 같다.

① 책임의 부인(회피)

자신의 비행에 대하여 다른 사람 또는 상황에 책임을 전가해서 합리화하는 기술이다. 예를 들면 술 때문에 저지른 일이라든가 다른 사람이 나를 화나게 해서 그렇게 행동했다는 등으로 책임을 회피하는 것이다.

② 가해의 부인

자신의 행동 때문에 누구도 해를 입거나 피해를 본 사람이 없다고 비행을 합리화하는 기술이다. 예를 들면 남의 물건을 훔치면서 잠시 빌리는 것이라고 하거나 마약을 복용하면서 남에게는 피해를 준 적이 없다고 말하는 행위 등이다.

③ 피해자의 부정

자신의 행동으로 인해 피해를 본 사람은 마땅히 벌을 받아야 할 사람으로 여겨서 자신이 정의로운 행동을 했다고 합리화하는 기술이다. 흔히 그 친구가 맞을 짓을 해서 내가 때렸다거나 아니면 상인이 나쁜 사람이라서 자신이 물건을 훔쳤다고 말하는 것 등이다.

④ 비난하는 사람에 대한 비난

자신의 잘못된 행동을 비난할 사람을 찾아서 먼저 비난해서 그 사람이 자신을 비난하거나 심판할 자격이 없다고 자신의 행위를 합리화하는 기술이다. 검사나 경찰 등은 부패한 공무원이기 때문에 자신의 죄를 처벌하거나 비난할 자격이 없다고 주장하는 것이다.

⑤ 보다 높은 충성심의 표출

일반적인 가치 또는 규범이 정당하다고 인정하면서도 자신에게 친밀한 집단이나 사람에 대한 충성 때문에 어쩔 수 없이 비행을 저질렀다고 합리화하는 기술이다. 가족을 위해 어쩔 수 없이 물건을 훔쳤다거나 친구와의 의리를 지키기 위해서 상대를 때렸다거나 하는 것 등을 말한다.

2. 청소년문제

1) 학교폭력

(1) 학교폭력의 개념

학교폭력예방법에 따르면 학교폭력은 '학교 내외에서 학생을 대상으로 발생한 상해, 폭행, 감금, 협박, 약취 · 유인, 명예훼손 · 모욕, 공갈, 강요 · 강제적인 심부름 및 성폭력, 따돌림, 사이버 따돌림, 정보통신망을 이용한 음란 · 폭력 정보 등에 의하여 신체 · 정신 또는 재산상의 피해를 수반하는 행위를 말한다.' 라고 규정하고 있다(학교폭력예방법 제2조).

또한 이러한 학교폭력 유형으로는 경미한 신체적 폭력은 물론이거니와 심리적 폭력까지 포함하여 놀림, 협박, 따돌림, 금품갈취와 사이버 폭력, 휴대전화를 통한 폭력까지 등 다양한 형태로 확대되고 있다. 학교폭력은 학교 안에서 학생들의 관계에서 발생하는 폭력을 의미하지만 학교폭력을 반드시 학교 안에서의 폭력만으로 국한하는 것이 아니라 학교 밖에서 일어나는 폭력도 포함된다고 할 수 있다(이영애, 2021).

(2) 학교폭력의 특징 및 유형

학교폭력으로 성립되는 두 가지 기준이 있다. 하나는 학교 안에서뿐만 아니라 학교 밖에서 일어난 것도 학교폭력이다. 다른 하나는 가해자는 학생 또는 성인 등 누구도 될 수 있지만 피해자는 학생만 해당된다는 점이다.

학교폭력에서 최근 더 문제가 되는 사이버 폭력은 시공간적 구애를 받지 않기 때문에 피해자가 겪는 정서적 고통, 좌절감, 우울, 공포 등이 더욱 크게 나타날 수밖에 없는 특성을 지닌다. 또한, 자신이 누구인지 드러내지 않고 타인을 조종하거나 괴롭힐 수 있는 익명성은 폭력적 행동을 더욱 부추기는 특성이 있으므로 청소년의 정서적, 인지적, 행동적 발달에 매우 부정적인 영향을 미친다(김경은, 2011).

① 학교폭력의 특성

청소년은 거의 다 학생이라고 해도 지나친 말이 아니다. 물론 초등학교 6년과 중학교 3년은 법적으로 의무교육(교육기본법 제8조) 기간이므로 당연하고 중학교에서 고등학교로 진학하는 비율도 99%가 넘는다. 따라서 청소년폭력의 상당 부분은 학교 안과 학교를 둘러싸고 일어난다. 그렇기 때문에 서로를 잘 아는 사이에서 발생하는 경우가 많고 폭력이 일어난 이후에도 가해와 피해학생이 계속 함께 생활하면서 마주치게 된다. 더구나 학교폭력은 가해와 피해학생 이외에도 같은 학교와 반에 있는 다른 친구들이 알 수 있기 때문에 피해학생의 정신적 고통이 지속되는 경우가 있다.

이러한 학교폭력은 2년이 넘는 코로나19 감염병 상황에서 학생 상호 간에 접촉이 줄어들면서 감소하다가 코로나19 상황이 완화되고 교우관계 형성 및 갈등 조절의 어려움 등이 등교 수업 이후에 표출되면서 학교폭력이 늘어나는 것으로 보인다(교육부 2022년 1차 학교폭력 실태조사).

그동안 1990년대 중반 이후 학교폭력의 심각성이 사회적인 쟁점이 되고 이와 더불어 학교폭력예방에 관한 법률 등이 제정되는 등 학교폭력 예방 및 대처에 많은 노력을 해왔지만 학교폭력의 연령은 점차 더 낮아져 초등학생들 사이에서도 학교폭력이 자주 일어나고 있다. 또한 폭력 가해행위가 일시적으로 끝나는 것이 아니라 지속적으로 진행된다는 특징도 있다. 폭력의 내용도 단순히 일시적으로 일어난 학생들의 싸움이라기보다, 오히려 성인 범죄와 유사하게 닮아 가고 있다는 점을 발견할 수 있다(박호현 · 김종호, 2018). 더욱이 학교 성적이 상위권인 학생들이 가해하는 경향도 늘어나고 있다. 한편, 학교폭력의 집단화와 함께 최근에는 사이버 폭력 또한 심각하게 나타나고 있다. 그리고 가해, 피해현상이 동시에 일어남으로써 가해자와 피해자를 구분하기 어려운 경우가 적지 않다. 장기간 폭력에 피해를 본 학생이 분노가 폭발해서 가해행동을 하거나, 가해 청소년이 다른 학교 내의 폭력 집단으로부터 피해를 당하는 경우가 빈번하다(김윤주, 2023; 정윤희 · 신태섭, 2021).

이러한 학교폭력의 심각성을 인식하지 못하면 학생들끼리의 장난으로 치부되거나 문제의식이 없이 학교 내의 좋지 않은 문화가 형성될 수 있다.

② 학교폭력의 유형

학교폭력의 유형은 어떤 기준을 두어 규정한 것이 아니라 학자들의 견해에 따라 각자의 기준을 제시하고 있지만, 일반적으로 신체적 · 언어적 · 심리적 행동을 포함하고 있다.

학교폭력의 유형은 일반폭력 유형이 다양해지고, 학교폭력의 새로운 유형이 나타나게 되면 변화될 수 있으나 현재까지 교육부에서 공시한 학교폭력의 유형은 신체폭력, 언어폭력, 금품갈취, 강요, 따돌림, 성폭력, 사이버폭력 등이 있다.[*3]

● 신체폭력

학교폭력의 유형 중 가장 높은 비중을 차지한다. 신체에 위해를 가하는 행위를 말한다. 예를 들면 주먹으로 때리거나 발로 차기, 목 조르는 행위, 꼬집기 등 자신의 신체 일부를 사용하는 폭력이 있고 또한 몽둥이와 칼 등 물리적 도구를 이용하여 상대를 해치는 폭력 등이 있다.

- 신체를 손, 발로 때리는 등 고통을 가하는 행위(상해, 폭행)
- 일정한 장소에서 쉽게 나오지 못하도록 하는 행위(감금)
- 강제(폭행, 협박)로 일정한 장소로 데리고 가는 행위(약취)
- 상대방을 속이거나 유혹해서 일정한 장소로 데리고 가는 행위(유인)

● 언어폭력

언어폭력은 말로써 상대의 정서나 감정 등에 부정적인 반응을 불러 일으키는 폭력이다. 예를 들면 모욕, 협박, 명예훼손 등에 해당하는 개념으로 놀림, 심한 욕설, 협박, 사이버 폭력(악성댓글, 인터넷 아이디 도용 등) 등이 있다.

- 여러 사람 앞에서 상대방의 명예를 훼손하는 구체적인 말(성격, 능력, 배경 등)을 하거나 그런 내용의 글을 인터넷, SNS 등으로 퍼뜨리는 행위(명예훼손)
  ※ 내용이 진실이라고 하더라도 범죄이고, 허위인 경우에는 '형법'상 가중처벌 대상이 됨
- 여러 사람 앞에서 모욕적인 용어(생김새에 대한 놀림, 병신, 바보 등 상대방을 비하하는 내용)를 지속적으로 말하거나 그런 내용의 글을 인터넷, SNS 등으로 퍼뜨리는 행위(모욕)
- 신체 등에 해를 끼칠 듯한 언행("죽을래" 등)과 문자메시지 등으로 겁을

---

*3 조형정 · 김명랑 · 조민희(2017), 교육부 · 이화여자대학교 학교폭력예방연구소(2023)에서 재구성.

주는 행위(협박)

● 금품갈취

금품갈취는 다른 사람의 돈이나 물건을 정당한 이유 없이 빼앗는 것을 말한다. 학교에서는 주로 상급생이 하급생에게 또는 힘이 센 학생이 그렇지 않은 학생을 대상으로 갈취하는 행위를 말한다.

- 돌려줄 생각이 없으면서 돈을 요구하는 행위
- 옷, 문구류 등을 빌린다며 되돌려주지 않는 행위
- 일부러 물품을 망가뜨리는 행위
- 돈을 걷어오라고 하는 행위

● 강요

강요는 전형적인 괴롭힘이다. 언어와 신체 폭력과는 달리 특별한 방법으로 상대 학생들 귀찮게 하거나 강제로 시키는 행동을 뜻한다. 강제적인 심부름, 공갈, 협박 등이 여기에 해당한다.

- 속칭 빵 셔틀, 와이파이 셔틀, 과제 대행, 게임 대행, 심부름 강요 등 의사에 반하는 행동을 강요하는 행위(강제적 심부름)
- 폭행 또는 협박으로 상대방의 권리행사를 방해하거나 해야 할 의무가 없는 일을 하게 하는 행위(강요)

● 따돌림

따돌림 흔히 집단따돌림이라고 하는 것은 학교 안팎에서 한 명 이상의 학생이 특정 학생이나 대상을 상대로 반복적이고 지속적으로 신체나 심리적인 위해를 가하는 행동을 말한다. 이러한 집단따돌림은 직접적 괴롭힘과 간접적 괴롭힘으로 구분할 수 있다. 직접적 괴롭힘은 피해학생에게 폭행, 구타, 위협을 하고 놀리는 등 공격적인 행동을 하는 것이고, 간접적인 괴롭힘은 한 학생이나 대상을 소속집단으로부터 소외시키거나 배제하는 행동을 말한다.

- 집단적으로 상대방을 의도적이고, 반복적으로 피하는 행위
- 싫어하는 말로 바보 취급 등 놀리기, 빈정거림, 면박주기, 겁주는 행동, 골탕 먹이기, 비웃기
- 다른 학생들과 어울리지 못하도록 막는 행위

● 성폭력

성폭력은 강제적인 성적인 접촉을 하는 강간 등 폭행부터 성적 접촉 없이 이루어지는 언어 희롱, 음란전화, 음란통신 등 성적인 말과 행동으로 상대에게 굴욕감이나 수치심을 주는 행동까지를 포함한다. 이런 행위들이 피해자가 원하지 않은 상태에서 발생할 때 모두 성폭력으로 규정하고 있다(김재엽 · 김지연, 2009).

- 폭행 · 협박을 하여 성행위를 강제하거나 유사 성행위, 성기에 이물질을 삽입하는 등의 행위(성폭행)
- 상대방에게 폭행과 협박을 하면서 성적 모멸감을 느끼도록 신체적 접촉을 하는 행위(성추행)
- 성적인 말과 행동을 함으로써 상대방이 성적 굴욕감, 수치감을 느끼도록 하는 행위(성희롱)

● 사이버폭력

사이버폭력은 사이버 공간에서 다양하게 이루어지는 폭력을 뜻한다. 주로 인터넷, 휴대폰 등 정보통신기기를 이용하여 특정한 학생에게 지속적이고 반복적으로 심리적인 공격을 하거나 학생과 관련한 개인정보 또는 허위사실 등을 유포해서 상대에게 고통을 주는 모든 행동을 말한다.

사이버폭력과 함께 알아두어야 할 용어는 사이버 불링(Cyber Bullying)이다. 불링은 올웨우즈(Olweus, 1993)가 제시한 개념으로 명확한 불법행위는 아니지만 모욕, 따돌림, 협박, 갈취 등과 같이 사소하지만 특정인을 대상으로 지속적 · 반복적 · 의도적으로 그리고 힘의 불균형 상태에서 가해지는 행위이다. 사이버 불링은 학교의 동료들 간에 사이버 공간에서 가해지는 괴롭힘 행위라고 할 수 있다. 그러나 많은 사이버폭력은 인터넷 공간에서 만나는 모르는 사람들 간에 발생하는 경우가 많으므로 사이버 불링은 사이버폭력의 한 유형이라 할 수 있다(위키피디아).

- 사이버모욕, 사이버명예훼손, 사이버성희롱, 사이버스토킹, 사이버음란물 유통, 대화 테러, 인증놀이, 게임강요 등 정보통신기기를 이용하여 괴롭히는 행위
- 특정인에 대해 모욕적 언사나 욕설 등을 인터넷 게시판, 채팅, 카페 등에 올리는 행위
- 특정인에 대한 허위 글이나 개인의 사생활에 관한 사실을 인터넷, SNS 등을 통해 불특정 다수에 공개하는 행위
- 성적 수치심을 주거나 위협하는 내용, 조롱하는 글, 그림, 동영상 등을 정보통신망을 통해 유포하는 행위
- 공포심이나 불안감을 유발하는 문자, 음향, 영상 등을 휴대폰 등 정보통신망을 통해 반복적으로 보내는 행위
- 단체 대화방에 지속적으로 초대하여 나가지 못하게 가두어 괴롭히는 행위
- 타인의 계정을 사용하면서 부당한 요구를 하는 행위
- 가족, 친지를 농담의 소재로 삼아 모욕하는 행위
- 핫스팟 연결을 강요하여 공짜로 인터넷 데이터를 이용하는 행위
- 수치스럽거나 하기 싫은 행동을 강요하여 인증하도록 하는 행위

표 11-2 도움받을 수 있는 기관

기관	유형	내용
17개 시도교육청	상담	학생위기종합상담서비스 – 교육청 위(Wee)센터, 학교 위(Wee) 클래스
한국청소년상담복지개발원	상담	24시간 청소년 온오프라인 상담 – 상담전화 1388(모바일: 지역번호+1388) – 상담문자 #1388
교육부 상다미쌤	상담	상다미쌤 카카오톡 채널 상담 – 페이스북, 인스타그램, 유튜브, 블로그 등
교육부 다들어줄게	상담	다들어줄게 청소년모바일 상담센터 24시간 실시간 상담 – 상담문자 1661–5004 – 카카오톡 플러스친구, 페이스북 메시지
푸른나무재단	상담	학교폭력 예방 교육 및 상담 서비스 – 상담전화 1588–9128

출처: 한국교육개발원(2022). 사이버폭력 예방 및 대처방안 가이드라인.

(3) 학교폭력의 원인

학교폭력의 원인은 다양한 이유에서 찾을 수 있고 개인차가 있다. 그렇지만 일반적으로 학교폭력의 원인은 다음과 같이 분류할 수 있다.

① 개인의 원인

학생은 상급학교 진학 및 입시위주의 학업으로 인해 학교 내외에서 상당한 스트레스와 갈등 상황을 겪는다. 더욱이 자존감이 낮거나 정서가 불안한 경우 또는 자아정체성이 확고히 수립되고 있지 못한 경우 학교폭력에 노출되거나 접근할 가능성이 높다고 본다. 공격적인 성향과 충동적인 성격 등의 개인적 요인이 학교폭력을 발생하게 하는 원인이 되기도 한다. 행동에 대한 자제력이 부족하므로 부적절한 방식으로 우월감을 표현하며 열등감의 해소 창구로 폭력을 행사하기도 한다.

② 가정의 원인

가정 내에서의 폭력과 부모의 부정적 교육 및 훈육방식 그리고 부부간의 갈등이 학교폭력을 유발하는 직간접적인 원인이 될 수 있다. 보고 배운다는 말처럼 부부간의 바람직하지 못한 폭력 행위와 갈등은 자연스럽게 청소년에게 연결되고 아울러 청소년들이 폭력이 부당하고 잘못된 행동이 아니라 필요에 따라서 사용할 수 있다는 인식을 불러일으킬 수 있는 위험이 있다.

③ 학교의 원인

교사와 학생 간에 원만한 관계형성이 되어 있지 않을 때 학생의 폭력성이 증가하는 경향이 있다. 또한 학교에 관심이 없고 학업 성취도가 낮은 경우, 스트레스와 학교에 대한 불만족이 학교폭력으로 이어질 수 있다. 교사나 또래집단으로부터 폭력에 노출되어 있거나, 또래집단의 공격성과 친구들의 폭력적 행동을 자주 목격하거나 접하는 것도 학교폭력의 원인이 될 수 있다.

④ 사회환경 원인

대중매체에서 나타나는 일상적인 폭력적 행동과 상황 등으로 폭력에 대해서 둔감해지거나 동료들의 영향으로 인해 폭력적인 행동을 모방하고 시행할 수도 있다. 더욱이 사회의 전반적인 폭력적 환경이 조장되는 환경은 청소년의 폭력성을 촉진시키는 큰 원인이 될 수 있다.

2) 청소년 가출

(1) 가출의 개념

가출은 가정, 즉 집을 떠나는 것이다. 우리는 매일 또는 수시로 집을 떠나서 생활한다. 학교에 가거나 친구들과 함께 있거나, 아니면 여행을 갈 때도 집을 떠나는 것은 당연하다. 그런데 청소년이 집을 떠날 때는 부모의 동의를 받고 움직인다. 아직 보살핌을 받아야 할 나이면서 또한 한 가정에서 구성원이 집을 떠나는 일은 다른 가족구성원의 생활에도 밀접한 영향을 미치기 때문이다.

그래서 가출의 일반적 정의는 '자신이나 환경으로 인해 부모나 보호자의 동의 없이 집을 떠나서 24시간 이상 집에 들어오지 않는 것'을 뜻한다. 이에 해당하는 청소년을 우리는 가출청소년이라고 부른다.

(2) 가출의 유형

가출의 유형은 가출 동기와 원인 그리고 기간 등 여러 가지로 분류할 수 있다.

① 동기에 따른 유형(Homer, 1973)

- 탈출형 가출: 학대, 폭력, 빈곤에서 주로 가정의 문제로부터 도피하려는 가출
- 추구형 가출: 단순한 호기심, 쾌락, 놀이 등을 경험하려는 가출

② 원인에 따른 유형(홍봉선·남미애, 2007; Greene & Esselstyn, 1972)

- 시위성 가출: 자신의 요구를 들어주도록 하거나 의도를 관철시키는 등 가족이나 주위환경을 변화시키기 위한 일시적 성격이 강한 가출
- 유희성 가출: 친구들과 어울려 놀고 싶은 충동에 의한 가출로 부모의 간섭 없이 놀다 되돌아오는 것을 생각하고 저지르는 가출
- 현실탈피형(도피성) 가출: 현재 자신의 상황에서 도피하려고 마음을 먹고 추진하며 주위에 강한 긴장을 일으킴
- 추방형 가출: 자신의 의지와는 크게 상관없이 가족들의 무관심, 방임 등에 의해 떠밀려 나온 형태의 가출

- 동정형 가출: 가정이나 사회로부터 동정과 보호를 받으려는 마음으로 집을 떠나는 형태
- 생존성 가출: 가족으로부터 신체적 · 심리적 · 정신적 학대를 받고 생존을 유지하기 위해 하는 가출

③ 기간에 따른 유형
- 일시적 가출: 비교적 뚜렷한 계획 없이 충동적인 마음으로 일시적으로 집을 나가는 경우
- 만성 가출: 가출을 반복하거나 장기화되는 경우이며 집으로 돌아가기 어려운 상황에 놓이는 경우(한국청소년상담복지개발원, 2012).

(3) 가출 예방

가출은 단순히 가정으로부터의 도피행위지만 그 개인, 가정, 학교, 지역사회 등이 복합적으로 어우러진 원인을 제공할 수 있다. 이런 관점에서 청소년 가출 예방도 복합적인 지원방안이 수립되고 모색되어야 한다. 개인과 가족, 학교, 사회 등에서 가출 예방에 중점을 두어야 할 내용은 다음과 같다.

① 개인 측면

가출하는 청소년들은 자존감이 낮고 자기통제력도 미흡하며 충동적인 성향을 갖고 있다. 또한 우울, 불안, 자극적인 상황 등을 추구하는 성향이 있고 정서적 스트레스도 심하다. 또한 문제해결능력이 충분하지 않다. 따라서 자아존중감을 높이고 불안과 스트레스를 해소할 수 있는 회복탄력성을 북돋을 수 있도록 도와주어야 한다. 그리고 대인관계능력을 향상시키고 자신감을 높이고 충동을 조절할 수 있는 능력을 키워야 할 것이다.

가출은 중립적인 성격의 사건이라고도 볼 수 있다. 청소년기를 비롯해서 누구나 일상적인 삶의 균형에서 벗어나 떠나고 싶은 욕구를 갖는 것은 정서와 정신의 건강을 위해 극히 정상적이고 건강한 행동이라고 볼 수 있다. 그렇기 때문에 가출 자체가 부정적인 것은 아니다. 따라서 불안정한 상황이 연속적으로 이어질 수 있는 청소년기에 가출을 하나의 적응행동으로 보아 가출 이후에 안전하게 지낼 수 있는 공간을 마련해 줌으로써 비행 등 이차적인 일탈행위에 빠지지 않도록 해야 한다. 이에 따라 청소년기 가출에 대한 비행화 낙인 소지를 해소하는 것에서부터 출발해야 한다. 가출청소년은 선도대상이 아니라 가정 밖 생활로 인해 인권, 기본권이 침해되지 않도록 보호하고 지원해야 할 '위기 상황에 놓인' 청소년이며 가출행동 자체를 위법행위로 볼 수도 없다(김지연, 2014). 생활공간을 확보함으로써 비행환경에 빠지지 않도록 도와야 한다. 이와 함께 가정으로 돌아갈 수 없는 상황이라면 현실을 직시하고 자립능력을 갖추도록 도와야 할 것이다.

② 가정 측면

여전히 가정의 가지고 있는 구조적이고 기능적인 문제는 청소년 가출의 주요한 요인이 될 수 있다. 특히 가정의 구조적 결손인 이혼, 방임, 학대 등의 문제에 크게 부정적 영향을 끼치는 요인이 빈곤이라고 볼 때 경제적으로 가정의 건강성을 지켜주는 것이 중요하다. 가족 내에 원활한 의사소통과 바람직한 가족관계를 형성하고 유지하기 위한 지속적인 교육이 있어야 하며 아울러 결혼 전부터 가족에 대한 올바른 인식을 심어줄 수 있는 프로그램이 추진되어야 한다. 또한 가족에 대한 지지와 상담 등 심리사회적 접근방법을 모색해야 할 것이다.

③ 학교 측면

가출의 주요한 원인 중 하나는 입시위주의 교육으로 인한 학업의 압박감과 함께 학교 내에서 대인관계의 어려움 그리고 또래집단의 부정적 영향 등이 있다. 따라서 학교 안에서 상담과 생활지도 등을 통해서 충분한 가출 사전예방 조치가 이루어져야 한다. 또한 가출한 청소년은 교육과 지지의 차원에서 가정으로 복귀할 수 있는 방안과 나아가 가출청소년이 갖는 형편에 따라 가출 후 비행 예방을 위한 다양한 프로그램이 모색되어야 할 것이다.

④ 사회 측면

의도적이든 비의도적이든 가출한 청소년이 안전하게 일시 또는 장기적으로 생활할 수 있는 보호장치와 공간이 필요하다. 자칫 보호장치 없는 사회로 나가는 가출청소년은 거리를 배회하다가 생계를 해결하기 위해서 범죄에 노출되거나 최저임금에도 못 미치는 싼 값에 노동력을 제공하는 일을 겪을 수 있다. 따라서 이들에게 사회 전체가 보호 지원에 경각심을 가져야 하며 아울러 대안적 공간을 마련해 주는 것이 중요하다.

이런 맥락에서 가출청소년을 위한 단기 또는 중장기 쉼터에 대한 사회적 지원이 더 확대되어야 한다. 또한 쉼터 자체가 충분한 보호와 생활공간이 될 수 있도록 시설과 설비가 개선되어야 하며 가출청소년이 심리적, 물리적으로 접근이 용이하도록 해야 한다.

또한 가출청소년의 이차적인 비행을 예방하기 위해서 청소년 유해환경에 지속적인 관리감독이 필요하다. 그리고 청소년이 많이 이용하는 사이버공간에서 가출에 대한 위험 등을 알리고 여러 정보를 제공할 수 있도록 노력해야 한다. 여전히 가출을 일탈의 조짐이 있는 특정 청소년문제로 바라보는 시각이 있다. 이러한 사회 인식을 바꿔기 위한 지속적인 노력과 함께 가출청소년에 대한 정책과 서비스를 더욱 확대하고 심화시켜야 할 것이다.

(4) 가출청소년 보호 지원을 위한 청소년쉼터

청소년쉼터는 가출청소년을 위한 주요한 지원체계이다. 가출 자체가 위법이 아니라면 가출한 청소년들이 비행과 범죄 등에 접근하지 못하고 건강한 생활을 할 수 있도록 도와야 한다. 청소년쉼터는 이에 대한 중요한 지원과 보호 방안이다.

가출청소년에 대한 사회적 보호 필요성에 대한 논의는 1991년에 '청소년기본법'이 제정되고 1992년 청소년쉼터가 처음 설치되면서 본격화되었다. 이후 2004년에 이르러 '청소년복지지원법'의 제정으로 청소년쉼터 설치의 법적 근거가 마련되었다. 그동안 일시쉼터(드롭인센터) 설치(2004년), 중장기쉼터 설치(2005년), 일시쉼터의 거리상담 전담인력 배치(2011년), 의료특화 이동형 쉼터 설치(2012년) 등 쉼터 운영형태가 다각화되었다(김지연, 2014).

이러한 청소년쉼터의 유형과 특징을 살펴본다.

표 11-3 청소년쉼터 유형별 특징 비교

구분	일시쉼터	단기쉼터	중장기쉼터
보호기간	24시간-7일 이내 일시보호	3개월 이내 단기보호 ＊3개월씩 2회에 한하여 연장 가능(최장 9개월)	3년 이내 중장기보호 - 1회 1년에 한하여 연장가능(최장 4년)
이용대상	가출 거리 배회 노숙청소년	가출청소년	자립의지가 있는 가출 청소년
핵심기능	일시보호 및 거리상담지원(outreach)	심리·정서 상담지원, 사례관리를 통한 연계	심리·정서 상담지원, 학업지원, 사회복귀를 위한 자립지원
기능	위기개입상담, 진로지도, 적성 검사 등 상담서비스 제공 가출청소년 조기구조·발견, 단기 청소년쉼터와 연계 먹거리, 음료수 등 기본적인 서비스제공 등 의료서비스 지원 및 연계	가출청소년 문제해결을 위한 상담·치료 및 예방 활동 의식주, 의료 등 보호서비스 제공 일시·중장기 청소년 쉼터와 연계 가정 및 사회복귀 대상 청	가정복귀가 어렵거나 특별히 장기간 보호가 필요한 위기청소년을 대상으로 학업·자립 지원 등 특화된 서비스 제공 저연령 청소년(13세 이하)은 아동복지시설, 아동보호

		소년 분류, 연계서비스 – 저연령 청소년(13세 이하)은 아동복지시설, 아동보호전문기관 등에 연계 권장	전문 기관 등에 연계 권장
위치	이동형(차량) 고정형(청소년유동지역)	주요 도심별	주택가
지향점	가출예방, 조기발견, 초기 개입 및 보호	보호, 가정 및 사회복귀	자립지원
비고	숙소, 화장실의 경우 필히 남·여용 분리 운영	반드시 남·여용 쉼터를 분리 운영하여야 함	

출처: 여성가족부(2020). 2020년 청소년사업 안내.

3) 청소년 자살

(1) 청소년 자살의 개념

자살은 스스로 목숨을 끊는 행위이다. 자살생각, 자살시도, 자살완결로 이어지는 연속적인 개념으로 이해할 수 있다(Harwood & Jacoby, 2000). 즉, 삶이 무의미하거나 지금의 상황이 괴롭다고 느껴서 자살을 생각하고 나아가 계획을 세우는 자살생각에서부터 타인에게 경각심을 주거나 관심을 끌기 위한 목적으로 시도하거나 아니면 진정으로 자살의도를 갖고 하는 자살시도에서 결국 자살에 이르는 완결까지 일련의 개념이라는 것이다. 특히 청소년의 자살은 성인과는 달리 인간발달의 과도기적인 측면에서 미성숙한 상태에 있기때문에 다른 양상을 보인다.

이처럼 매우 불안정한 발달과정을 겪는 청소년기에는 사소한 스트레스 상황과 원인에도 쉽게 자극을 받아서 충동적으로 극단적인 선택을 할 가능성이 있다. 그런데 적지 않은 청소년에게 자살은 삶을 마감하기 위한 목적이기보다는 자신이 지금 갖고 있는 괴로움과 두려움 등을 다른 사람들에게 알리는, 즉 도움을 요청하는 최후의 호소로 보아야 한다.

청소년 자살문제는 청소년 개인과 가정에게 큰 아픔과 고통을 주는 심각한 문제일 뿐만 아니라 사회의 문제로 쉽게 이어질 수 있다는 점에서 더 큰 관심이 필요하다.

(2) 자살의 유형

뒤르켐(Durkheim)은 사회통합가설에서(hypothesis of social integration)에서 자살이 개인의 순수한 자유의지에 의해서 발생하는 것이 아니라 개인이 속한 사회공동체의 집합적 경향에 의해 발생한다는 입장을 취하고 있다(차미영, 2010).

뒤르켐은 사회통합력과 규제력 두 가지 변수를 토대로 자살을 4가지 유형으로 구분했다. 그에 따르면 사회의 통합력과 규제력이 강하면 이타주의와 숙명적 자살이 많이 발생하고, 반면 사회통합력과 규제력이 약하면 이기적 자살과 아노미적 자살이 많이 발생한다고 했다. 자살의 유형은 다음과 같다.

① 이기적 자살

자신만을 생각해서 자살하는 경우이다. 개인주의 경향으로 일어나는 자살유형으로 사회와 어울리지 못하고 오직 자신의 의지와 능력만 의존하다가 사회와 타협하지 못하거나 적응이 어려우면 발생한다.

② 이타적 자살

다른 사람 때문에 자살하는 유형이다. 즉, 남을 위해서 죽는 것이다. 연대감이 강한 집단주의 사회에서 많이 나타나며 개인이 집단에 과도하게 동화되어서 나타난다. 사이비 종교단체의 집단자살이나 오늘날 일어나는 자살테러공격 등이 그 예라고 볼 수 있다.

③ 숙명적 자살

사회의 통제력과 규제가 강해서 자율적으로 개인이 행동할 수 없는 상황에서 일어나는 자살이다. 노예제도 아래에서 노예의 자살이나 장기복역수가 자살하는 경우이다.

④ 아노미적 자살

사회에 대한 희망과 기대를 갖고 있지만 사회의 규범과 가치가 결핍 또는 상실되면서 나타나는 자살이다. 새롭게 변화하는 상황에 개인이 대처할 수 있도록 강한 규제를 사회가 할 수 없을 때 발생하는 것으로 현대에서 보여주는 자살 유형이다. 예를 들면 갑자기 사업에 실패했거나 인기가 급작스럽게 사라진 연예인의 자살, 현대사회에서는 경기의 침체 등으로 인해 자살률이 증가하는 것이 해당된다(Durkheim, 1951).

(3) 청소년 자살의 원인

청소년이 자살하는 원인은 다양하다. 우울부터 시작해서 자신과 주변 상황을 통제할 수 있는 능력이 미흡하거나 가정과 사회의 문제 등 여러 수준에서 살펴볼 수 있다. 그 중 많이 논의되는 원인을 몇 가지 제시한다.

① 우울과 무망감

청소년 자살의 가장 대표적인 위험 요인으로 우울과 함께 무망감을 말한다. 무망감(無望感)은 미래에 대한 부정적인 생각, 즉 자신이나 어느 누구도 불행이나 고통을 변화시키기 위하여 아무것도 할 수 없고 아무것도 이루어지지 않을 것이라는 신념으로 정의한다. 또한 무망감을 거의 미래를 약속할 수 없다는 느낌으로 정의하고 있다. 자살이나 정신건강에 관련된 다양한 대상자들에게서 무망감이 관찰되었고 곧 닥쳐올 죽음의 신호임을 발견하였다. 따라서 무망감은 자살의지와 우울을 연결하는 중요변수로 취급한다. 결국 무망감은 자신의 삶에 대해 어떠한 희망도 느낄 수 없는 상태 또는 미래에 대한 기대를 상실한 상태에서 경험하는 부정적 정서라고 설명할 수 있다(서혜석, 2007)

② 충동성

청소년기는 심리정서적으로 안정되지 못한 시기이다. 따라서 청소년은 주변의 사소한 자극과 그 변화에 민감하게 반응하며 충동적으로 행동하기 쉽다. 그리고 문제에 부딪히거나 스트레스를 받으면 풀어나가려 하기보다는 포기해버리고 절망해서 자살로 이어지는 경우가 있다.

③ 압박감

청소년들은 상급학교 진학에 따른 경쟁과 사회경제적으로 성공해야 한다는 압박감으로 인해 주체적으로 살아가는 삶이 아닌 끌려가는 생활을 하고 있다. 더구나 이러한 압박감과 힘겨움을 지지해 줄 가정조차 불화가 있거나 갈등, 해체 상황에 놓이게 되면 청소년은 어쩔 수 없는 절망에 빠질 수밖에 없다. 결국 이것은 자살이라는 극단적인 선택을 하는 요인이 될 수 있다.

④ 문제해결능력 부족

청소년의 성숙하지 못한 문제해결능력은 수동적인 삶의 자세, 낮은 수준의 자기 수용경향, 회피적인 문제 대처방식과 관련이 있고 이와 같은 삶의 태도는 자살과 연관성이 있다(이경진 · 조성호, 2004; 홍영수 2005).

또한 청소년의 자살시도는 실제로 죽겠다는 의지라기보다는 사회심리적인 갈등을 피하기 위한 임시방편 또는 현실도피를 위한 충동적 행동일 수도 있다(Blau & Gullotta, 1996).

⑤ 공격성

자살시도는 자살생각에만 머물지 않고 실행에 옮기게 하는 힘이 작용한다고 볼 수 있는데 그 요인의 하나가 분노와 적개심이다. 이러한 공격성은 자살의 의도를 보이는 것과는 달리 자살을 실행하는데 더 강력한 요소가 될 수 있어 위험성이 크다.

(4) 청소년 자살 특징

청소년 자살은 다음과 같은 특징을 지닌다.

① 대부분 사전 계획 없이 시도된다.

청소년의 자살은 계획이 없거나 결과를 예상해 보지 않고 이루어지는 경향이 있다. 이는 청소년기가 인지적으로는 미성숙하면서 정서적으로는 충동성이 심화되는 시기이기 때문이다. 프로이트의 말대로 건강한 삶을 위해서는 자아가 이드와 초자아 사이의 갈등을 통제하는 역할을 해야 하지만 아직은 자아가 약한 상태로서 청소년은 불안정한 상태에 놓이게 되어 사소한 이유로도 충동적 자살이 발생한다는 것이다(이윤주, 2008).

② 피암시성이 강해 동반자살이나 모방자살이 많이 일어난다.

청소년의 경우, 특히 같은 처지에 있는 여학생들 사이에서 동반 자살이 흔히 일어난다. 이는 가정, 학교, 또래집단으로부터 소외된 청소년들에게서 흔하다. 또한 청소년 특유의 현상은 모방자살이다. 친구나 TV 등 매스컴의 영향을 쉽게 받는다. 따라서 젊은 유명 배우가 죽었을 때 때로 십대들이 연쇄적으로 자살해서 사회문제가 되기도 한다. 자살을 미화하고 모방하고자 하는 청소년 특유의 경향을 엿볼 수 있다(이홍식, 2008).

③ 치사도가 높은 자살수단을 사용한다.

청소년의 자살이 자신의 힘듦과 고통을 알리는 수단으로 보여 강한 자살의도가 없다 하더라도 실제 자살행위를 할 때는 완벽한 자살을 위해서 치사율이 높은 수단을 사용한다. 예를 들어 고층 아파트에서 뛰어내리기도 하고 열차에 뛰어들거나 분신자살하는 경우이다(한국청소년연구원, 1992). 이렇게 치사율이 높은 방법을 택하는 이유는 미성숙한 청소년들은 인생을 아직 충분히 알지 못하여 깊게 생각하지 못하고 충동적인 감정으로 행동하기 때문이다.

④ 대부분 분명한 동기가 있다.

청소년 자살자의 상당수가 정신건강의 문제를 가졌을 뿐만 아니라 불안정하고 정서적 지지가 결여된 가족의 역기능이 배경에 깔려 있어서 평소에도 자살생각이나 자살충동이 있다. 여기에 부모에게 심한 꾸중을 듣거나 성적 하락, 집단따돌림을 당하는 등의 사건이 생기면 그런 마음을 행동으로 옮기게 되는 것이다. 또한 자살시도를 하거나 자살을 하는 대부분의 청소년은 자살의 경고신호나 단서를 남긴다. 그들은 자신이 어려움을 겪고 있고 죽음에 대해 생각하고 있다는 것을 다른 사람들이 알아차릴 수 있도록 이를 말이나 행동으로 나타낸다(이종길, 2009). 이처럼 청소년 자살은 낮은 자아존중감과 자기통제력 부족 등 개인 요인과 함께 가족환경과 학교관련 요인 및 사회적인 요인 등 다양한 요인들에 의해 일어나고 있으며, 이 외에도 우울증, 사이버상에서의 문제와 약물중독도 원인이 된다(이윤주, 2008; 한상철 외, 2003).

(5) 청소년 자살 예방 방안

청소년 자살은 개인과 가족의 문제인 동시에 사회적으로 중요한 문제이다. 따라서 청소년 자살을 예방하기 위해서는 다양한 방안과 노력이 요구된다.

① 청소년 자살 실태조사

청소년 자살은 실태 파악이 쉽지 않다. 더욱이 자살의 원인과 동기 등에 대해서는 명확한 경우를 제외하고는 불명확한 예측의 결과만 나타낼 뿐이다. 자살에 대한 연구와 실태조사가 선행되어야 청소년의 자살의 원인과 특성, 그리고 가정과 사회와의 관계성 등을 분석해서 자살 예방을 위한 유용한 자료로 사용될 수 있을 것이다.

② 정신건강 및 자살예방 프로그램 활성화

자살을 생각(시도)한 경험이 있는 청소년은 가족과 또래친구들로부터 따돌림 등을 받고 자신의 힘겨운 상황을 알려도 무시당하기 일쑤여서 자존감이 낮아지는 경우가 많다. 이러한 낮은 자존감과 자신의 도움에 대한 외면을 마주하는 고통은 자살시도에 중요한 영향을 미칠 수 있다. 따라서 청소년의 자존감을 향상시키고 정신건강을 증진시키는 프로그램을 비롯해서 학교에서 정신건강과 자살예방에 대한 교육과 서비스를 제공하고 접근성을 높여야 한다. 아울러 청소년이 문제해결을 할 수 있는 기술을 향상 시킬 수 있는 프로그램이 제공되어야 한다.

③ 가정과 사회와의 연결고리 강화 및 자살위기대응

청소년이 힘겨운 상황에 있을 때 가정과 사회 그리고 또래집단에서 고립되는 것을 방지하고 청소년이 공식 및 비공식적인 지지체계와 연결될 수 있도록 돕는 활동을 개발하는 한편, 부모와 또래집단을 통한 지속적인 자살예방 프로그램을 대면교육뿐만 아니라 인터넷과 소셜 미디어 등 사이버공간을 활용해서 적극적으로 추진해야 한다. 아울러 가정과 학교 및 사회서비스기관 등에서 자살 위기 상황을 인지하고 대응할 수 있는 계획을 수립하고 대비해야 할 것이다.

④ 부모지원 서비스 강화 및 문화적 다양성 고려

자살예방을 위해 가정에서 부모지원을 강화하는 서비스를 시행해야 한다. 부모는 자녀인 청소년이 어려움에 처해서 자살까지 생각하는 마음을 잘 읽을 수 있는 위치에 있다. 따라서 부모가 청소년의 정서와 심리적 민감성을 이해하도록 돕기 위한 지원 서비스를 강화해야 한다. 아울러 적극적 관점에서 청소년이 자신의 성숙을 위해서 활발하게 활동할 수 있고 창의성을 높이기 위한 장소를 제공하려는 노력과 함께 청소년과 부모와 함께 하는 생명윤리교육도 필요할 것이다. 그리고 점차 다문화 등 다양한 문화적 배경을 가진 청소년이 증가함에 따라 문화적 민감성을 갖고 이들에 대한 적합하고 세심한 지원이 이루어져야 할 것이다.

3. 청소년보호제도 - 청소년보호법과 아동·청소년 보호에 관한 법률

청소년보호제도는 주로 법에 근거한다. 청소년보호와 관련해서 '청소년보호법'과 '아동 · 청소년성보호에 관한 법률'에 대해서 살펴본다. 청소년보호법은 말 그대로 청소년을 보호하기 위해서 만든 법이고 아동청소년 성보호에 관한 법률은 청소년을 특별히 성범죄로부터 보호하려는 법이다.

1) 청소년보호법

청소년보호법은 청소년을 유해한 환경으로부터 보호하는 법으로서 가정과 사회, 그리고 국가의 책임을 규정하고 있다.

청소년보호법의 목적은 청소년에게 유해한 매체물과 약물 등이 청소년에게 유통되는 것과 청소년이 유해한 업소에 출입하는 것 등을 규제하고 청소년을 폭력 · 성폭력 · 학대 등 청소년 유해행위를 포함한 각종 유해한 환경으로부터 보호 · 구제함으로써 청소년이 건전한 인격체로 성장할 수 있도록 하는 데 있다.

(1) 용어와 내용

① 청소년

만 19세 미만의 자. 다만, 만 19세에 도달하는 해의 1월 1일을 맞이한 자를 제외(제2조의 1).

② 매체물

음반, 영화 · 연극 · 음악 · 무용, 기타 오락적 관람물, 음향 또는 영상정보, 방송프로그램, 신문, 잡지, 간행물, 광고선전물(제2조의 2)

③ 청소년유해매체물

청소년보호위원회가 청소년에게 유해한 것으로 결정하거나 확인하여 여성가족부장관이 이를 고시한 매체물, 각 심의기관이 청소년에게 유해한 것으로 의결 또는 결정하여 여성가족부장관이 고시하거나 청소년에게 유해한 것으로 확인하여 여성가족부장관이 고시한 매체물(제2조의 3)

④ 청소년유해약물등

청소년에게 유해한 것으로 인정되는 약물과 청소년에게 유해한 것으로 인정되는 물건(제2조의 4). 술, 담배, 마약류, 환각물질 등 주로 중추신경계에 작용

하여 중독성과 내성을 일으키는 물질

⑤ **청소년유해업소**

청소년의 출입과 고용이 청소년에게 유해한 것으로 인정되는 업소(제2조의 5)

⑥ **유통**

매체물 또는 약물 등을 판매, 대여, 배포, 방송, 공연, 상영, 전시, 진열, 광고하거나 시청 또는 이용에 제공하는 행위와 이러한 목적으로 매체물 또는 약물 등을 인쇄 · 복제 또는 수입하는 행위(제2조의 6)

⑦ **청소년폭력**

폭력을 통해 청소년에게 신체적 · 정신적 피해를 발생하게 하는 행위(제2조의 7)

2) 아동·청소년성보호에 관한 법률

아동 및 청소년의 성 보호에 관한 법률은 아동과 청소년을 성범죄로부터 보호하고 아동 · 청소년이 건강한 사회구성원으로 성장할 수 있도록 함을 목적으로 하는 법이다. 공식적으로는 줄여서 '청소년 성 보호법'이라고 부른다. 청소년 성 보호법에서는 건전하고 성범죄 없는 사회 구축을 위해 아동 · 청소년 대상 성범죄의 처벌과 절차에 관한 특례를 규정하고 있다. 그리고 더 나아가 피해 아동과 청소년을 위한 구제 및 지원 절차를 별도로 마련하고 있다.

(1) 용어와 내용

① 아동·청소년

19세 미만의 자. 다만, 19세에 도달하는 연도의 1월 1일을 맞이한 자는 제외(제2조의 1).

② 아동·청소년의 성을 사는 행위

아동 · 청소년, 아동 · 청소년의 성(性)을 사는 행위를 알선한 자 또는 아동 · 청소년을 실질적으로 보호 · 감독하는 자 등에게 금품이나 그 밖의 재산상 이익, 직무 · 편의제공 등 대가를 제공하거나 약속하고 다음 각 목의 어느 하나에 해당하는 행위를 아동 · 청소년을 대상으로 하거나 아동 · 청소년으로 하여금 하게 하는 것을 말한다(제2조의4).

가. 성교 행위
나. 구강 · 항문 등 신체의 일부나 도구를 이용한 유사 성교 행위
다. 신체의 전부 또는 일부를 접촉 · 노출하는 행위로서 일반인의 성적 수치심이나 혐오감을 일으키는 행위
라. 자위행위

③ 아동·청소년성착취물

아동 · 청소년 또는 아동 · 청소년으로 명백하게 인식될 수 있는 사람이나 표현물이 등장하여 제4호 각 목의 어느 하나에 해당하는 행위를 하거나 그 밖의 성적 행위를 하는 내용을 표현하는 것으로서 필름 · 비디오물 · 게임물 또는 컴퓨터나 그 밖의 통신매체를 통한 화상 · 영상 등의 형태로 된 것을 말한다(제2조의5).

④ 관련 대상

법률상 13세 미만의 어린이 및 초등학생과 13세 이상 19세 미만의 청소년 및 중 · 고등학생이 주요 대상이며 이 법에 따라 어린이와 청소년에게 성범죄 등을 저지른 사람들은 무거운 처벌을 받는다. 강간은 무기 또는 5년 이상의 징역, 강제추행은 2년 이상의 유기징역 또는 1천만원 이상 3천만원 이하 벌금, 아동 포르노(아동 · 청소년성착취물)를 제작하면 무기 또는 5년 이상의 징역, 단순 유포는 3년 이상 영리적 유포는 5년 이상의 징역을 받고, 제작 알선의 경우에도 3년 이상의 징역, 그리고 성착취물을 구입, 소지하거나 보면 1년 이상의 징역에 처할 수 있다.

⑤ 아동·청소년 대상 성범죄신고

아동 · 청소년을 대상으로 하는 성범죄 발생 사실을 알게 되면 누구든지 수사기관에 신고할 수 있다. 특히 유치원, 학교, 의료기관, 아동복지시설 및 통합서비스수행기관, 장애인복지시설, 어린이집, 학원 및 교습소, 청소년활동시설, 청소년쉼터, 학교밖청소년지원센터, 청소년 · 보호재활센터, 체육단체 등에 해당하는 기관 · 시설 또는 단체의 장과 그 종사자는 직무상 아동 · 청소년대상 성범죄의 발생 사실을 알게 된 때에는 즉시 수사기관에 신고해야 할 의무가 있다.

3) 청소년보호위원회

청소년보호위원회(Commission on Youth Protection)는 여성가족부 소속 위원회이다. 주로 교육계와 법조계, 학계 그리고 시민단체 등의 분야에서 청소년 정책과 관련된 활동을 하고 있는 전문가들로 구성된다. 청소년보호위원회는 청소년관련 매체물 · 약물 · 업소 등을 대상으로 청소년유해성 여부 판단과 청소년보호를 위해 필요한 심의와 결정을 담당한다.

청소년보호위원회는 원장 1인을 포함한 11인 이내의 위원으로 구성된다.

주요 기능은 다음과 같다.

① 청소년 상담 및 선도, 보호

② 청소년 유해환경, 유해매체에 대한 조사 및 연구, 규제

③ 청소년 유해매체, 업소, 약물, 물건으로부터의 청소년보호 및 예방

④ 청소년의 성보호 및 성범죄 피해 청소년의 재활 지원

⑤ 각종 유해환경 및 유해행위에 대한 신고 접수 및 처리

⑥ 청소년보호와 관련된 사항에 관한 대국민 홍보 및 관련단체, 시민운동 지원

청소년을 둘러싼 사회 환경이 빠르고 크게 변하는 것처럼 청소년 보호의 방향도 큰 변화를 맞이할 수밖에 없는 현실이다. 그동안 청소년보호가 각종의 사회 유해환경으로부터 청소년이 접근하는 것을 규제하는 것에 초점을 맞추는 등 방어적이고 회피적이며 수동적인 정책을 전개했다고 볼 수 있다.

그렇지만 사회환경이 예측하기 힘들게 변하고 있다. 더욱이 오프라인 공간뿐만 아니라 인공지능, 로봇은 물론 인터넷과 소셜미디어, 갖가지 온라인 활동 등 청소년을 둘러싼 사이버 공간(cyber space) 환경은 성인들이 예측하기 힘들고 유해성의 기준을 만들기조차 버거울 정도로 빠르게 바뀌고 있다. 그렇기 때문에 청소년은 성인에 비해서 더 빠르고 쉽게 접근하고 활용할 수 있을 것이다. 이에 따라 이러한 사이버 공간 내의 활동은 큰 장점도 있지만, 예기치 못한 부작용과 유해성도 가늠하기 어려울 수 있다. 사이버 공간 안에서 일어나는 문제와 상황은 어쩌면 성인들이 이해하기 어려운 또 다른 세상으로 다가

올 수 있다. 이러한 맥락에서 보면 청소년보호는 새로운 국면에서 시작해야 할지도 모른다. 성인과 사회가 청소년보호를 위해 유해한 환경과 요소를 규정하기보다는 청소년과 함께 바람직한 청소년환경을 만들고 보호방안과 방향에 대해서 협력해서 모색해야 할 것이다.

CHAPTER 12

청소년 정신건강과 약물중독

1. 정신건강

1) 개념

정신건강은 세계보건기구(WHO)의 정의에 따르면 "일상생활에서 언제나 독립적 · 자주적으로 처리해 나갈 수 있고 질병에 대해 저항력이 있으며 원만한 가정생활과 사회생활을 할 수 있는 상태이자 정신적 성숙 상태"이다. 좀 더 적극적으로 정신건강이란 단순히 정신적 질병에 걸려 있지 않은 상태만이 아니라 자신의 능력을 최대한 발휘하고 환경에 대한 적응력을 가지며 독립적, 건설적, 자주적으로 자기의 생활을 처리해 나가는 능력으로 만족스러운 인간관계와 그것을 유지해 나갈 수 있는 상태를 말한다(Mental health & High school Curriculum Guide. teen mental health.org. 2017).

정신이 건강한 사람은 생각이나 감정, 행동이 조화를 이루어 마음이 편하고 자기에게 주어진 환경에 잘 적응한다. 정신기능을 통해 자신의 위치에서 주어진 할 일을 하고, 도전하게 되는 상황들을 해결하거나 적응해 간다. 특히 자기조절능력, 문제해결능력 그리고 대인관계능력을 갖고 모든 일을 잘 수행한다.

정신이 건강하지 못하면 병에 걸린다. 정신병적 장애(psychotic disorder)의 대표적인 질환은 흔히 환각이나 비논리적 사고 등으로 인해 이상행동을 보이는 조현병이 있다. 이외에도 조울증이나 우울증 그리고 약물의 부작용 등 여러 요인으로 인해 정신병적 장애가 나타난다. 이처럼 일반적으로 정신이 건강하지 못해서 병에 걸린, 즉 정신병 중에서 정신과에서 치료하는 질환 전체를 일컬어 정신질환이라고 한다. 정신병적 장애인 조현병을 위시해 공황장애 같은 불안장애, ADHD, 우울증, 단순 불면증까지 모두를 포함하는 광범위한 의미의 표현이다. 하지만 정신건강법에 따르면 "정신질환자는 망상, 환각, 사고(思考)나 기분의 장애 등으로 인하여 독립적으로 일상생활을 영위하는 데 중대한 제약이 있는 사람을 말한다."로 축소해서 규정하고 있다.

이러한 정신질환은 일상적인 뇌 기능의 변화로 인해 발생하는 건강상태로 기능을 수행하는 데 상당한 어려움을 일으킨다. 그러므로 정신질환에는 생물학적 근거가 포함된 복잡한 원인이 있다는 점에서 다른 신체 질병과 다르지 않다. 모든 질병과 마찬가지로 정신질환에 대한 효과적인 치료를 빨리 받을수록 결과가 좋다. 병원에서 정기적인 신체 건강검진을 통해서 위암을 조기 발견하여 적극적인 치료를 통해 완치율을 높일 수 있듯이 정신건강에 위험신호가 왔을 때 미리 발견하여 예방하거나 조기 치료할 수 있다.

우리나라 학령기·청소년기의 대표적 정신질환은 주의력 결핍 과잉행동 장애(ADHD), 불안장애, 우울장애 등이며, 청소년 자살 또한 심각한 문제로 나타나고 있다.

▌표 12-1 ▌ 학령기·청소년기에 발생하는 주요 정신건강 문제들

단계	정신건강 문제
학령기	학습장애, 주의력 결핍 과잉행동장애, 불안장애, 품행장애, 인터넷중독, 틱장애 등
청소년기	기분장애, 조기 정신증, 품행장애, 강박증, 사회공포증, 인터넷중독, 알코올 남용, 청소년 자살 등

유아기나 학령기 이전에 정신질환이 발생하는 경우는 갑작스러운 수행능력 저하가 나타나기보다 오래 전부터 대인관계의 어려움, 정서 · 행동 문제, 학습 저하 등이 지속되어 왔을 가능성이 크다. 그러나 청소년 시기에 정신질환이 발생하는 경우는 급격한 정서 · 행동의 변화와 성적 저하 등이 나타나게 된다. 그러므로 부모와 교사는 청소년 정신건강 문제의 조기 발견 및 조기 개입의 중요성을 인식하고, 일상생활에서 정신건강 위험신호를 알아채고 청소년의 정신건강 문제를 해결할 수 있도록 도와야 한다. 특히 발달단계에 따른 정신건강의 위험신호 내용을 알고 있는 것이 매우 중요하다.

▌표 12-2 ▌ 발달단계별 정신건강 위험신호

발달단계	정신건강 위험신호
초등학교	• 학교생활 적응 어렵고, 친구들과 어울리지 못함 • 집중력 저하, 학습 부진 • 학교 교사가 문제점을 지적, 문제행동 지속 • 부모님과 관계 나빠짐 • 심한 걱정과 불안, 짜증, 잦은 화와 분노 폭발, 공격성 증가 • 수면의 어려움
중고등학교	• 학교생활 적응 어렵고, 친구들과 어울리지 못함 • 집중력 저하, 학습 부진, 식욕 저하, 급격한 체중 변화, 부모님과 심한 갈등 경험 • 심한 걱정과 불안, 짜증, 잦은 화와 분노 폭발, 가출, 비행 등 • 학교 교사가 문제점을 지적, 문제행동 지속 • 성 문제 또는 이성 문제로 심각하게 고민, 수면 또는 식사 조절의 어려움

출처: 김미향·김소연·이재영(2020). 정신건강 톺아보기 〈지도자료〉. 교육부 학생정신건강지원센터.

2) 청소년 정신건강 문제

(1) 스트레스

스트레스는 우리가 일상생활을 하면서 겪는 모든 변화에 대한 신체적, 정신적 반응을 의미한다. 스트레스는 좋은 스트레스(eustress)와 나쁜 스트레스(distress)로 나누어 볼 수 있다. 좋은 스트레스는 일반적으로 결혼이나 스포츠 경기, 여행 등에서 일어나는 스트레스를 긍정적으로 받아들이는 경우를 말한다. 이러한 좋은 스트레스는 즐겁게 활동할 수 있는 동기를 제공하고, 창조적인 일을 수행할 수 있도록 만드는 작용을 한다. 반면에 나쁜 스트레스는 시험, 이별, 재난 등에서 긴장되거나 불행한 상황을 겪으면서 오는 마음의 고통 상태를 말한다. 나쁜 스트레스는 우리 몸에 복통, 두통 등의 신체적 증상을 동반하며 질병을 유발할 수 있으며 부정적인 영향을 미친다. 이러한 변화에 대한 반응은 스트레스를 일으키는 요인이 사라지면 대부분 없어지기 때문에 시간이 지나면 자연스럽게 사라지기도 하고 자신만의 스트레스 해소법을 통해 이겨내기도 하므로 다양한 시행착오를 통해 해결능력을 배워가야 한다.

청소년기는 급격한 생리적, 심리적, 사회적인 변화가 일어나는 시기인 동시에 개인의 독립과 책임이 요구되며, 어느 시기보다도 스트레스를 경험할 가능성이 높다. 청소년기는 발달과정 상 아동기에서 성인기로 넘어가는 과도기로 심리적, 신체적, 생리적, 인지적 변화를 경험하면서 자아정체감을 확립해 나가는데, 이러한 과업자체가 바로 스트레스 요인이 된다(최혜림, 1985; Cohen, 1999; Lazarus, 1981).

또한 청소년기는 기존 사회질서와 규범의 붕괴, 가치관의 혼돈, 새로운 문화의 유입과 적응, 학교생활에서 부딪치는 과중한 성취 압력, 맹목적인 부모의 기대와 요구, 비인간적인 인간관계 등 여러 가지 심리적 압력 때문에 다른 어떤 집단보다 심각한 스트레스를 경험한다(강지예, 2013).

(2) 불안장애

불안장애는 일반적인 불안과는 다르게 불안을 일으키는 사건이 전혀 없이 불안한 정도가 심하고, 불안을 일으킨 원인이 제거된 후에도 심하게 지속된다면 불안장애라고 본다. 즉, 과도한 불안과 공포(두려움)를 보이며 심리적으로 고통스럽고 일상생활을 할 수 없을 정도로 부적응적인 증상을 보이는 것을 말한다.

청소년기와 특히 관련된 불안장애로 대표적인 것이 시험불안인데 시험이나 평가를 앞두고 불안한 것은 당연하지만 불안의 정도가 심해져서 수면과 식습관에 모두 영향을 줄 정도로 정도가 심하여 일상생활을 수행하기 어렵다면 문제가 된다.

이처럼 불안장애는 의지가 약해서, 혹은 스트레스나 어떤 사건 때문에 발생하는 것이 아니라 실패 경험, 환경적 요구나 조건이 충족되지 않는 등의 다양한 원인들이 복합적으로 상호작용해서 발생한 뇌 기능의 저하 상태이다. 그래서 의지만 강하게, 스트레스만 없애주면 되는 것이 아니라 반드시 전문적인 치료를 받아야 한다.

미국정신의학회에서 만든 DSM-5(정신질환의 진단 및 통계 편람: Diagnostic and statistical manual of mental disorder)에 따르면 불안장애의 종류는 분리불안장애, 선택적 함구증, 특정공포증, 사회공포증(사회불안장애), 공황장애, 광장공포증, 일반화된 불안장애로 나뉜다.

(3) 우울장애

일반적 우울감과 다르게 우울장애의 심한 우울감은 그 강도가 더 강렬하고 지속적이다. 우울장애는 일상생활 기능에 영향을 주는 지속적인 심각한 우울감과 태도로 학업이나 사회적 활동에 영향을 미치는 경우를 말한다. 청소년에게는 사는 것이 아무 의미가 없고, 살 수 없을 것 같고, 의욕이 없어지며 부적절하게 대처하는 양상으로 나타난다. 이러한 우울장애는 혼자 해결할 수 없으며 전문가의 치료가 필요하다.

우울장애는 뇌 구조의 기능장애(예: 전두엽 활동의 기능저하, 시상하부의 기능장애), 내분비계통의 호르몬의 이상(예: 코티솔의 과잉분비), 환경적인 영향(예: 좌절감, 실패, 죄책감), 생물학적인 생체리듬(예: 계절성 우울증) 등의 영향을 받는다. 또한 가정불화, 학습부진, 따돌림, 사회적으로 지지 자원이 부족하거나 없는 경우도 위험요인으로 작용한다.

청소년의 우울장애는 삶에 대한 흥미와 관심 상실, 의욕 저하로 다양한 정서적·신체적 문제로 이어질 수 있으며, 학교나 가정에서 자신들의 능력을 발휘하지 못할 수 있다. 2주 이상 슬프고, 절망적이고, 무관심하고, 무감각하고, 활기가 없으며 피로한 기분상태가 계속되어 일상생활을 수행하기 어려울 정도의 기분변화를 보인다.

(4) 품행장애

품행장애(Conduct Disorder)는 다른 사람의 권리나 입장을 침해하거나 사회규범을 깨는 행동을 반복적으로 보이는 것을 말한다. 품행장애가 있는 청소년들은 다른 사람과 공감대가 전혀 없고 타인의 감정, 소망, 안정에 관심이 전혀 없다. 또한 냉담하며 죄책감이나 자책감이 결여되어 있다.

품행장애란 사춘기에 보일 수 있는 일반적인 충동성과는 달리 미성년자가 다른 사람의 권리를 침해하고 연령에 맞지 않게 사회적 규범이나 규칙을 반복적으로 위반하는 행동 양상을 지속적으로 보이는 장애를 말한다. 품행장애를 가진 아동 · 청소년은 공격적이고 파괴적인 성향을 드러내며 사람과 동물에게도 잔인하게 행동하고 타인의 재산을 파괴하는 등의 특징을 보인다. 또한 기질적으로는 통제하기 어려운 성향을 가지고 있는 경우가 많다. 유전적 요인과 부정적인 환경의 상호작용이 품행문제의 발생에 영향을 미친다. 예를 들어 폭력적이고 강압적인 부모의 양육 태도, 무관심하고 방임적인 양육 태도, 부모불화, 가정폭력, 아동학대 등의 환경의 영향으로 발생할 수 있다. 겉으로는 강하고, 두려움이 없는 것처럼 보이지만 내면적으로는 자존감이 매우 낮아서 쉽게 좌절하고 참을성이 부족하여 분노의 감정을 부적절하게 표현한다.

(5) 주의력 결핍 과잉행동장애(ADHD)

주의력 결핍 과잉행동장애(Attention Deficit/Hyperactivity Disorder: ADHD)는 아동기에 많이 나타나는 장애로, 지속적으로 주의력이 부족하여 산만하고 과다활동, 충동성을 보이는 상태를 말한다. 이러한 증상들을 치료하지 않고 방치할 경우 아동기 내내 여러 방면에서 어려움이 지속되고, 일부의 경우 청소년기와 성인기가 되어서도 증상이 남게 된다. 청소년 시기에는 겉으로 관찰되는 과잉행동증상은 줄어들지만 주의가 분산되어 집중이 어렵고 충동적으로 행동하는 모습을 보인다.

3) 청소년기 정신건강의 구분

민성길(2006)은 청소년기에 나타나는 정신건강 문제를 다음 네 가지로 구분하였다.

(1) 신체화 장애

청소년기에는 뚜렷하게 어디가 아프거나 병이 있지도 않으면서 병적 증상을 호소하고, 머리의 무거움이나 초조감, 피로감, 불면, 어깨통, 두근거림, 식욕 감퇴 등이 일어나며, 막연한 불쾌감이 따르나 실제로 검사해 보면 아무런 이상도 발견되지 않는 경우가 종종 있다. 이는 청소년의 심리적 갈등이나 스트레스가 신체의 증상으로 나타나는 것으로서, 신경계 증상, 위장과 심폐, 여성 생식기의 기능 장애 등 다양한 신체적 증상을 보이나 의학적 및 신경학적 원인이 나타나지 않는다.

(2) 강박장애

우리나라 청소년에게 많이 나타나는 정신증적 문제로 강박장애를 들 수 있다. 강박장애가 빈번히 나타나는 것은 학업성취에 대한 부담감과 실수에 대한 불안 등 복합적인 작용의 결과로 볼 수 있다. 증상으로는 반복적인 생각이나 강박적 행동이 주된 증상으로 불결하다는 생각 때문에 손을 반복해서 씻는 등 별 의미 없는 생각이나 행동을 반복하는 행위이다. 이것은 자신의 의지와는 무관하게 특정한 생각이나 행동을 반복하는 병적 상태로서, 강박사고와 강박행동이 동반될 수도 있다.

(3) 기분장애

기분이란 우리의 생활에 지속적으로 영향을 미치는 감정 상태이다. 일상생활에서 기분의 고저는 있게 마련인데, 때때로 이런 정상적인 기분의 변화와는 전혀 다르게 기분이나 감정이 극단적인 양상을 보여서 일상생활이 어려운 정도에 이르는 경우가 있다. 이를 기분장애라고 하며, 과거 우울증이나 조울증으로 알려진 정신질환의 새로운 명칭으로서 우울과 조증을 포함하며 기분의 상태가 부적절하게 높거나 낮은 경우를 말한다.

(4) 불안장애

불안은 위험에 대한 반응이며 위험에 대한 경계신호이다. 불안은 그 원인이 알려지지 않았다는 점에서 두려움과는 다르며, 다만 인지할 수 없는 미래를 향한 불편한 감정이라고 규정할 수 있다. 불안장애는 아동 및 청소년기의 정신장애로 가장 흔한 장애로 알려져 있다. 불안장애는 학교공포증, 등교거부증, 시험공포증 등을 들 수 있다. 그리고 정신분열증과 우리나라 청소년들에게 나타나는 일명 '고3병'으로 알려져 있고 이는 입시를 앞둔 청소년에게 보이는 증상을 말한다.

2. 약물중독

1) 개념

청소년에게 약물은 사춘기를 지나 성인이 되는 신체 · 정신 · 정서적으로 변화가 큰 시기에서 오는 갈등과 혼란 그리고 학생 신분에서 오는 학교생활과 입시 등에 대한 긴장과 부담 등을 일시적으로 해소하는 데 매력적인 유혹물질이다.

그러나 약물 사용은 일회성으로 끝나는 경우가 거의 없다. 약물의 남용과 오용은 약물 의존성과 습관성에 빠져들게 되고 결국 약물중독으로 쉽게 이어진다. 청소년의 약물중독은 단지 청소년기의 심리나 정서적 병리현상만 일으키는 것이 아니라 보다 장기적인 문제로 이어지면서 신체와 심리, 성인으로서 건강한 생활을 유지하고 성장하는 데 치명적인 피해를 가져올 수 있다. 특히 청소년기는 전전두엽이 성장 중이기 때문에 약물의 영향을 받으면 올바른 판단과 결정, 욕망 조절이 더 어려워지고 뇌의 기능을 저하시켜 여러 문제가 발생할 수 있다(국립부곡병원 홈페이지).

실제 약물(drug)은 병이나 상처 또는 신체 이상을 치료 또는 예방하기 위해 먹거나, 바르거나 주사하는 물질을 말한다. 이와 같은 약물은 정해진 용법에 맞게 사용하면 신체와 정신적인 병을 치료하고 예방하는 데 큰 도움이 되지만, 그렇지 못한 경우에는 오히려 독이 될 수 있다. 약물오남용은 이렇듯 예방 또는 치료 목적이 아닌 생리 정신적 변화를 일으키기 위해 약물을 부적절하고 불법적으로 사용하는 행위라고 할 수 있다. 특히 약물남용은 약물을 치료의 목적이 아니라 의도적으로 환각 등의 다른 목적으로 사용하는 것이고, 이러한 약물은 쾌감을 조절하는 중추의 보상회로(reward pathway)의 작용으로 내성을 가져오고 그 사용량이 증가함에 따라 중독이 되며 결국 평생에 거쳐서 즐거움과 행복을 가져올 보상회로가 변형 또는 파괴된다. 그런데 한번 파괴된 뇌세포는 재생이 되지 않으며, 초기 중독은 회복할 수 있지만 오래되면 회복이 어렵다(www.chemicalnews.co.kr).

세계보건기구(WHO)에서는 약물중독을 4가지로 정의하고 있는데, 첫째, 약물 사용의 욕구가 강제에 이를 정도로 강하고(의존성), 둘째, 사용할 때마다 약물의 양이 증가하는 경향이 있으며(내성), 셋째, 사용을 중지하면 온몸에 견디기 힘든 증상이 나타나며(금단증상), 넷째, 개인에 한정되지 아니하고 사회에도 해를 끼치는(사회적 해악성) 것으로 규정하고 있다(대검찰청, 2019).

약물은 주로 뇌의 중추신경계에 작용해서 정신적 기능에 영향을 주는 물질이다. 이러한 약물은 크게 구분하면 중추신경을 흥분시키는 약물, 중추신경을 억제시키는 약물, 그리고 중추신경을 흥분하고 억제하는 동시의 역할을 하는 약물로 구분할 수 있다. 중추신경을 흥분시키는 것을 '중추신경흥분제'라고 하고, 억제시키는 것을 '중추신경억제제'라고 하며, 중추신경의 흥분과 억제를 동시에 하는 것을 '환각제'라고 한다(민성길, 2006; 안동현, 2009).

2) 약물중독 관련 용어

(1) 약물오용

약물오용(drug misuse)은 의학적인 목적으로 사용하나 의사의 처방에 따르지 않고, 임의로 사용하거나 처방된 약을 제대로 또는 지시대로 사용하지 않는 것을 말한다.

(2) 약물남용

약물남용(drug abuse)은 의학적 상식, 법규, 사회적 관습으로부터 일탈하여 쾌락을 추구하기 위하여 약물을 사용하거나 과잉으로 사용하는 행위를 말한다. 따라서 법적 규제의 대상이 되는 마약류를 사용하는 것과 법적 규제의 대상에 포함되어 있지 않은 약물이라도 환각 목적으로 사용할 경우 남용에 해당된다.

(3) 약물의존

약물의존(drug dependence)은 마약류의 약물을 지속적, 주기적으로 사용하여 정신적 · 신체적 변화를 일으켜 약물 사용을 중단하거나 조절하는 것을 어렵게 하는 상태를 말한다.

(4) 약물중독

약물중독(drug misuse)은 약물 사용에 대한 강박적 집착, 일단 사용하기 시작하면 끝장을 보고야 마는 조절 불능, 해로운 결과가 있으리라는 것을 알면서도 강박적으로 사용하는 상태이다(Haugaard, 2001).

3) 약물의 종류

약물은 질병을 진단하고 치료하거나 예방을 위해서 신체에 영향을 미치도록 사용하는 물질을 말한다. 불법적인 약물은 물론 합법적인 약물이라도 잘못 사용하거나 과도하게 사용하면 기분 또는 지각, 사고, 판단, 행동에 영향을 미쳐 복용할 때 기분을 고양시켜 즐겁게 하며 정상적인 뇌 활성화 신호를 무시하고 강력하게 직접 작용하며 보상체계를 활성화하고 '고양감(high)'이라고 불리는 쾌락을 만든다는 것이다(APA, 2020). 이는 결국 약물의존 및 내성 그리고 신체와 정신을 피폐시켜 부정적인 사고와 행동으로 인해 자신과 사회에 돌이킬 수 없는 해를 끼친다.

DSM-5에 보면 알코올, 대마, 환각제, 흡입제, 아편제, 진정제, 수면제 또는 항불안제, 자극제, 담배, 기타 물질로 약물을 분류하고 있다(APA, 2020).

이러한 약물 중 청소년약물남용과 관련해서 대표적인 몇 가지는 다음과 같다.

(1) 알코올(Alcohol)

술에 함유되어 있는 알코올은 청소년이 손쉽게 접근할 수 약물이다. 또한 다른 해로운 약물로 들어가는 통로약물(gateway drug)의 역할을 하는 파급력이 강한 약물이다.

알코올, 즉 술은 중추신경억제제의 대표적인 약물이다. 알코올에 들어있는 에탄올이 중추신경억제의 역할을 하며 또한 진정효과도 있다.

중추신경이 억제되면 흥분신경과 마찬가지로 흥분한 행동을 일으키고 때로는 진정 효과도 일어난다. 따라서 알코올을 섭취하면 순간적으로 행복해지고 말이 많아지기도 하며 공격적인 성향 등이 나타난다. 또한 정신과 신체 감각들을 둔화시키며 뇌세포를 손상시켜 판단장애를 일으키며 과다하게 섭취하면 혼수상태에 빠지고 사망에까지 이르게 된다.

(2) 담배(Nicotine)

담배는 대표적인 중추신경흥분제이다. 담배에 많이 들어 있는 유해성분인 니코틴은 중추와 말초의 신경을 흥분시키는 물질이다. 특히 니코틴은 아편과 거의 같은 수준의 습관성 중독을 일으킨다. 이외에도 타르, 일산화탄소 등 담배 연기 속에 약 4,000여 종의 독성 화학물질이 들어 있는 유해약물이다. 담배를 흡연할 때 호흡기(폐)를 통해서 유해물질인 니코틴이 흡수된다. 니코틴 등 담배 속에 있는 독성물질은 직접 폐 속에 흡수되어 만성 폐쇄성 폐질환을 불러일으키기도 하며, 폐암, 구강암, 혈전증까지 유발한다. 또한 담배에 의한 간접흡연으로 제3자에게 병을 일으키게 하는 등 본인뿐 아니라 주위 사람들 건강에까지도 큰 피해를 주는 유해한 약물이라 할 수 있다. 이러한 담배는 금단증상이 매우 심하게 나타나는데, 담배를 끊거나 줄인 경우에는 금단증상이 24시간 이내에 나타나고, 2-3일 내에는 금단증상이 정점을 이루면서 불안, 과민성, 집중곤란 등의 현상이 2-3주간 지속된다(APA, 2020).

(3) 환각제(Hallucinogens)

환각제는 감각, 지각, 사고의 흐름, 기분 등의 변화를 일으키는 물질이다(Denis Richard, 2011). 환각제에는 대마초(마리화나), 엑스터시(MDMA),

LSD(Lysergic acid diethylamide), 싸일로시빈(Psilocybin) 등이 있다. 중추신경계를 흥분 또는 억제를 시키는 약물로서 현실을 왜곡시키는 상태가 되거나 기분의 급격한 변화를 일으켜 감각의 변화, 환상, 망상, 환시, 환촉 등을 발생시킨다. 이러한 환각제는 사람들이 처음에는 호기심 때문에 시험 삼아 접근하지만 우울해지고 짜증 등의 유쾌하지 않은 환각을 경험하기도 한다(조성권 외, 2007). 이처럼 지각, 감각, 사고, 감정 등에 심각한 영향을 주어 만일 남용하면 심하게는 망상, 환상 등을 일으켜 범죄를 유발시키는 요인이 되기도 한다. 특히 많이 알려진 환각제인 대마초는 중추신경을 억제하여 많이 복용하면 혼수상태를 일으키게 되고, 더 큰 문제는 청소년의 경우 대마초의 남용은 더 강력한 마약, 필로폰 등에 대한 욕구를 일으키는 '마약 남용의 관문(Gate Drug)' 역할을 하는 결과를 가져오므로 큰 문제가 되고 있다(APA, 2020).

(4) 흡입제(Huffing)

흡입제는 유해약물에 접근하려는 청소년들이 다른 약물에 비해서 싸다는 이유로 많이 사용하는 환각물질이다. 흡입제로는 본드(아교, 페인트, 신나, 벤젠 등)가 있고 부탄가스, 에어로졸 스프레이, 마취제인 아산화질소 등이 있다(김성이, 2002). 이러한 흡입제는 인체에 해로운 화학성분으로 구성되어 있기 때문에 뇌에 직접적인 영향을 주어서 기억력 감퇴와 더불어 정서불안 및 신장기능이 손상되는 경우도 있다. 또한 청소년들은 본드와 가스 등을 휘발성 흡입제를 사용하면 정신기능이 왜곡되기 때문에 의식을 잃거나 심하면 사망으로 이어질 수도 있다(APA, 2020). 그리고 내성이 있어 한 번 사용하게 되면 계속 같은 수준의 효과를 보기 위해 더 많은 양과 빈도로 사용하게 되어 중독에 이르게 된다.

(5) 마약(Narcotics)

마약(痲藥)은 향정신성 의약품으로 출시된 제품이다. 대표적 마약류에는 아편(Opium), 헤로인(Heroin), 모르핀(Morphine), 메사돈(Methadone) 등이 있는데, 이러한 마약류는 중추신경을 억제하여 강력한 진통작용을 나타나며 의존성이 약물 중에서 가장 높고, 내성과 금단증상이 강하게 나타난다(김성이, 2006). 그래서 우리나라에서는 마약으로 분류된 물질 중 일부는 강력한 진통작용으로 환자의 고통을 줄이는 등 의학적인 목적으로 사용한다. 하지만 마약을 의료가 아닌 단순히 환각을 목적으로 사용하면 일시적으로는 불안, 긴장, 우울을 사라지게 하며 정신적, 육체적 고통으로부터 해방되는 느낌과 함께 행복감을 느끼게 하지만 이것을 반복적으로 사용하면 특히 중추신경 억제효과에 대해서 내성이 생기고 강력한 약물의존이 형성되는 결과를 일으키고(APA, 2020), 지속적 사용하고 강도를 높이면 중독현상이 발생되고 뇌와 간에 심한 손상을 불러일으켜 심한 경우 사망에까지 이르게 되기도 한다.

(6) 신경안정제(Tranquillzers)

신경안정제는 중추신경계를 억제하여 긴장감과 불안감을 감소시키고 골격근을 이완시키는 약물로서 졸음을 유발한다(최은영, 2008). 이 약물들은 수면제, 마취제, 항불안제로 사용되는데, 벤조디아제핀(Benzodiazepine)계 약물, 프로포폴(Propofol) 등이 있으며, 이러한 신경안정제는 순간적 피로회복과 숙면효과, 불안감이 감소하고 기분이 좋아지는 등 효과가 있어서 의사처방 없이 사용하면 신체적 심리적 의존을 가져오고, 장기적으로 사용하면 내성이 생기고, 금단증상으로는 불면, 불안, 경련, 사망 등을 불러일으킨다(김성이, 2006).

(7) 각성제(stimulant)

각성제는 진정제와는 달리 신체나 중추신경계를 활성화시키는 물질로 작용한다. 그래서 사고, 감각, 감정에 직접적인 변화를 발생시키는 환각제와 다르게 일반적으로 혼미함과 피로감을 없앨 목적으로 사용된다(공정원, 2001). 그 외에도 코카인, 크랙, 암페타민류, 메스암페타민류 등이 있다. 그 중에서도 사회에서 가장 문제가 되는 것이 메스암페타민류인 소위 필로폰(히로뽕)이다. 미국에서는 필로폰 또는 스피드(Speed, 액체형태), 일본에서는 히로뽕, 동남아시아에서는 야바(Yaba)라고 불리는데(배성태, 2005), 이러한 메스암페타민(Methamphetamine)은 정신적으로는 일시적으로 기분이 좋아지고 주의 집중력이 증가되어 자신감이 생기며, 황홀감을 느끼며, 피로감이 줄어들고, 흥분작용을 한다. 또한 각성작용이 있어서 기억력, 사고력 등을 순식간에 높이고 시각 · 청각 · 촉각 등 감각기관이 예민해 지지만, 약효가 없어지면 피로감, 무력감, 우울증, 자살충동, 권태감 등이 엄습해 오고 정신병적 상태를 발생시킨다(APA, 2020).

이 외에도 신종약물로 분류되는 마약성 진통제인 누바인이라고 부르기도 한 날부핀(Nalbuphine), 속칭 '물뽕'으로 불리며 성범죄에 악용되는 강력한 환각 수면효과를 가진 GHB(Gamma Hydroxy Butyrate) 등이 있다. 이와 함께 프로포폴(Propofol), 동물마취제인 케타민(Ketamine), 다이어트제인 펜플루라민(Fenfluramine), 거담제 등을 본래 의료와 사용을 목적으로 하지 않고 오남용하는 문제도 끊임없이 일어나고 있다(대검찰청, 2019).

▌표 12-3▐ 약물 종류 및 특성

유형	물질	제품(이름)	복용(흡입) 반응
중추신경 흥분제	니코틴	담배	주성분인 니코틴이 일시적으로 중추신경을 흥분시켜 정신적인 안정감. 니코틴 중독에 빠지면 지속적으로 투여하지 않으면 불안, 금단현상이 발생
	카페인	커피, 홍차, 콜라, 초콜릿	소량섭취하면 일시적으로 각성상태 강화. 만성중독되면 소화불량, 불안 등의 증상
	코카인	각성제/ 마약	혈관과 신경체계에 심각한 영향, 뇌졸중, 발작, 섬망증, 정신이상 등을 일으킬 수 있음
	암페타민류 (메스암페타민)	각성제 (필로폰)	흡입, 주사제 등으로 사용. 단기효과로는 주의력 증대, 피로감 감퇴하지만 장기적으로 사용하면 편집증, 환각, 기분장애 등이 일어남
중추신경 억제제	알코올	술	뇌의 기능을 둔화시키며 수면이나 마취효과, 불안과 긴장해소. 많이 자주 마시면 의존도가 높아지며 자기조절능력을 상실되고 공격적이 되며, 뇌기능 장애가 옴
	아편, 모르핀, 헤로인	마약	혼미, 졸림, 식욕상실, 발한, 심한 소양증(가려움) 등을 유발
	프로포폴	진정 수면 유도제	수면을 유도하고 소량 복용으로도 긴장과 불안감 감소하지만 오남용하면 구토, 현기증, 수면, 호흡 억제 등을 일으킴
	본드 (시아노아크릴레이트), 가스 등	흡입제	본드 등은 더 해롭고 위험한 다른 약물을 남용하는 통로가 되며 질식에 의해 사망할 수도 있음
환각제	대마초 (마리화나)	환각제	대마초는 비현실감, 망상, 흥분, 시간과 공간에 대한 감각변화 등을 일으킴
	LSD	환각제	냄새도 색깔도 없는 백색 분말로 정신이상을 일으키고 감각을 왜곡시킴
	PCP	마취제	섬망, 의식장애 등 부작용 때문에 동물용 마취제로만 사용함. 중독되면 온순하던 사람도 폭력적이고 괴상한 행동을 나타냄

출처: 민성길(2006)과 이정균(2000), 대검찰청(2019) 등에서 재구성.

4) 약물중독의 원인

(1) 개인적 요인

청소년 약물중독의 원인은 다양하지만, 우선 주목할 것은 개인이 갖는 호기심과 충동성 그리고 반사회적 성향이다. 또한 아직 아동기를 벗어나지 못한 미숙한 성격에 머물고 있으며 청소년기에 적절한 사회적 요구에 대응능력과 태도가 부족한 경우가 많다.

특히 청소년기는 신체적, 심리적, 사회적 변화와 함께 학업성취, 인간관계 형성 등의 발달과업을 수행하기 위해 내외적 스트레스에 취약한 시기이다. 청소년들은 아동기보다 더 많은 스트레스에 처하는 반면 이제까지의 대처방법으로는 갈등이나 어려움을 적절히 해결하지 못하므로 약물남용과 같은 부정적인 문제행동으로 진전되기도 한다(Riesch etl, 1993).

(2) 가족 요인

청소년기에 가족으로부터 심리적 상처를 받으면 가족으로부터 이탈하려는 욕구가 강해지고 강한 자극을 통해 욕구를 충족하려 한다. 약물은 매우 끌리면서도 비교적 손쉽게 욕구충족을 할 수 있는 수단이 된다.

한편, 유전적 요인도 무시할 수 없지만 이보다 부모가 약물중독일 경우 자녀도 약물을 사용할 가능성이 높아진다. 이것은 약물로 인해서 부모의 역할을 하는데 장애를 갖게 되고 자녀의 입장에서는 부모의 대체물로 약물에 빠지게 되어 세대를 이어 약물중독 가족이 될 수도 있다.

특히 부모와의 관계가 매우 중요한데 부모의 사망을 비롯하여 유기, 이혼, 과잉통제, 학대, 과잉보호 등의 문제가 약물남용을 초래하기도 한다. 또한 자녀의 독립을 교묘하게 억제하는 가정이나 적절한 아버지상(예: 권위, 위엄, 모범)이 없는 가정에서 많이 발생한다는 보고도 있다(질병관리청 홈페이지).

(3) 사회적 요인

사회가 약물에 대한 태도가 허용적일수록 당연히 약물중독에 빠지는 청소년이 많아질 수밖에 없다. 이러한 약물을 비교적 거리낌 없이 받아들이는 환경은 불법과 합법적 약물에 쉽게 접근할 수 있도록 하고 또한 주변에서도 심각성 없이 받아들이는 여건을 조성할 수 있다. 특히 방송매체 등에서 음주문화를 긍정적이고 낭만적이며 긍정적 대인관계를 맺고 가족, 친지, 친구들과 돈독한 관계를 유지하는 데 도움이 된다는 분위기는 음주문화를 조장하는 데 적지 않은 영향을 미친다. 그리고 이와 같은 인식은 우리의 술 소비량이 전 세계적으로 상위권을 다투는 결과와도 관계가 있다.

술과 비행, 일탈행동은 밀접한 관계를 갖는다. 또한 예전부터 음주나 흡연이 남성성의 상징으로 받아들여지는 문화가 아직도 지속되는 상황은 술과 담배를 거침없이 하는 문화를 조장할 수 있다. 특히 청소년의 경우 또래집단에서의 동질감을 느끼고 소속감을 갖는데 약물이 간혹 중요한 수단으로 등장한다.

이러한 사회적 요인은 다른 요인에 비해서 큰 영향력을 갖는다고 보기는 힘들다. 그럼에도 불구하고 사회적으로 약물에 대한 폐해와 부작용에 대한 지속적인 관심이 떨어질 때 청소년의 약물중독 경향은 더욱 짙어질 수밖에 없다.

5) 청소년 약물남용의 유형

청소년들의 성격 특성 유형에 따라 약물남용의 유형을 7개로 구분할 수 있다.

첫째, 모험추구형(adventure-seeking type)이다. 이 유형에 속하는 약물남용 청소년들은 자신의 욕구가 좌절되는 순간 약물을 복용하여 내적 욕망을 채우려고 하고 흥분상태를 유지하고자 한다. 흔히 본드를 사용하는 경우가 많다.

둘째, 평화추구형(peace-seeking type)이다. 평화추구형 약물남용 청소년은 마음의 평화를 바라지만 자신들이 갖는 좌절이나 두려움, 충동 등 힘겨운 감정을 올바로 진정시키는 방법을 모르기 때문에 약물복용을 통해 안정감을 얻으려 한다. 이들은 신경안정제, 수면제 및 마리화나 같은 환각제를 주로 복용한다.

셋째, 교우관계추구형(friendship-seeking type)이다. 이 유형에 속하는 약물남용 청소년들은 외로움을 달래기 위해 또는 친구를 사귀기 위해 약물을 사용한다. 집단에서 소속감을 느끼고 좋은 관계 등의 느낌을 갖기 위해서 대마초나 술을 가까이하게 된다.

넷째, 힘추구형(power-seeking type)이다. 이 유형에 속하는 약물남용 청소년들은 현실적으로 성취되기 어려운 강력한 힘 또는 지위에 대한 욕망을 채우기 위해 사용하는 경우로 볼 수 있다. 이들은 강력한 힘을 가지고 있는 것처럼 착각을 가져오는 암페타민이나 코카인을 주로 섭취한다.

다섯째, 미적감각추구형(aesthetic-seeking type)이다. 이 유형에 속하는 약물남용 청소년들은 미적감각을 추구하려고 약물을 사용한다. 바라는 결과를 얻게 되면 약물에 지속적으로 의지하는 경향을 보인다. 주로 LSD나 메스카린 같은 환각제를 사용한다.

여섯째, 성적추구형(sex-seeking type)이다. 성적추구형은 자신의 성적 충동을 약물복용으로 해소하려는 것이다. 억압되어 있는 성적 욕구뿐 아니라 공격성, 충동성, 그리고 좌절 등이 생길 때 비슷한 행동을 취할 수 있으며 주로 암페타민이나 코카인 같은 약물을 사용한다.

일곱째, 초월명상추구형(transcendence-seeking type)이다. 이 유형에 속하는 약물남용 청소년들은 모든 것을 초월한 상태에서 인생을 관조하고 싶은 열망이 있다. 이를 약물을 사용하여 충족시키고 느끼게 한다. 반복되는 결과 약물에 지속적으로 의존하게 되는 경우이다(송광선, 2002; 윤흥희, 2004; 장혜수, 2001).

6) 청소년 약물중독 단계

(1) 1단계: 실험적 사용 단계

호기심이나 모험심으로 약물을 시작하는 단계이다. 주로 친구의 권유로 또래집단에서 동질감을 느끼기 위해서 약물을 접하며 단기간에 적은 양을 사용하는 특징을 갖는다. 즉, 실험 또는 사회적 도구로 약물 사용하는 단계로서 약물에 대한 긍정적 보상을 느끼며 기분이 좋아지는 상태를 즐기는 경향이 있다.

(2) 2단계: 습관적 사용 단계

기분 전환이나 정서와 정신적 자극이 필요해서 사용하는 단계이다. 점차 약물 사용의 빈도와 양 그리고 종류도 증가하며 약물로 인해 분노, 우울, 기쁨, 좌절 등 여러 감정의 변화를 경험한다. 이러한 약물 사용에 따른 감정의 변화는 학교 또는 가정과 사회에서 생활에 영향을 준다.

(3) 3단계: 심화적 사용 단계

일상적인 문제와 스트레스를 벗어나기 위해 약물을 주기적으로 사용하는 남용단계이다. 비록 정해진 시간에만 약물을 사용하는 경우가 많지만 점차 조절능력을 상실하고 약물을 구하기 위해서 집착하게 되고 이후 약물이 자신에게 해를 준다는 사실을 알고 끊으려 하지만 실패하게 된다. 결석, 지각이 잦고 성적이 떨어지고 부모와의 갈등이 일어나면 친구와 관계를 이어가는 데 어려움을 느끼지만 계속해서 약물을 사용하며 약물로 인해서 신체적인 폐해도 겪는 단계이다.

(4) 4단계: 강박적 사용 단계

약물의 효과를 유지하기 위해 다량의 약물을 자주, 장기간 사용하여 신체적, 심리적으로 약에 의존하게 된 중독상태의 단계이다. 이제는 생활의 중심이 약물이 놓이게 되며 가정 또는 학교에서 정상적인 생활이 불가능하다. 약물로 인해서 정서와 정신적 기분이 좋아지려 하는 것보다는 약물을 중단했을 때 나타나는 금단증상(격심한 두통, 손떨림, 환청, 환시 등)을 참지 못해서 약물을 사용한다. 약물의 효과를 지속하기 위해서 더 많고 강한 정도의 약물을 사용함에 따라 내성이 생기고 결국 약물조절능력을 상실해서 치료가 필요한 상황에 이르게 된다. 만일 치료를 받지 않으면 상당히 심각한 상황에 다다르는 단계이다.

7) 약물중독에 따른 지원

(1) 음주에 대해 관대한 문화 개선

우리는 약물 특히 음주 등에 대해서 관대한 문화가 있다. 흔히 술 먹고 일탈행위를 하면 '사람이 문제가 아니라 술이 문제다'라는 식으로 이해하고 수용하려 한다. 즉, 자신이나 타인에게 해를 끼치는 태도나 행동을 한 사람보다는 그 사람이 마신 술에 원인을 돌리려는 경향이 강하다. 이것은 우리 사회가 아직도 술이나 약물에 대해서 허용성이 강한 경향 때문이라고 볼 수 있다. 길에서 술을 먹고 비틀거려도 크게 주목받지 않으며 또는 거의 24시간 마음만 먹으면 술을 살 수 있는 문화를 가진 나라는 그리 많지 않다. 물론 각 나라와 문화가 갖는 특색이라고 볼 수 있지만 우리는 술에 대해서 여전히 낭만적 도구로 생각한다. 매스컴에서 사회적 관계를 맺을 때 공공연히 술자리를 보여주고 술을 마시고 취하는 것을 낭만적인 행위로 묘사하는 일을 그리 어렵지 않게 볼 수 있다. 술이 다른 약물의 통로약물로의 역할을 한다는 면에서 볼 때 음주에 대해서 관대하고 허용적인 문화에 대한 각성이 절실히 필요하다.

(2) 약물 피해의 심각성 인식

우리가 일반적으로 상상하는 것보다 약물은 생활 깊숙이 들어와 있다. 마약 등 불법적인 약물의 사용뿐만 아니라 다이어트, 각성제, 진정제 등 합법적이지만 잘못 사용하거나 남용해서는 안 될 약물들이 암암리에 청소년들 사이에서 퍼져 나간다. 이러한 약물은 사용한 당사자를 점차 피폐화시키고 나아가 가족과 또래친구, 주변사람들에게 간접적인 피해를 확산시킬 수 있다는 데서 더 큰 문제를 갖고 있다. 더욱이 약물은 속성상 내성이 생겨서 더 강한 약물을 더 자주 요구하게 한다. 따라서 약물 피해에 대한 심각한 인식은 개인이나 가족 그리고 사회가 다시 한 번 경각심을 가져야 한다.

(3) 약물중독 예방교육 및 활동의 활성화

약물은 한번 손대면 쉽게 빠져나오지 못하는 특성이 있다. 또한 청소년기부터 약물을 접했다면 대부분의 약물이 갖고 있는 중독성으로 인해 청년기와 성인기에도 지속적으로 약물을 복용하고 흡입할 가능성이 높다. 따라서 청소년에게 약물의존과 중독에 대한 도덕적 관점의 교육에 더하여 약물이 주는 정신과 신체건강의 피폐성과 정상적인 생활의 곤란함 등을 강조한 예방적 형태의 교육이 이루어져야 한다. 그리고 이러한 교육에 청소년이 쉽게 접근할 수 있도록 그들의 특성에 맞는 프로그램을 개발하고 확산시키려는 노력이 필요하다.

(4) 약물중독 치료 서비스 체계의 구축

약물중독은 생리(bio)-심리(psy)-사회(social)적인 질병이므로 회복을 위해서는 그동안 익숙한 약물에 중독되었던 삶 전체를 변화시켜야 하는 일이다. 또한 약물중독은 만성적이고 진행적이며 재발이 매우 쉽게 일어나는 병이기 때문에 단순히 약물의 사용 중지만으로 충분하지 않고 치료와 재활과정에 다양한 서비스 등이 체계적이고 통합적으로 운영되어야 한다. 이를 위해서는 중간의 집(half-way house), 자조집단(self-help group), 재활시설, 각종 사회적 지지 서비스 개발 등 다양한 프로그램의 제공되어야 한다. 아울러 병원, 학교, 복지관, 상담실, 경찰 등 관련 기관과의 유기적인 협조체계가 구축되어야 한다(홍봉선 · 남미애, 2007).

(5) 청소년들을 위한 문화공간 확충

사실 우리나라 청소년들은 마땅히 그들의 문화를 방출할 수 있는 공간이 부족하다. 물론 학업과 입시 부담으로 시간이 부족할 수도 있지만, 청소년들이 건강하게 적은 시간이라도 편하고 긍정적으로 자기의 마음을 재충전하고 회복할 수 있는 공간과 프로그램이 부족하다. 유희시설 등을 통해서 스트레스를 발산하고 여가를 즐길 수 있지만 이러한 공간은 약물의 유혹에 취약한 약점이 있다. 따라서 청소년들이 생산적인 놀이활동을 할 수 있는 편리하게 활용할 수 있는 스포츠시설이나 토론공간 등 대안 문화공간의 마련이 필요하다.

PART 05 청소년 권리와 복지

CHAPTER 13

청소년 인권과 참여

1. 인권의 개념과 의의

모든 사람은 하늘로부터 부여받은 존엄성을 가지고 있다. 우리나라 헌법 제10조에는 "모든 국민은 인간으로서의 존엄과 가치를 가지며, 행복을 추구할 권리를 가진다. 국가는 개인이 가지는 불가침의 기본적 인권을 확인하고 이를 보장할 의무를 진다."라고 명시되어 있고, 1948년에 제정된 세계인권선언문 전문과 제1조에 인권의 중요성을 강조하는 내용이 제시되어 있다.

우리는 돈이 많든 적든, 특별한 분야에 능력이 뛰어나든 아니든, 인격적으로 훌륭하고 지식이 많건 아니건 모든 인간은 인간이기 때문에 존엄하다는 뜻이다. 즉, 모든 인간이 세계에 유일무이한 독특한 인간으로서 가치와 정체성을 갖는다는 것이다.

인권은 개인에게 보편적으로 해당하는 광범위한 가치이다. 사람이라면 누구나 당연히 가지고 누구도 훼손할 수 없는 기본적이고 자연적 권리이다.

이처럼 사람은 천부적인 존엄성을 갖고 있지만 현실에서는 인간의 존엄을 해치는 일이 많이 일어난다. 그래서 역설적으로 인권의 의미가 강조되고 법에 의해서 국가가 국민과 시민의 인권을 지키고 확장하는 일을 최우선으로 삼고 있다. 즉, 국가는 개인의 권리를 법으로서 보장해야 하는 책무가 있다.

사실 인권이 보편적 가치로서 인정되기 시작한 지는 그리 오래되지 않다. 인권의 개념은 18-19세기 절대주의에 대한 투쟁으로부터 발전하면서 프랑스 혁명에서 나타난 인권선언과 영국의 권리장전 등에서 꽃을 피우고 제도화의 기틀을 마련하였다.

모든 사람이 인권이 있지만 다른 사람의 인권을 존중하지 않는 사람은 법으로서 그 사람의 권리를 제한하거나 제재한다. 그러나 인권은 단순히 법적인 범위에서 정의할 수 없는 사안이 많다. 난치병에 걸려서 생명이 위태로워진 어떤 사람이 상당히 많은 돈이 들지만 매달 3년 정도 치료받고 회복될 수 있는 방법이 있다고 할 때, 만일 전 재산을 통틀어도 한 달 치료받을 비용이 되지 않는다면 그 사람은 생명을 유지하기 쉽지 않을지도 모른다.

단순히 하나의 현상만으로 인권의 침해 여부를 판단할 수는 없다. 사회적 맥락과 상황 속에서 판단해야 한다. 이처럼 인권은 현실에서 다양한 모습으로 드러난다.

그런데 나의 인권은 다른 사람의 인권과 연결되어 있는 지점이 상당히 많다. 법을 지키는 일은 타인의 인권을 위한 나의 자유로운 권리의 제한이 될 때가 있다. 예를 들어서 기분이 나쁘다고 다른 사람을 때리는 경우에는 법적 처벌을 받는다. 또한 답답하다고 옷을 다 벗고 거리를 활보한다면 법으로 제재를 받는다. 하지만 인권의 제한과 허용범위는 매우 복잡하고 쟁점이 될 부분이 많이 있다. 따라서 인권의 침해와 제한은 정해진 법과 규정에 의해서 달라지지만 아울러 사람들이 갖고 있는 상식과 우리가 살고 있는 사회문화 규범에도 영향을 받는다.

즉, 인권이 존재한다는 것에는 큰 다른 의견이 없지만 인권의 본질과 범위는 논란이 되고 있다. 인권이 보장될 수 있는 방법과 한계 또한 인권이 앞서 말한 대로 누구에게도 양도할 수 없는 천부적인 권리인가 하는 것에 대한 논쟁은 끊임없이 이어지고 있다.

2. 청소년 인권

청소년 인권이라고 특별한 것은 아니다. 청소년도 사람으로서 인간이 갖고 있는 존엄성이 보장되고 확보되어야 한다. 한 사회의 시민으로서 권리를 갖고 의무도 부여받는다.

더욱이 청소년이 여전히 사회적 보호와 삶을 새롭게 형성하는 발달과정에 있다는 면에서 청소년인권은 청소년기의 발달과 성장에 올바르게 할 수 있는 권리에 대해 성인보다 더 가정과 사회, 그리고 국가의 책임을 강조하고 있다.

1989년 11월 20일 유엔에서 채택된 유엔아동권리협약은 아동청소년이 안전하고, 행복한 환경에서 잠재력을 충분히 발휘하기 위한 사안들을 모은 것으로, 세계 모든 아동청소년의 권리를 지켜주기 위한 국제협약으로 4가지 기본원칙을 갖고 있다. 우리나라는 1991년 11월 20일에 아동권리협약을 비준했다(아동권리보장원 2023년 게재 자료 참고).

표 13-1 유엔아동권리협약

권리형태	내용
생존권	적절한 생활수준을 누릴 권리, 안전한 주거지에서 살아갈 권리, 충분한 영양을 섭취하고 기본적인 보건서비스를 받을 권리 등, 기본적인 삶을 누리는 데 필요한 권리
보호권	모든 형태의 학대와 방임, 차별, 폭력, 고문, 징집, 부당한 형사처벌, 과도한 노동, 약물과 성폭력 등 어린이에게 유해한 것으로부터 보호받을 권리
발달권	잠재능력을 최대한 발휘하는 데 필요한 권리, 교육받을 권리, 여가를 즐길 권리, 문화생활을 하고 정보를 얻을 권리, 생각과 양심과 종교의 자유를 누릴 권리
참여권	자신의 생활에 영향을 주는 일에 대하여 의견을 말할 수 있어야 하며, 그 의견을 말하고 존중받을 권리, 표현의 자유, 양심과 종교의 자유, 의견을 말할 권리, 평화로운 방법으로 모임을 자유롭게 열 수 있는 권리, 사생활을 보호받을 권리, 유익한 정보를 얻을 권리

3. 인권의 삼 세대

인권은 한 사회의 역사 흐름과 사회경제 그리고 문화적 발전에 따라서 변화한다.

인간 존엄성에서 비롯되는 생명권 등에 대한 권리는 보편성을 지닌다 하더라도 실제로는 현실세계의 큰 영향을 받는다. 멀지 않은 역사 속에서도 그 모습을 볼 수 있는데 대표적인 예가 2차 세계대전 당시 참혹한 학살을 감행한 나치독일의 홀로코스트 사건, 우리나라의 일본군 성노예(위안부) 여성 등을 통해 인권의 여러 침해요소들을 발견할 수 있다. 민족적 우월성을 앞세워 다른 민족의 생명권을 빼앗는 행위와 여성의 성적인 자기결정권과 행복권을 앗아가는 모습으로부터 개인의 관점에서 보면 국가가 없거나 힘이 없어서 인권을 보호하지 못한 것이지만 근본적인 권리 침해는 자유권의 박탈이다.

자유권은 온당하지 않은 국가 권력으로부터 자유로울 권리를 말한다.

가끔 길거리에서 개인 간의 시비가 붙어서 싸움이 될 듯하면 "법대로 합시다"라는 말을 듣는다. 법은 최소한의 도덕률, 즉 모두가 당연히 지켜야 할 사회적 최소한의 도덕인 동시에 권리를 침해받지 않고 권리를 향유할 수 있게 하는 제도적 장치이다. 이러한 법은 주로 "~해서는 안 된다, ~할 수는 없다, ~할 수도 있다" 등 권리를 수동적으로 지키는 합의로 소극적 권리라고 부른다.

근대와 현대에서 수많은 나라들의 역사는 먼저 자유권을 획득하기 위한 투쟁이었다고 볼 수 있다. 이를 토대로 사회적(복지) 권리와 나아가 미래세대가 향유해야 하는 권리까지 확장되어 오고 있다.

이와 관련하여 삼 세대 인권을 주목할 필요가 있다.

폴란드 출신인 키에슬로프스키(Krzysztof Kieślowski) 감독이 만든 '세 가지 색 블루', '세 가지 색 화이트', '세 가지 색 레드'로 이어지는 세 가지 색 삼부작 시리즈 영화가 있다. 이 시리즈에서 각각의 색은 프랑스 국기의 색을 상징한다. 블루는 자유, 화이트는 평등, 레드는 박애를 말한다.

절대왕정을 무너뜨리고 시민국가를 수립한 프랑스 혁명은 인권과 관련한 인류사적 사건이다. 이 시민혁명 때 프랑스 삼색기가 주권, 즉 인권의 상징으로 널리 퍼지게 되었고, 오늘날에도 자유, 평등, 박애는 인권을 실현하는 중요한 이념과 지표가 되고 있다.

바사크(Vasak)는 자유, 평등, 박애 등 프랑스 혁명에서 제기된 세 가지 지향점과 구호를 바탕으로 인권의 3세대를 주창하였다.

1세대 인권은 자유와 관련한 자유권 중심의 인권이다. 17-18세기의 서구 사회의 정치적 혁명과 관련되며, "~로부터의 자유"라고 하는 시민적 · 정치적 권리에 초점을 둔다. 따라서 1세대의 인권을 '소극적' 권리라고 생각하는 경향이 짙다. 이 1세대 인권의 핵심은 정치권력으로부터 한 개인을 보호할 수 있는

'자유'를 선언했다는 것이다.

2세대 인권은 평등과 관련된 인권으로서 경제, 사회, 문화적 권리로서 통틀어 사회권이라고 볼 수 있다. 서구 자본주의의 지나친 발달과 자유에 기반을 둔 개인주의의 폐해에 대한 반발로 형성된 평등 중심의 권리이다. 19세기를 전후하여 발달하였고 2세대 인권의 특징은 일정한 분배 정의를 확립하여 사회적 약자들이 인간다운 삶을 보장하는 데에 초점을 맞추고 있다. 이를 위해서는 정부의 개입이 적극적으로 이루어져야 하며, 이러한 점에서 볼 때 제1세대 인권에 비해, "~에 대한 권리"로서 적극적인 권리에 해당한다.

3세대 인권은 앞의 1세대와 2세대의 권리와 조금 다른 측면에서 이해되어야 하는 권리이다. 20세기 후반에 등장한 박애와 관계되는 것으로서 개인과 집단에서의 소수자, 세계에서의 제3세계 등과 같이 인권을 누리지 못하는 개인과 집단에 대한 각성에서 나온 권리를 말한다. 20세기 후반에 등장한 3세대 권리는 인권의 특성인 약자를 위한 권리라는 점을 강조하여 여성과 인종 문제, 그리고 제3세계의 빈부 문제, 국제 무기 경쟁과 핵전쟁의 위협, 그리고 생태 위기 등으로 인한 인류 삶의 환경과 관련한 인권의 새로운 목록을 제시한다. 1, 2세대 인권과는 달리 국가와 개인의 관계에서 나오는 권리가 아니라 집단적이고 연대적인 권리라는 점에서 차이가 있다고 볼 수 있다(김영란, 2016).

이 삼 세대 인권은 인권이 점차 확장해 온 개념으로 보아서 1세대, 2세대, 3세대 단계별로 발전한다고 할 수 있다.

▮표 13-2▮ 바사크의 인권 삼 세대론

구분	권리	내용	핵심 가치
1세대 인권	자유권	~로부터의 자유 시민적 정치적 권리	자유
2세대 인권	사회권	~에 대한 권리 경제, 사회, 문화적 권리	평등
3세대 인권	연대권	약자를 위한 권리 연대와 단결의 권리	박애

4. 청소년의 권리와 복지권

1) 청소년에게 복지권의 의미

청소년이 한 나라에서 중요한 존재이며 나아가 국가와 사회의 미래를 좌우하는 주요한 인적 자본이다. 그런데 청소년의 미래에 대한 사회의 책임이나 청소년이 갖는 중요한 위상과 위치를 강조할 때마다 문장 내용의 무게만큼 다가오지 않는다. 청소년이 소중함과 중요성을 강조하려면 어른이 갖는 책임과 해야 할 일에 대한 언급이 뒤따라야 한다. 즉, 구체적인 실행방안과 방법에 제시되어야 한다.

인권은 인간이 자유롭고 정의롭고 행복한 환경에서 살아야 한다는 당위적 선언이 아니다. 사회적 관계에서 인간의 권리는 책임과 의무의 주체가 있어 그들의 역할이 제시되어야 한다. 마치 국가가 국민의 권리에 대한 의무 관계로 맺어진 것처럼(인권의 대전환) 어른이 청소년의 권리에 대해 책임관계를 명확히 해야 진정한 청소년의 권리를 논의하고 내용을 명확히 하며 나아가 확장할 수 있을 것이다. 그저 '그랬으면 좋겠다.'라는 막연한 소망의 개념이 아닌 꼭 그래야 한다는 당위적 개념으로 이해해야 한다는 것이다.

특히 청소년 복지권은 삶을 넘어서 생활에 밀접한 관련이 있는 문제이므로 구체적으로 규정하지 못하는 것은 권리로서의 의미를 퇴색하거나 무의미하게 한다. 예를 들어서 '모든 청소년은 행복할 권리를 가진다.'라는 문장은 충분히 선언적이며 공감할 수 있지만 '그래서 행복할 권리가 어떻게 구현되어야 하는가?'라는 질문에 답하지 않으면 공허한 말이 되어 버린다. 복지권은 바로 구체적으로 나타나거나 실현할 수 있는 내용과 제도 그리고 방법과 과정을 제시하지 않으면 안 된다(노혁, 2020). 그럼에도 불구하고 현실에서 청소년의 적극적인 권리를 구체화할 수 있는 방안 중에 하나가 청소년들의 복지적 권리, 즉 행복할 권리를 나타내고 실천하는 일이다.

2) 청소년 복지권의 구성요건

(1) 복지 규범

복지규범은 사회가 청소년을 올바르게 키운다는 가치를 강조하는 것이다. 사회가 아동과 청소년에게는 아낌없이 그들이 욕구와 미래에 적합한 지원을 해야 한다는 의미이다. 한 사회에서 갖고 있는 총량의 자원과 역량을 최대한 발휘해서 청소년에게 기회를 주고 지원을 하려는 노력이다. 마치 어른들이 자식이 맛난 것을 먹을 때 내가 더 배부른 느낌을 받는다는 말처럼 청소년을 위한 복지지원의 확장은 사회 전체에 현재와 미래 행복의 양과 질을 넓히고 높일 수 있을 것이다.

(2) 사회 책임

청소년의 권리를 증진하고 행복을 도모하는 일은 국가와 사회의 중요한 책임이다. 그리고 청소년에게는 주요한 권리이다. 청소년의 권리와 복지를 강조하는 것은 청소년 개개인을 보호하고 건강하게 성장할 수 있는 복지적 지원을 도모하는 것뿐 아니라 이를 토대로 해서 사회의 경제는 물론 사회 발전을 극대화할 수 있다. 따라서 청소년의 복지적 권리에 대한 사회 책임이 더 강조되는 것이다.

(3) 청소년 참여

참여는 자신이 갖고 있는 권리를 체감하고 발달시키는 중요한 수단인 동시에 과정이다. 참여를 하지 않고서는 청소년이 자신들의 복지권을 증진하고 확장하는 데 한계를 가질 수 있다. 더욱이 복지권은 청소년들이 행복했으면 좋겠다는 선언적 권리를 넘어서 구체적으로 청소년들의 행복을 위한 가정, 사회와 청소년의 역할을 구체화할 수 있는 권리이다.

이러한 복지적 권리는 일차적으로 취약계층 청소년에게 제공되어야 하지만 청소년 모두가 최대한 사회가 갖는 역량 범위 안에서 누려야 할 것이다.

청소년 복지권은 현금과 현물 그리고 무형의 서비스 등이 다양한 형태의 권리로서 제시된다. 특히 아동과는 달리 주체적 활동과 역할이 중요한 청소년에게 가족을 통한 지원 못지않게 청소년 할인과 수당 등 직접적으로 혜택을 줄 수 있는 방안이 더 크게 확대되어야 한다.

5. 청소년 권리의 증진단계

비록 인권이 천부의 권리이지만 가만히 앉아 있다고 해서 권리가 얻어지지 않을 때가 많다. 실제 생활에서 권리는 개인과 억압받는 집단이 권리 침해나 불이익을 당할 때는 사회에 지속적으로 도전하고 투쟁해서 획득해야 한다. 청소년 권리도 마찬가지라고 볼 수 있다. 더욱이 청소년은 자신과 사회가 가진 보호의 틀에 있다 보면 권리증진의 필요성을 절실히 느끼지 못할 수도 있다. 또한 만일 권리가 침해받고 있어도 정말 침해받고 있는지에 대한 판단조차 할 수 없는 경우가 있다. 왜냐하면 청소년 권리는 성인의 권리에 종속된 성격이 강하고 때에 따라서 성인의 허락과 허용에 따라 허용되는 일이 적지 않기 때문이다.

청소년이 주체적인 삶을 살아가고 성인과 더불어 바람직한 사회를 구성하고 미래의 건강한 자원으로서 성장하기 위해서는 자신과 타인의 권리를 명확히 이해해야 하고, 또한 권리를 찾고 지키는 노력을 기울여야 한다.

청소년이 사회에서 자신의 권리를 증진시킬 수 있는 단계를 제시한다.

1) 청소년 권리의 자각

아는 만큼 느낄 수 있다는 말이 있다. 청소년 권리 확보의 출발은 권리를 자각하는 일이다. 청소년이 스스로 자신의 사회적 권리를 이해하고 파악할 수 있도록 권리에 대한 지식과 정보가 필요하다. 우선 인간 생명의 존엄성과 기본적인 권리에 대한 습득이 필요하다. 이와 함께 수많은 권리 중에서 내가 갖고 다른 사람과 조화를 이루어야 하는 주체적인 권리에 대한 자각이 필요하다.

2) 청소년 권리 침해의 이해

사람이 갖는 권리가 우리가 살고 있는 사회의 정치 · 경제 · 법 제도 내에서 침해당하는 정도와 유형을 이해해야 한다. 청소년은 알게 모르게 자신의 권리를 침해 또는 박탈당할 수 있다. 따라서 국가권력과 사회는 늘 청소년 개개인의 권리를 침해하거나 방치하는 사회제도와 행위에 관심을 기울여야 한다. 또한 권리 침해에 대한 교육이 학교와 지역사회에서 꾸준히 있어야 한다. 이와 함께 청소년 스스로 내가 가져야 하는 권리와 그 권리를 누릴 수 있는 수준과 태도에 대한 이해가 있어야 한다.

3) 청소년 권리의 자율과 책임성 설정

보편적으로 권리는 책임이 뒤따른다. 생명은 존엄하다. 따라서 스스로 목숨을 끊어서는 안 된다. 자살은 심각한 일탈행위이다. 즉, 생명은 소중하기 때문에 자신의 생명이라도 스스로 결정할 권리는 없다.

이처럼 모든 권리에는 책임이 따라오고 또한 권리를 갖고 누리는 데 따른 자율적 규제가 요구된다. 권리의 자율과 책임관계를 양적으로 설정하기는 힘들다. 그렇지만 청소년이 권리와 관련한 개인과 사회에 대한 책임과 자율성을 잘 알고 행동하는 것은 중요하다. 즉, 때로는 타인의 권리는 내 책임과 맞닿아 있으며 다른 사람의 책임은 내 권리와 깊은 관계가 있다. 따라서 권리의 자율성과 책임의 기준을 학습하고 설정하는 일은 자신과 가족 등이 정당한 권리를 외면당하거나 침해당했을 때 권리를 찾기 위한 안내 지침이 될 수 있다. 즉, 권리에 대한 이해와 함께 권리와 연결된 책임을 알고 배워나가는 일도 진행되어야 한다.

4) 청소년 권리의 상호성 인식

권리는 특정한 개인에게 부여된 권한이 아니다. 대부분의 권리는 다른 사람과 밀접한 관련을 갖는다. 때로는 자신의 권리주장이 타인의 권리를 침해하기도 한다. 따라서 청소년이 권리를 증진시키고자 할 때 타인의 권리와의 관계를 살피는 일이 반드시 필요하다. 나의 권리와 똑같이 다른 사람의 권리를 인정하고 수용하며 발전시키도록 노력해야 한다. 이것이 다 함께 권리를 증진하는 성숙한 방법이 될 수 있다.

5) 청소년 권리의 확보를 위한 도전과 성취

권리가 누군가로부터 주어질 수도 있지만 권리는 자기 스스로 주장하고 합리적인 방법으로 얻을 때 더 소중해 질 수 있다. 사회에서 청소년이 스스로 권리를 주장하고 찾기란 쉽지 않다. 따라서 동일한 의식을 갖고 있고 권리를 침해받는 청소년들과 힘을 합쳐서 권리 찾기의 노력을 기울여야 한다. 청소년의 권리확보 또한 성인들과의 대결이 아닌 상호이해와 협력으로 추진되어야 한다. 또한 청소년 사이 권리에 대한 몰이해와 잘못된 권력의 행사로 피해받는 경우에 눈을 감아서는 안 될 것이다. 그 대표적인 사례가 사회문제 중 하나인 '집단따돌림' 또는 '청소년의 집단구타' 문제이다. 내가 직접 집단따돌림을 시키는 행위에 가담하지 않았다고 해서 권리에 따른 책임이 없어지는 것은 아니다. 피해를 지켜보고 방조하는 것도 권리를 침해하는 행위라고 볼 수 있다. 따라서 청소년의 권리가 무엇인지, 그 권리가 어떻게 확보되어야 하고, 다른 사람의 권리의 소중함을 인식하고 정당한 권리를 가질 수 있는 노력이 필요하다(송주미, 2003; 노혁, 2020).

6. 청소년 권리와 참여

1) 권리와 참여

청소년의 권리에 대한 인식은 20세기 초부터 나타났으나 실제로 많은 국가와 사회에서 유엔청소년권리협약이 1989년 채택된 이후에 적극적으로 개입한다고 볼 수 있다. 유엔청소년권리협약은 청소년도 성인과 동등한 권리를 가져야 한다고 강조한다.

즉, 청소년은 어른과 같은 지위가 좀 더 많이 허락될수록 어른의 억압으로부터 자유로워진다고 본다. 따라서 청소년의 자율과 자유 그리고 자기결정권이 주요 개념이 된다. 다시 말해 청소년은 어른과 다른 존재가 아니며, 이는 청소년의 행동, 감성, 사고, 지식, 기술 등 모든 측면에 적용된다(이순형 외, 2003; 이재연, 1997). 그리고 청소년의 권리는 보호나 복지 개념보다는 자유, 자기결정, 자율성 등과 함께 적용되는 것이다(송주미, 2003; Archard, 1993).

청소년이 주체적으로 생활하고 사회의 구성원이 되어서 성장하기 위해서는 자신과 타인의 권리를 이해하고 증진하며, 만일 권리가 침해되는 상황이 생긴다면 적극적으로 찾을 수 있는 노력이 필요하다. 이러한 권리를 갖기 위해서는 성인으로부터 보호와 자율성을 확보하는 일을 넘어서 적극적인 참여를 통해서 확보해야 한다. 나아가 이러한 청소년 참여를 통해서 청소년과 성인이 동반자가 되어 우리 사회 구성원들의 권리를 증진시킬 수 있는 방안에 대해 지속적으로 추진해야 한다.

2) 청소년 참여의 의미

청소년 참여의 의미는 크게 개인발달과 조직 그리고 사회개발 수준 등 세 가지로 구분할 수 있다.

(1) 개인 발달

자신의 삶에 영향을 미치는 유용한 지식과 의사결정에 대해 관여한다. 수동적인 입장이 아닌 보다 능동적으로 자신의 발달을 지속적으로 성찰하고 주변 환경에 대해서 수집된 정보를 통해서 비판적으로 판단하고 사고하며 이를 토대로 바람직한 방향으로 적극적인 도전을 한다.

(2) 조직개발

청소년을 위한 정책과 프로젝트 등에 스스로 의사결정 할 수 있는 기회를 갖는다. 즉, 청소년 스스로 조직하고 정책과 프로그램의 우선순위를 정하고 의사결정에 적극적으로 참여하는 권리이다. 예를 들면 청소년들이 청소년 프로젝트에서 자문이나 운영에 참여하는 것으로 특별히 취약계층 청소년이 자신들의 권리를 이해하고 증진할 수 있는 프로그램에 개입하는 것이 더 강조될 수 있다.

(3) 사회개발

청소년 참여는 시민으로서 사회적 · 문화적 · 정치적 · 경제적 활동에 참여할 수 있는 권리를 나타낼 수 있다. 작게는 지역사회 봉사활동 등을 통해서 지역사회 개발과 발전에 이바지할 수 있다. 나아가 청소년들이 교육과 훈련 그리고 정치 활동 등의 영역에 참여하는 것까지 포함한다. 이를 위해서는 지역과 사회를 위해서 봉사하는 것은 물론 나아가 지역사회 발전을 위한 정책과 전략에 참여하는 것까지 확장되어야 한다.

3) 청소년 참여의 모델

하트(Hart)는 참여에서 선택권을 강조하면서 자신이 능동적으로 생활환경에 관련되는 일에 참여하면서 인지하고 함께 논의하며 의사결정을 함께 할 수 있어야 진정한 참여라고 한다. 청소년 참여는 다음 8단계로 구분된다(Hart, 1997).

(1) 조작(manipulation) – 성인들이 이용하는 단계

성인들이 청소년의 목소리를 이용하는 단계이다. 청소년들이 활동 내용을 전혀 이해하지 못하고 성인들의 지시에 일방적으로 따르는 상태이다. 예를 들면 사회문제와 쟁점에 관한 이해가 없이 성인이 시키는 대로 플래카드를 들고 시위에 참여하는 것이다.

(2) 장식(decoration) – 장식처럼 동원되는 단계

성인이 주도하고 청소년과 함께 하지만 청소년은 해당 문제와 일에 대한 이해가 적고 조직화 과정에서 참여도 없다. 이 단계에는 청소년에게 관련된 주장이나 내용을 담은 티셔츠를 입히거나 청소년활동에 하나의 장식품처럼 참여하는 단계로 전개과정에서 청소년 자신의 의사를 말할 수 있는 기회가 주어지지 않는다.

(3) 명목주의(tokenism) – 명목상으로 참여하는 단계

청소년들의 의견이나 생각을 나타내도록 하지만 활동이나 문제해결 과정에 전혀 영향을 미치지 못하는 상태이다. 즉, 성인이 주도하고 청소년이 자신의 목소리를 가진 것처럼 보이지만 주제에 대한 선택권이 없고 자신의 의견을 형성할 기회가 없다. 청소년이 참여를 위해 회의에 참석할 수 있도록 초청되고 의견을 말할 수 있는 기회도 주어지나 토의 주제 선정과 발표의 형식이 제한되고 자신의 의견을 다른 친구들과의 토의 등을 통해서 정리할 수 있는 기회는 주어지지 않는다. 흔히 제도나 규정에 따라 청소년이 어른에 의하여 선발되어 초청받아 참여하지 않는 청소년을 대표하는 것으로 이해하고 알리는 경우를 말한다. 하트는 이 단계까지는 실질적인 청소년 참여로 보지 않는다.

(4) 제한적 위임과 정보제공(assigned but informed) – 성인이 지시하지만 정보는 제공하는 단계

제한적으로 청소년들에게 역할이 부여되며 그 과정을 통해 활동의 궁극적인 목적이나 필요하다는 사실은 이해할 수는 있다. 비록 성인들이 주도적으로 운영하지만 청소년이 그 의도와 의사결정과정과 결과를 이해하며, 참여 이후에 어떤 역할을 담당하거나 자원봉사를 할 수도 있는 단계이다. 이 단계는 청소년의 참여와 비참여가 구분되는 단계로서 청소년이 활동의 취지를 이해하고 있는가, 청소년은 누가 결정을 내리는지, 그 이유가 무엇인지를 이해하는가, 청소년이 진정한 역할을 담당하는가, 청소년이 자발적으로 참여할 수 있도록 활동 내용이 충분히 설명되었는가 등이 고려된다.

(5) 상의와 정보제공(consulted and informed) – 성인들이 정보를 제공하고 협의하는 단계

이 단계는 성인들에 의하여 계획되고 운영되지만 청소년들이 그 과정을 이해하고, 자신들의 의견이 신중하고 진지하게 다루어지는 것을 아는 단계이다. 예를 들어 청소년을 대상으로 한 조사의 경우, 청소년이 조사목적을 이해하고 조사의 분석과 결과에 대한 논의에 청소년이 참여하는 경우를 들 수 있다.

(6) 성인주도(adult–initiated shared decision with children) – 성인의 주도로 청소년과 의사결정을 공유하는 단계

성인이 주도하지만 의사결정과정에 청소년의 참여가 이루어지는 단계이다. 즉, 청소년활동 프로그램이 청소년지도자에 의해서 설계되고 계획되면서 청소년과 함께 동등하게 공유하는 단계이다. 청소년 참여에서 6단계는 중요한 의미를 갖는데, 이 단계에서 성인이 청소년이 참여하는데 대해서 청소년의 유능성이나 확신을 갖지 못하면 다음 단계로 넘어가기 어렵다.

(7) 청소년주도(young person or children–initiated and directed) – 청소년이 주도하고 감독하는 단계

프로그램이나 쟁점 등에 청소년이 직접 참여해서 주도하며 청소년의 아이디어로 진행이 이루어지는 단계로서 성인의 참여 없이 청소년이 자신들의 프로젝트를 시작하고 운영하는 단계라고 할 수 있다. 그러나 실제에서는 청소년 놀이의 세계를 제외하고는 현실적으로 발견하기 어렵다. 이 단계에서 성인은 관찰자로 있으면서 청소년의 활동과 하는 일에 대해서 알고 있지만 통제는 하지 않는다.

(8) 동등한 파트너십(child-initiated shared decision with adults) – 청소년주도로 성인과 의사결정을 공유하는 단계

이 단계가 실현되는 것은 매우 드물다. 왜냐하면 성인의 경우 청소년의 특별한 관심에 대한 이해나 적응이 어렵고 성인들을 참여시킬 수 있는 활동을 기획하기 위해서는 앞서 논의된 단계의 훈련이 요구되기 때문이다. 청소년이 주도적으로 프로젝트를 개발하고 이를 수행하는데 성인과 협력하는 것은 청소년이 지역사회의 성원으로서 역할을 수행하는데 충분한 능력과 자신감을 갖고 있을 때 가능하므로 바람직한 청소년참여의 유형으로 받아들여지고 있기도 하다.

표 13-3 하트의 청소년 참여 8단계

단계	단계명	특징
1단계	성인들이 이용하는 단계	조작
2단계	장식처럼 동원되는 단계	장식
3단계	명목상으로 참여하는 단계	명목주의
4단계	성인이 지시하지만 정보는 제공하는 단계	제한적 위임과 정보제공
5단계	성인들이 정보를 제공하고 협의하는 단계	상의와 정보제공
6단계	성인의 주도로 청소년과 의사결정을 공유하는 단계	성인주도
7단계	청소년이 주도하고 감독하는 단계	청소년주도
8단계	청소년주도로 성인과 의사결정을 공유하는 단계	동등한 파트너십

7. 청소년 참여의 실제

청소년참여는 청소년들과 관련한 국가와 사회정책에 청소년들이 참여할 수 있는 통로와 기구를 구성하여 청소년의 의견을 수렴하고 활동을 지원하는 형태를 통해 실질적인 모습을 볼 수 있다. 청소년참여기구인 '청소년참여위원회', '청소년운영위원회', '청소년특별회의'를 운영 · 지원하고 그리고 지방자치단체별로 '청소년참여예산제'를 활용하여 청소년의 의견을 파악하고 정책에 반영하는 노력이 이어지고 있다.

1) 청소년특별회의

청소년특별회의는 17개 시 · 도 청소년과 청소년 분야의 전문가가 토론과 활동을 통해 청소년이 바라는 정책과제를 발굴하고, 정부에 제안하여 정책화하는 전국 규모의 청소년참여기구이다. 2004년 시범사업을 거친 후 2005년 청소년 기본법에 근거규정이 마련되면서 매년 정기적으로 개최되고 있으며, 매년 선정된 정책의제에 따라 청소년 의견수렴과 토론, 워크숍, 캠페인 등을 통해 정책과제를 발굴한 후 결과보고회에서 이를 최종적으로 정부에 보고 · 제안한다. 즉, 청소년특별회의는 청소년의 시각에서 청소년이 바라는 국가차원의 정책과제를 발굴하여 정부에 제안하는 청소년기본법에 규정된 전국규모의 기구로서 청소년이면 신청이 가능하고 매년 공개모집 후 시도에서 선발한다. 활동기간은 1년을 원칙으로 한다.

2) 청소년운영위원회

청소년운영위원회는 청소년수련시설(청소년수련관, 문화의 집 등) 사업·프로그램 등 운영에 대하여 청소년의 시각에서 청소년이 바라는 의견제시와 자문, 평가 등의 활동을 하는 청소년참여기구이다.

청소년운영위원회의 설치 목적은 청소년수련시설을 이용하는 청소년의 의견과 욕구를 반영하여 청소년수련시설이 청소년 중심으로 운영될 수 있도록 하는 데에 있다.

3) 청소년참여위원회

청소년참여위원회는 여성가족부 및 지방자치단체에서 설치 · 운영 중인 청소년참여기구이다. 중앙정부와 지방자치단체는 청소년참여위원회를 통해 청소년정책의 형성 · 집행 · 평가과정에 청소년이 주도적으로 참여할 수 있도록 제도화함으로써 청소년 친화적 정책을 구현하고 청소년의 권익증진을 도모하고 있다. 또한 청소년정책이나 활동에 대한 정책자문 및 건의와 다양한 자문 · 참여활동을 시행한다.

4) 청소년참여예산제

청소년관련 예산을 청소년의 의사와 목소리가 직접 반영될 수 있도록 청소년이 예산사업을 제안, 심사, 결정과정에 참여하는 제도이다. 청소년참여예산제는 '청소년참여예산학교'라는 프로그램을 통해 실시되고 있다. 청소년참여예산학교에서는 지자체 예산 관련 및 참여와 관련된 기본 교육을 비롯해 정책

발굴 및 제안, 지역사회 조사, 청소년 의견수렴, 해당 부서와의 사업 적절성 논의 등 청소년의 정책 제안이 실질적인 예산 편성으로 이어질 수 있도록 하는 통합적인 역할을 하고 있다.

CHAPTER 14

청소년복지

1. 청소년복지의 개념

청소년복지는 청소년의 건강과 안전, 교육, 행복을 증진하기 위해 제공되는 사회 서비스 제도와 정책 그리고 실천을 말한다.

일차적으로 개인, 가정, 사회에서 어려움을 겪고 있는 취약계층 청소년의 빈곤, 정신건강, 장애 및 진로 등의 문제에 대한 지원을 꾀한다. 이에 더해서 모든 청소년들이 바람직한 성장과 발달을 통해서 자아를 개발하고 현재와 미래에 더 나은 행복한 삶을 도모하도록 환경을 조성하고 정책과 서비스를 제공한다.

김성이(1993)는 청소년복지는 가정이나 사회로부터 버려지거나 적응하지 못하는 청소년뿐만 아니라 모든 청소년들의 안녕에 관심을 가진다고 보았다. 이와 관련해서 노혁(2012)은 청소년복지를 두 가지 측면으로 나누어 정의하고 있다. 소극적 측면에서는 "사회적으로 소외되거나 적응에 실패한 청소년들에게 사회복지정책과 개별 서비스의 전달의 통해서 사회구성원으로서 정당하게 생활하고 나아가 신체 · 심리 · 사회적 자립능력을 갖도록 돕는 복지"이며 적극적 측면에서는 "성과 능력, 신체 및 정신과 사회적 조건에 관계없이 모든 청소년들이 인간답게 생활하는 데 필요한 권리와 책임을 갖게 하여 청소년으로서의 삶을 풍요롭게 누릴 수 있고 이를 통해 잠재적인 능력을 개발하도록 돕는 복지활동이다."라고 정의하고 있다.

이런 맥락에서 보면 청소년복지는 아동복지와 분리되어서 취약한 계층의 청소년에 대한 사회적 지원을 중심으로 전체 청소년의 안녕과 자립을 통해 인간다운 삶을 살아가는 데 필요한 서비스 개입을 도모하는 제도적 · 정책적 · 실천적 활동이다.

2. 청소년복지의 특징

청소년복지는 아동복지의 연장선에서 주로 취약계층 청소년에 관심을 두어 왔지만 이후 모든 청소년의 건강한 성장과 발달 및 현재와 미래의 삶까지 초점을 맞추어 논의되고 있다.

1) 취약계층 청소년과 가정의 보호 및 변화에 초점

경제적인 부의 편중과 이로 인한 부익부 빈익빈의 현대사회는 공동체의 기능을 약화시킬 뿐만 아니라 청소년과 그들의 가정에도 많은 영향을 주고 있다. 이러한 환경에서 다양한 가족형태로 변화하는 현상에서 빈곤계층을 비롯한 취약계층 청소년은 더 큰 어려움에 직면할 수밖에 없다. 따라서 청소년복지도 아동복지의 연장선상에서 복지적 지원뿐만 아니라 아동복지가 가정을 중심으로 지원한 데 비해 청소년 개인에 대한 지원방안도 관심을 둔다.

2) 학교현장과의 유기적 협력을 강조

여전히 대다수의 청소년이 학생이라는 신분으로 생활하고 있기 때문에 청소년과 학교는 밀접한 관련을 갖는다. 학교교육이 입시위주의 지식 중심교육이 중심을 이루어짐에 따라서 과도한 학습과 지덕체의 균형 있는 성장이 어려운 현실에서 학생청소년의 생활과 진로 지도 및 정서와 활동에 대한 지원을 통해 학교현장과 유기적으로 연결되는 정책과 방안이 수립되고 실행된다.

3) 청소년을 복지의 대상만이 아닌 사회변동의 주요한 주체로 인식

민주사회 발전에 따른 청소년의 권리와 참여가 강조되면서 청소년과 관련한 정책에 대한 의사결정에 청소년이 참여하고 관여하는 일이 많아지고 있다. 또한 청소년들이 지역사회문제 등 봉사활동을 통해서 적극적으로 참여해서 해결하도록 조장하고 있다. 청소년들이 미래의 시민으로서 뿐만 아니라 현재의 생활에서도 시민으로서의 의식과 책임을 다하도록 북돋운다(이영숙 외, 1993; 이용교, 1995).

4) 청소년을 둘러싼 사회환경의 바람직한 변화를 위해 노력

청소년은 아동에 비해서 더 많이 사회환경에 영향을 받는다. 가정에서뿐 아니라 학교와 또래집단 그리고 지역사회 등과 다양하게 연결되어 있다. 따라서 청소년을 위한 질 높은 복지의 구현을 위해서는 청소년의 사회환경이 긍정적으로 변화하는 것이 청소년에 대한 직접적인 개입과 지원 못지않게 중요하다. 따라서 청소년복지도 청소년을 둘러싼 사회환경의 긍정적 변화 흐름에 관심을 갖고 참여한다.

3. 청소년복지의 원칙

1) 보호

청소년과 아동을 명확히 구분하기는 어렵다. 물론 아동복지법에서 아동을 18세 미만의 사람으로, 청소년기본법은 청소년을 9세부터 24세까지로 규정하고 있지만, 성인기로 가는 발달의 연속성을 고려하면 아동과 마찬가지로 청소년도 가정과 사회에서 보호받아야 한다. 더욱이 청소년은 유해환경 등 사회의 위험한 요소에 더 많이 노출될 수도 있어 청소년기에 맞는 보호방법도 요구된다.

2) 참여와 책임

청소년은 아동보다는 좀 더 적극적인 사회참여를 해야 한다. 청소년이 정치, 경제, 사회, 문화 등 다방면에서 갖가지 방법으로 참여하고 있지만, 여전히 미성년이라는 이유로 인해 제한적으로 주어지는 경향이 있다. 따라서 미래의 건강한 성인으로 성장할 수 있도록 참여와 책임을 균형을 갖추도록 교육하고 체험하고 실제 활동하게 함으로써 참여기회를 확대해야 한다. 물론 소외된 취약계층 청소년에게 참여와 책임을 경험하고 교육받을 기회를 더 많이 제공해야 사회적 관심이 필요하다.

3) 자립

자립은 신체적, 정신적 그리고 사회적으로 자신의 삶을 잘 통제하며 생활하는 것이다. 또한 청소년의 발달을 위해서 자율적인 경제와 사회 그리고 정서적인 수준을 확보하는 일이다. 이러한 자립은 생활에 있어서 필요한 소득을 스스로 확보하는 경제적 자립을 기반으로, 복잡한 사회와 인간관계에 있어서 자기의 입장을 지키는 사회적 자립 그리고 이것들을 위하여 자율적인 태도와 생활방식을 갖는 정신적 자립 등 세 가지 수준에서 추구되어야 한다.

4) 연대

연대는 사회에서 각자의 역할과 책임 등을 함께 함으로써 다른 사람과 더불어 행복하게 살 수 있도록 하는 가치와 태도와 자세 그리고 실천이라 할 수 있다. 특히 사회성원으로서 책임감과 책임감을 갖는 일은 청소년 자신은 물론 성장과 발달 그리고 생활을 하는 사회 전체의 행복을 도모하는 주요한 원칙이라 할 수 있다.

4. 청소년복지의 내용 - 관련법과 특징

청소년복지를 실천하는 분야와 방법은 매우 다양하다. 이러한 실천활동의 기초가 되는 청소년복지관련법을 통해서 청소년복지의 실제 성격과 특징을 살펴본다.

1) 청소년기본법

청소년에 관한 기본적인 사항을 정한 법률이다. 청소년육성정책에 관해서는 헌법을 제외한 모든 법률에 우선한다. 다른 법률에서 청소년육성에 관한 법률을 제정하거나 개정할 때에는 청소년기본법에 맞아야 한다. 청소년기본법에서는 청소년연령을 9세부터 24세까지로 규정하고 있다(제3조의 1). 그리고 청소년복지는 청소년이 정상적인 삶을 누릴 수 있는 기본적인 여건을 조성하고 조화롭게 성장 · 발달할 수 있도록 제공되는 사회적 · 경제적 지원을 말한다(제3조의 4)로 명시하고 있다. 이와 관련해서 청소년시설의 성격도 규정하고 있다. 즉, 청소년활동, 청소년복지 및 청소년보호에 제공되는 시설을 청소년시설이라 한다(제3조의 6).

2) 청소년복지지원법

청소년복지지원법은 청소년기본법과 불가분의 관계에 있다. 청소년기본법 제1조 목적에 보면 청소년기본법에 따라서 청소년복지 향상에 관한 사항을 규정함을 청소년복지지원법의 목적으로 한다고 되어 있다. 이러한 청소년복지지원법은 청소년우대, 교육적 선도, 지역사회청소년통합지원체계, 가출과 학업 중단 등 위기청소년 등에 대한 지원사업 등에 대한 법적 근거가 된다.

주요 용어

- **보호자**: 친권자, 법정대리인 또는 사실상 청소년을 양육하는 사람을 말한다.
- **위기청소년**: 가정 문제가 있거나 학업 수행 또는 사회 적응에 어려움을 겪는 등 조화롭고 건강한 성장과 생활에 필요한 여건을 갖추지 못한 청소년을 말한다.
- **가정 밖 청소년**: 가정 내 갈등·학대·폭력·방임, 가정해체, 가출 등의 사유로 보호자로부터 이탈된 청소년으로서 사회적 보호 및 지원이 필요한 청소년을 말한다.
- **청소년부모**: 자녀를 양육하는 부모가 모두 청소년인 사람을 말한다.
- **청소년 우대**: 국가가 운영하는 수송시설, 문화시설, 여가시설 등에 대한 이용료 면제와 할인하는 것을 말한다.
- **지역사회청소년통합지원체계**: 위기청소년 조기발견 및 보호, 청소년보호 등을 위한 구축과 운영을 말한다.
- **예방적 · 회복적 보호지원**: 비행 또는 일탈을 저지른 청소년, 일상생활에 적응하지 못하여 가정 또는 학교 외부의 교육적 도움이 필요한 청소년 등에 대한 향후 비행과 일탈을 예방하고 가정·학교·사회생활에 복귀 및 적응하는 것을 돕기 위하여 학교의 장의 신청에 따라 예방적·회복적 보호지원을 실시하는 것이다.

5. 청소년복지관련 시설

1) 청소년복지시설

① 청소년쉼터: 가정 밖 청소년에 대하여 가정 · 학교 · 사회로 복귀하여 생활할 수 있도록 일정 기간 보호하면서 상담 · 주거 · 학업 · 자립 등을 지

원하는 시설

② 청소년자립지원관: 일정 기간 청소년쉼터 또는 청소년회복지원시설의 지원을 받았는데도 가정 · 학교 · 사회로 복귀하여 생활할 수 없는 청소년에게 자립하여 생활할 수 있는 능력과 여건을 갖추도록 지원하는 시설

③ 청소년치료재활센터: 학습 · 정서 · 행동상의 장애를 가진 청소년을 대상으로 정상적인 성장과 생활을 할 수 있도록 해당 청소년에게 적합한 치료 · 교육 및 재활을 종합적으로 지원하는 거주형 시설

④ 청소년회복지원시설: '소년법'에 의해서 감호 위탁 처분을 받은 청소년에 대하여 보호자를 대신하여 그 청소년을 보호할 수 있는 자가 상담 · 주거 · 학업 · 자립 등 서비스를 제공하는 시설

2) 청소년복지지원기관

① 한국청소년상담복지개발원: 상담 및 복지와 관련된 정책의 연구, 청소년 상담 · 복지사업의 개발 및 운영 · 지원, 청소년 상담기법의 개발 및 상담자료의 제작 · 보급, 청소년 상담 · 복지 인력의 양성 및 교육, 청소년 상담 · 복지관련 기관 간의 연계 및 지원 등을 주요 사업으로 청소년 상담과 복지관련 사업을 수행

② 청소년상담복지센터: 청소년에 대한 상담 · 긴급구조 · 자활 · 의료지원 등의 업무를 수행하기 위하여 지방자치단체에서 설치하는 시설

③ 이주배경청소년지원센터: 다문화가족 청소년, 중도입국 청소년 등 이주배경청소년의 사회 적응 및 학습능력 향상을 위하여 상담 및 교육 등을 위해서 설립한 시설

6. 청소년복지관련 사업(제도)

1) 디딤씨앗통장(CDA)

양극화 심화에 따른 빈곤층 증가, 가족해체 등으로 인한 취약계층 아동들의 증가가 심각한 사회적 문제로 대두되고 있다. 이러한 사회적 문제로 미래 성장 동력인 아동들에게까지 '빈곤의 대물림'이 이어지는 것을 방지하고 저소득층 아동의 자립 의지 함양을 위하여 만든 아동발달지원계좌를 말한다.

이를 통해서 아동(시설보호 · 가정위탁 · 소년소녀가정 · 공동생활가정 · 장애인거주시설 아동) 및 기초생활수급 가구아동들을 대상으로 지원한다. 이들에게 단순히 개인 용돈이나 물품을 주는 것이 아니라 만 18세 이후 경제적으로 자립할 수 있도록 최소한의 초기 비용 마련에 도움을 주고자 하는 자산 형성 지원 제도이다.

2) 꿈드림센터

매년 4만에서 5만여 명의 청소년이 학교를 그만두고 있다. 학교 밖 청소년은 스스로 진로를 찾고 직업을 구하는 과정에서 많은 시행착오와 좌절을 경험하고 있으며, 여러 사회적 기회에서 소외되고 있다. 이에 따라 학교를 그만 둔 청소년에게 학업을 지속할 수 있는 여건을 마련해 주고, 자립에 어려움을 겪는 청소년의 체계적인 자립 준비가 이루어질 수 있도록 지원이 필요하다. 이에 따라 학교 밖 청소년의 자립 지원, 특히 검정고시 지원 및 학습클리닉 프로그램 등을 통해 학업을 지속할 수 있도록 지원하는 프로그램의 법적 근거를 확실히 해서 꿈드림센터를 운영하고 있다.

3) 청소년방과후아카데미

청소년방과후아카데미는 방과후 홀로 방치되기 쉬운 저소득 · 맞벌이 · 한부모 등 돌봄취약계층 청소년(초 4학년–중 3학년)에게 체험활동 · 학습 지원 · 급식 · 상담 등 종합적인 교육 · 복지 · 보호 서비스를 제공하여 청소년이 건강하게 성장할 수 있도록 지원하는 사업이다. 취약계층 청소년의 학습 및 체험활동 기회의 불균형을 완화하고 더불어 가정의 사교육비 및 양육 부담 경감에 기여하고 있다. 여성가족부와 지방자치단체가 공동으로 예산을 지원하며 '청소년수련관', '청소년문화의집' 등 청소년수련시설 등에 체험 공간을 마련하여 방학 기간 포함 연중 1일 4시간 이상 운영하고 있다(청소년백서, 2022).

4) 드림스타트(Dream Start)

취약계층 아동의 건강한 성장과 발달을 지원함으로써 공평한 출발 기회를 보장하고, 궁극적으로 빈곤의 대물림을 차단하는 것을 목적으로 한다. 이를 위해 건강 · 복지 · 보육 등 맞춤형 통합서비스를 제공하여 아동의 전인적 발달을 도모하고, 부모에는 자녀 양육지도, 직업훈련 · 고용 촉진 서비스를 제공해 가족기능 회복, 양육 여건 개선 등을 지원하고 있다.

드림스타트 사업은 지역사회 복지자원 네트워킹을 통해 취약계층 아동의 전반적 삶의 다양한 욕구에 적합한 보건 · 복지 · 교육 · 문화 등을 종합적으로 지원하는 '맞춤형 통합서비스'를 시행하고 있다. 개인별 · 가구별 욕구조사 및 사례관리를 통해 아동 생활 전반에 필요한 통합서비스를 제공한다.

5) 위기청소년 특별지원

위기청소년 특별지원은 보호자가 없거나 실질적으로 보호자의 보호를 받지 못해 기초생활에 어려움을 겪고 있는 위기청소년에게 관련 서비스를 직접 지원하는 사업이다. 학교의 수업료 등 교육비용과 건강검진 및 치료비 지원, 각종 훈련교육비 지원, 기초생계비 지원 등을 한다.

이러한 특별지원은 청소년복지지원법 제14조 제2항에 따르면 특별지원은 생활지원, 학업지원, 의료지원, 직업훈련지원, 청소년활동지원 등 대통령령으로 정하는 내용에 따라 물품 또는 서비스의 형태로 제공한다. 다만, 위기청소년의 지원에 반드시 필요하다고 인정되는 경우에는 금전의 형태로 제공할 수 있다고 되어 있다. 위기청소년 특별지원사업은 시 · 군 · 구를 통한 전달체계를 활용하며, 청소년 본인 또는 그 보호자, 교원, 사회복지사, 청소년지도사 등이 행정복지센터에 신청하면 소득 조사, 청소년복지심의위원회의 심의 등을 거쳐 지원 여부를 결정하게 된다.

6) 지역아동센터

지역아동센터는 '아동복지법'에 규정된 아동복지시설이지만 18세 미만의 지역사회 아동청소년을 대상으로 하고 있다. 방과후 돌봄이 필요한 지역사회 아동의 건전한 육성을 위해 보호 · 교육, 건전한 놀이와 오락의 제공, 보호자와 지역사회의 연계 등 종합적인 복지서비스를 제공함으로써 홀로 방치될 수 있는 취약계층 아동들에게 사회적인 안전망을 제공하는 것을 목적으로 하고 있다.

지역아동센터는 아동의 심리 · 정서적 안정과 신체 · 인지 · 사회성 발달을 목적으로 보호, 교육, 문화, 정서 지원, 지역사회 연계 서비스 영역에 대한 프로그램을 운영하고 있다. 보호 프로그램을 통해 아동이 안전한 곳에서 건강한 생활을 할 수 있도록 급식, 일상생활지원, 정서지원, 안전지도 프로그램을 제공하고 있다.

APPENDIX

부록: 청소년상담사 윤리강령

서문

청소년상담사는 청소년의 인지, 정서, 행동, 발달을 조력하는 유일한 상담전문 국가자격증이다. 청소년상담사는 항상 청소년과 그 주변인들에게 인간으로서의 존엄성을 높이고자 노력하고, 청소년이 스스로 결정할 수 있도록 도와주며, 청소년의 아픔과 슬픔에 대해 청소년상담사로서의 책임을 다한다. 청소년상담사는 청소년이 사랑하는 가족, 이웃과 더불어 행복하게 살아갈 수 있도록 지원하기 위해 다음과 같이 윤리규정을 숙지하고 준수할 것을 다짐한다.

가. 제정 목적

1. 청소년상담사의 책임과 의무를 분명하게 제시하여 내담자를 보호한다.
2. 청소년상담사가 직무 중에 발생하는 문제를 처리할 수 있는 기준을 제공한다.
3. 청소년상담사의 활동이 전문직으로서의 상담의 기능 및 목적에 저촉되지 않도록 기준을 제공한다.
4. 청소년상담사의 활동이 지역사회의 도덕적 기대에 부합하도록 준거를 제공한다.
5. 대한민국 청소년들의 건강 성장을 책임지는 전문가로서의 청소년상담사를 보호

하는 기준을 제공한다.

나. 청소년상담사로서의 전문적 자세

1. 전문가로서의 책임

가) 청소년상담사는 청소년 기본법에 따라 청소년의 권리와 책임을 다 할 수 있게 지원해야 한다.

나) 청소년상담사는 자기의 능력 및 기법의 한계를 인식하고, 전문적 기준에 위배되는 활동을 하지 않도록 한다.

다) 청소년상담사는 검증되지 않고 훈련 받지 않은 상담기법의 오 · 남용을 하지 않도록 유의한다.

라) 청소년상담사는 청소년과 관련된 정책, 규칙, 법규에 대해 정통해야 하고 청소년 내담자를 보호하며 청소년 내담자가 최선의 발달을 이루도록 노력해야 한다.

2. 품위유지 의무

가) 청소년상담사는 전문상담자로서 품위를 손상하는 행위를 하지 않는다.

나) 청소년상담사는 현행법을 우선적으로 준수하되, 윤리강령이 보다 엄격한 기준을 설정하고 있다면, 윤리강령을 따른다.

다) 청소년상담사는 상담적 배임행위(내담자 유기, 동의를 받지 않은 사례 활용 등)를 하지 않는다.

3. 보수교육 및 전문성 함양

가) 청소년상담사는 자신의 전문성을 유지 · 향상시키기 위해 법적으로 정해진 보수교육에 반드시 참여한다.

나) 청소년상담사는 다양한 사람들을 상담함에 있어 상담에 필요한 이론적 지

식과 전문적 상담 및 연구능력을 향상시키기 위해 교육, 자문, 훈련 등 지속적인 노력을 기울여야 한다.

다. 내담자의 복지

1. 내담자의 권리와 보호

가) 청소년상담사는 내담자의 복지를 증진하고 존엄성을 존중하는 것에 최우선 가치를 둔다.

나) 청소년상담사는 내담자가 상담 계획에 참여할 권리, 상담을 거부하거나 개입방식의 변경을 거부할 권리, 거부에 따른 결과를 고지 받을 권리, 자신의 상담 관련 자료를 복사 또는 열람할 수 있는 권리 등을 보장해주어야 한다. 단, 기록물에 대한 복사 및 열람이 내담자에게 해악을 끼친다고 판단될 경우 내담자의 기록물 복사 및 열람을 제한할 수 있다.

다) 청소년상담사는 외부 지원이 적합하거나 필요할 때 의뢰를 요청할 수 있으며 이를 청소년 내담자 및 보호자(만 14세 미만 내담 청소년의 경우)에게 알리고 서비스를 받을 수 있도록 노력한다.

라) 청소년상담사는 자신의 질병, 죽음, 이동, 퇴직 등으로 인하여 상담을 중단해야 하는 경우 이에 대한 적절한 조치를 취해야 한다.

마) 청소년상담사는 청소년 내담자에게 무력, 정신적 압력 등을 사용하지 않는다. 청소년상담사는 청소년의 인지, 정서, 행동, 발달을 조력하는 유일한 상담전문 국가자격증이다. 청소년상담사는 항상 청소년과 그 주변인들에게 인간으로서의 존엄성을 높이고자 노력하고, 청소년이 스스로 결정할 수 있도록 도와주며, 청소년의 아픔과 슬픔에 대해 청소년상담사로서의 책임을 다한다. 청소년상담사는 청소년이 사랑하는 가족, 이웃과 더불어 행복하게 살아갈 수 있도록 지원하기 위해 다음과 같이 윤리규정을 숙지하고 준수할 것을 다짐한다.

2. 사전 동의

가) 청소년상담사는 상담을 시작할 때 내담자가 충분한 설명을 듣고 선택할 수 있도록 적절한 정보를 제공해야 하고, 상담자와 내담자 모두의 권리와 책임에 대해 알려줄 의무가 있다.

나) 청소년상담사는 내담자에게 상담 과정의 녹음과 녹화 여부, 사례지도 및 교육에 활용할 가능성에 대해 설명하고, 내담자에게 동의 또는 거부할 권리가 있음을 알려야 한다.

다) 청소년상담사는 내담자가 만 14세 미만의 청소년인 경우, 보호자 또는 법정대리인의 상담 활동에 대한 사전 동의를 구해야 한다.

라) 청소년상담사는 내담자에게 상담의 목표와 한계, 상담료 지불 방법 등을 명확히 알려야 한다.

3. 다양성 존중

가) 청소년상담사는 모든 인간의 기본적인 권리, 존엄성, 가치를 존중하며 성별, 장애, 나이, 성적 지향, 사회적 신분, 외모, 인종, 가족형태, 종교 등을 이유로 내담자를 차별하지 않는다.

나) 청소년상담사는 내담자의 다양한 문화적 배경을 이해하고, 청소년상담사 자신의 고유한 문화적 정체성이 상담과정에 영향을 주지 않도록 노력해야 한다.

다) 청소년상담사는 자신의 개인적 가치, 태도, 신념, 행위를 자각하고 내담자에게 자신의 가치를 강요하지 않는다.

라. 상담관계

1. 다중관계

가) 청소년상담사는 법적, 도덕적 한계를 벗어난 다중 관계를 맺지 않는다.

나) 청소년상담사는 내담자와 연애 관계 및 기타 사적인 관계를 맺지 않는다.

다) 청소년상담사는 내담자와 상담 비용을 제외한 어떠한 금전적, 물질적 거래 관계도 맺지 않는다.

라) 청소년상담사는 내담자와 상담 이외의 다른 관계가 있거나, 의도하지 않게 다중관계가 시작된 경우에는 적절한 조치를 취해야 한다.

2. 부모/보호자와의 관계

가) 청소년상담사는 부모(보호자)의 권리와 책임을 존중하고, 청소년 내담자의 건강한 성장을 위해 부모(보호자)에게 상담자의 역할에 대해 설명하여 협력적인 관계를 성립하도록 노력한다.

나) 청소년상담사는 내담자의 성장과 복지에 필요하다고 판단되는 경우, 내담자의 동의하에 부모(보호자)에게 내담자에 관한 최소한의 정보를 제공한다.

3. 성적 관계

가) 청소년상담사는 내담자 및 내담자의 가족, 중요한 타인에게 자신의 지위를 이용하여 성적 접촉 및 성적 관계를 가져서는 안 된다.

나) 청소년상담사는 이전에 연애 관계 또는 성적인 관계를 가졌던 사람을 내담자로 받아들이지 않는다.

마. 비밀보장

1. 사생활과 비밀보장의 의무

가) 청소년상담사는 내담자와 부모(보호자)의 사생활과 비밀보장에 대한 권리를 최대한 존중해야 한다.

나) 청소년상담사는 상담기관에 소속된 모든 구성원과 관계자 슈퍼바이저 주변인들에게도 내담자의 사생활과 비밀이 보호되도록 주지시켜야 한다.

다) 청소년상담사는 청소년 내담자 상담 시 사전에 상담에 대한 내담자의 동의를 받고 상담 과정에 부모나 보호자가 참여할 수 있으며, 비밀보장의 한계에 따라 정보를 제공할 수 있음을 알린다.

라) 청소년상담사는 청소년 내담자 상담 시, 상담 의뢰자(교사, 경찰 등)에게 내담자 및 보호자(만 14세 미만 내담 청소년의 경우)의 동의하에 정보를 제공할 수 있다.

마) 청소년상담사는 비밀보장의 의미와 한계에 대하여 청소년 내담자의 발달단계에 적합한 용어로 알기 쉽게 설명해주어야 한다.

바) 청소년상담사는 강의, 저술, 동료자문, 대중매체 인터뷰, 사적 대화 등의 상황에서 내담자의 신원확인이 가능한 정보나 비밀 정보를 공개하지 않는다.

2. 기록 및 보관

가) 청소년상담사는 내담자에게 전문적인 서비스를 제공하기 위해 상담 내용을 기록하고 보관한다.

나) 기록의 보관은 공공기관이나 교육기관 등은 각 기관에서 정한 기록 보관 연한을 따르고, 이에 해당하지 아니한 경우에는 3년 이내 보관을 원칙으로 한다.

다) 청소년상담사는 기록 및 녹음에 관해 내담자의 사전 동의를 구한다.

라) 청소년상담사는 면접기록, 심리검사자료, 편지, 녹음 및 동영상 파일, 기타 기록 등 상담과 관련된 기록을 보관하고 처리하는 데 있어서 비밀을 준수해야 한다.

마) 청소년상담사는 원칙적으로 내담자 및 보호자(만 14세 미만 내담 청소년의 경우)의 동의 없이 상담의 기록을 제3자나 기관에 공개하지 않는다.

바) 청소년상담사는 내담자와 보호자가 상담 기록의 삭제를 요청할 경우 법적, 윤리적 문제가 없는 한 삭제하여야 한다. 상담 기록을 삭제하지 못할 경우 타당한 이유를 내담자와 보호자에게 설명해 주어야 한다.

사) 청소년상담사는 퇴직, 이직 등의 이유로 상담을 중단하게 될 경우 기록과 자료를 적절한 절차에 따라 기관이나 전문가에게 양도한다.

아) 전자기기 및 매체를 활용하여 상담관련 정보를 기록 관리하는 경우, 기록의 유출 또는 분실 가능성에 대해 경각심과 주의 의무를 가져야 하며 내담자의 정보보호를 위해 적극적인 노력을 해야 한다.

자) 내담자의 기록이 전산 시스템으로 관리되는 경우, 접근 권한을 명확히 설정하여 내담자의 신상이 공개되지 않도록 조치를 취한다.

3. 상담 외 목적을 위한 내담자 정보의 사용

가) 청소년상담사는 자신의 사례에 대해 보다 나은 전문적 상담을 위해 내담자 및 보호자(만 14세 미만 내담 청소년의 경우)의 동의를 구한 후 내담자에 대해 사실적이고 객관적인 정보만을 사용하여 동료나 슈퍼바이저에게 자문을 받을 수 있다.

나) 청소년상담사는 교육이나 연구 또는 출판을 목적으로 상담 관련 자료를 사용할 때에는 내담자 및 보호자(만 14세 미만 내담 청소년의 경우)의 동의를 구해야 하며, 신상 정보 삭제와 같은 적절한 조치를 취하여 내담자에게 피해를 주지 않도록 한다.

4. 비밀보장의 한계

가) 청소년상담사는 상담 시 비밀보장의 1차적 의무를 내담자의 보호에 두지만 비밀보장의 한계가 있는 경우 청소년의 부모(보호자) 및 관계기관에 공개할 수 있다.

나) 비밀보장의 한계가 있는 경우는 다음과 같다.

1) 청소년상담사는 내담자의 생명이나 사회의 안전을 위협하는 경우 비밀을 공개하여 그러한 위험의 목표가 되는 사람을 보호하기 위한 합당한 조치 등 안전을 확보한다.

2) 청소년상담사는 법적으로 정보의 공개가 요구되는 경우 내담자에게 그 사실을 알리고 최소한의 정보만을 제공한다.

3) 청소년상담사는 내담자에게 감염성이 있는 치명적인 질병이 있을 경우 관련 기관에 신고하고, 그 질병에 노출되어 있는 제3자에게 정보를 공개할 수 있다.

다) 청소년상담사는 아동학대, 청소년 성범죄, 성매매, 학교폭력, 노동관계 법령 위반 등 관련 법령에 의해 신고의무자로 규정된 경우 해당 기관에 관련 사실을 신고해야 한다.

바. 심리평가

1. 심리검사의 실시

가) 청소년상담사는 심리검사를 실시하고 해석할 수 있는 능력을 배양해야 한다.

나) 청소년상담사는 심리검사 실시 전에 내담자 및 보호자(만 14세 미만 내담 청소년의 경우)에게 사전 동의를 받아야 한다.

다) 청소년상담사는 검사 도구를 선택, 실시, 해석함에 있어서 모든 전문가적 기준을 고려하여 사용한다.

라) 청소년상담사는 내담자에게 적절한 심리검사를 선택해야 하며 검사의 타당도와 신뢰도, 제한점 등을 고려한다.

마) 청소년상담사는 다문화 배경을 가진 내담자를 위한 검사 선택 시 내담자의 사회문화적 맥락을 신중히 고려해야 한다.

2. 심리검사의 해석

가) 청소년상담사는 심리검사 해석에 있어 성별, 나이, 장애, 성적 지향, 인종, 종교, 문화 등의 영향을 고려하여 검사 결과를 해석한다.

나) 청소년상담사는 청소년이 이해할 수 있도록 심리검사의 목적, 성격, 결과

에 대한 설명을 제공한다.

다) 청소년상담사는 심리검사 결과를 다른 이들이 오용하거나 외부에 유출하지 않도록 하여야 한다.

사. 슈퍼비전

1. 슈퍼바이저의 역할과 책임

가) 슈퍼바이저는 사례지도 방법과 기법들에 대한 교육과 훈련을 지속적으로 받음으로써 사례지도 역량을 향상시키기 위해 노력한다.

나) 슈퍼바이저는 전자 매체를 통하여 전송되는 모든 사례지도 자료의 비밀 보장을 위해서 주의하고, 필요한 조치를 취한다.

다) 슈퍼바이저는 사례지도를 시작하기 전에, 진행 과정에 대해 충분히 설명한 후 동의를 받음으로써 슈퍼바이지의 적극적 참여를 독려할 책임이 있다.

라) 슈퍼바이저는 슈퍼바이지에게 전문가적 윤리적 규준과 법적 책임을 숙지시킨다.

마) 슈퍼바이저는 지속적 평가를 통해 슈퍼바이지의 한계를 파악하고, 그가 자신의 한계를 인식하고 보완할 수 있도록 돕는다.

2. 슈퍼바이저와 슈퍼바이지의 관계

가) 슈퍼바이저는 슈퍼바이지와 상호 존중하며 윤리적, 전문적, 개인적 그리고 사회적 관계를 명료하게 정의하고 유지한다.

나) 슈퍼바이저와 슈퍼바이지는 성적 혹은 연애 관계, 그 외에 사적인 이익관계를 갖지 않는다.

다) 슈퍼바이저와 슈퍼바이지는 상호간에 성희롱 또는 성추행을 해서는 안 된다.

라) 슈퍼바이저는 가족, 친구, 동료 등 상대방에 대한 객관성을 유지하기 힘든 사람과 슈퍼비전 관계를 맺지 않는다.

아. 청소년 사이버상담

1. 사이버상담에서의 정보 관리

가) 운영 특성 상, 한명의 내담자가 여러 명의 사이버상담자를 만나게 되는 경우 상담자들 간에 정보를 공유할 수 있음을 내담자에게 알린다.

나) 사이버상담 운영기관에서는 이용자가 다른 사람의 신분을 도용하지 않도록 절차를 마련해야 한다.

2. 사이버상담에서의 책임

가) 사이버상담자는 만약에 있을지 모르는 위기개입 등의 상황을 대비하기 위해서 내담자의 신분을 확인할 방법을 가지고 있어야 한다.

나) 사이버상담이 내담자에게 부적절하다고 간주될 경우, 상담자는 대면상담 연계 등 이에 적합한 서비스 연계를 하여야 한다.

자. 지역사회 참여 및 제도 개선에 대한 책임

1. 지역사회를 돕는 전문가 역할

가) 청소년상담사는 경제적 이득이 없는 경우에도 청소년의 최선의 유익을 위하여 지역사회의 기관, 조직 및 개인과 협력하고 사회공익을 위해 전문적 활동에 헌신함으로써 사회에 공헌하도록 한다.

나) 청소년상담사는 내담자가 다른 정신건강 전문가와 상담을 받고 있음을 알게 되면, 내담자의 동의하에 그 전문가와 긍정적이고 협력적인 관계를 맺도록 노력한다.

2. 제도 개선 노력

가) 청소년상담사는 청소년 및 복지관련 법령, 정책 등의 적용과 개선을 위해

노력한다.

나) 청소년상담사는 자문을 요청한 내담자나 기관의 문제 혹은 잠재된 사회문제를 규명하고 해결하는데 도움을 준다.

차. 상담기관 설립 및 운영

1. 상담기관 운영자의 역할

가) 청소년 상담 기관을 운영하고자 할 경우, 운영자로서의 전문성 및 역량을 갖추도록 노력해야 한다.

나) 상담기관 운영자는 직원이나 학생, 수련생, 동료 등을 교육, 감독하거나 평가 시에 착취하는 관계를 가져서는 안 된다.

다) 상담기관 운영자는 자신과 현재 종사하고 있는 직원의 전문적 역량 향상에 책임이 있다.

라) 상담비용은 내담자의 재정 상태 등을 고려하여 합리적으로 책정한다.

마) 상담기관 운영자는 직원 채용 시 자격 있는 사람을 채용해야 한다.

2. 상담기관 종사자의 역할

가) 청소년상담사는 자신이 종사하는 기관의 목적과 운영방침을 따라야 하며, 기관의 성장 발전을 위해 노력해야 한다.

나) 청소년상담사는 고용기관에 손해를 끼칠 수 있는 상황이나 기관의 효율성에 제한을 줄 수 있는 상황에 대해 미리 알려주어야 한다.

카. 연구 및 출판

1. 연구 활동

가) 청소년상담사는 청소년 문제 해결을 위해 윤리적 기준에 따라 과학적인 방

법으로 연구를 계획하고 수행한다.

나) 청소년상담사는 연구 대상자를 심리적, 신체적, 사회적 불편이나 위험으로부터 보호하여야 한다.

다) 청소년상담사는 연구 참여자들에게 연구의 본질, 결과 및 결론에 대한 정보를 제공하는 것이 과학적 가치와 인간적 가치를 손상키시지 않는 한, 연구 참여자들이 이에 대한 정보를 얻을 수 있는 기회를 제공한다.

2. **출판 활동**

가) 청소년상담사는 연구 결과를 출판할 경우에 자료를 위조하거나 결과를 왜곡해서는 안 된다.

나) 청소년상담사는 투고논문, 학술발표원고, 연구계획서를 심사할 경우 제출자와 제출내용에 대해 비밀을 유지하고 저자의 저작권을 존중한다.

타. 자격취소

1. 청소년상담사는 청소년기본법 제21조의2(자격의 취소)에 해당하는 경우 자격이 취소된다.

가) 청소년기본법 제21조의 결격사유에 해당하게 된 경우

① 미성년자, 피성년후견인 또는 피한정후견인

② 파산선고를 받고 복권되지 아니한 사람

③ 금고 이상의 형을 선고받고 그 집행이 끝나거나 집행을 받지 아니하기로 확정된 후 3년이 지나지 아니한 사람

④ 금고 이상의 형을 선고받고 그 집행유예의 기간이 끝나지 아니한 사람

⑤ 3호 및 4호에도 불구하고 다음 각 목의 어느 하나에 해당하는 죄를 저지른 사람으로서 형 또는 치료감호를 선고받고 확정된 후 그 형 또는 치료감호의 전부 또는 일부의 집행이 끝나거나(집행이 끝난 것으로

보는 경우를 포함한다) 집행이 유예 · 면제된 날부터 10년이 지나지 아니한 사람

㉠ 「아동복지법」 제71조제1항의 죄

㉡ 「성폭력범죄의 처벌 등에 관한 특례법」 제2조의 성폭력범죄

㉢ 「아동 · 청소년의 성보호에 관한 법률」 제2조제2호의 아동 · 청소년 대상 성범죄

⑥ 법원의 판결 또는 법률에 따라 자격이 상실되거나 정지된 사람

나) 거짓이나 그 밖의 부정한 방법으로 자격을 취득한 경우

다) 자격증을 다른 사람에게 빌려주거나 양도한 경우

파. 청소년상담사 윤리강령 제·개정 및 해석

1. 한국청소년상담복지개발원은 청소년상담사 윤리강령 교육 · 보급을 위해 노력해야 한다.
2. 한국청소년상담복지개발원은 청소년상담사 대상 의견 수렴 및 전문가 토론회, 자격검정위원회의 보고 등 자문을 통해 청소년상담사 윤리강령 개정안을 수립한 후 청소년상담사 윤리강령을 개정할 수 있다.
3. 윤리강령과 관련하여 의견이 있거나 공문 등을 통해 윤리적 판단을 요청할 경우, 한국청소년상담복지개발원에서 전문적 해석을 제공할 수 있다.

부칙

1. (시행일) 이 강령은 공표한 날부터 시행한다.

참고문헌

강경창(2012). 배려윤리의 도덕과 교육적용에 관한 연구 한국교원대학교 대학원 석사학위논문.

강지예(2013). 놀이 중심의 정서지능 프로그램 개발 및 효과. 대구대학교 대학원 박사학위논문.

강태중(2023). 학교교육 정상화'의 역사적 굴곡. 교육을 바꾸는 사람들 교육컬럼. 2023. 7.6.

강홍렬, 장혜경, 김혜영, 김영란 외(2006). **정보화로 인한 가족관계와 가족역할의 미래변화 총괄보고서: 가족기능의 변화와 미래가족전망**. 정보통신정책연구원 연구보고6-19-01.

고선주 외 편역(1996). **사랑의 심리학**. 하우.

곽금주(2016). **발달심리학**. 학지사.

교육부, 이화여자대학교 학교폭력예방연구소(2023). **2023년도 학교폭력 사안처리 가이드북**.

권기선(2019). 피아제 도덕성 발달 이론에 대한 개혁주의 교육학적 비평. 총신대학교 교육대학원 석사학위논문.

권명아(2000). **가족이야기는 어떻게 만들어지는가**. 책세상.

김경식, 안상현, 윤주국, 이병환, 장홍재 외(2006). **교육사회학**. 교육과학사.

김경은(2011). 청소년의 사이버 폭력에 관련된 생태체계 변인 탐색. 충북대학교 대학원 박사학위논문.

김경자(2000). **학교교육과정론**. 교육과학사.

김계현(1997). 상담심리학. 학지사.

김대일(2006). 고등학생의 동아리 활동과 정서 발달 사이의 관계. 금오공과대학교 대학원 석사학위논문.

김동국(2013). 현대공교육 문제의 대안으로서 기독교 홈스쿨링 초등교육과정설계. 총신대학교 대학원 석사학위논문.

김미량(2008). 진지한 여가의 개념화와 척도개발. 서울대학교 대학원 박사학위논문.

김미옥(2020). 학교 밖 청소년의 노동에 관한 형상학적 연구. 명지대학교 대학원 박사학위논문.

김미향, 김소연, 이재영(2020). **정신건강 톺아보기<지도자료>**. 교육부 학생정신건강지원센터.

김성이, 조학래, 노충래(2004). **청소년복지학**. 집문당.

김소야자(2004). **청소년성장발달과 간호**. 수문사.

김신일(2012). **교육사회학**. 교육과학사.

김안중(1995). 학교의 본질: 오늘날 학교의 기능은 그 본질에 충실한가? **교육학연구, 33**(4), 21-34.

김영란(2016). **김영란의 열린 법 이야기**. 풀빛.

김영미(2013). 진로성격유형별 성취목표·학습기술·학업성취간의 관계탐색. 한양대학교 대학원 박사학위논문.

김윤주(2023). 학교폭력예방법의 법 이론적 문제점과 개선방안에 관한 연구. 고려대학교 대학원 박사학위논문.

김은지, 김수정, 민현주, 정수연(2010). **저출산·고령화가 가족형태 및 개인의 삶의 질에 미치는 영향**. 한국보건사회연구원 연구보고서.

김정숙, 김기헌, 황세영(2015). **동북아 청소년정책 국제비교 연구**. 한국청소년정책연구원 연구보고 15-R19.

김정준(2019). **현대사회와 문화**. 한울.

김정진(2017). 어머니의 교사 역할 불안과 가족응집력의 관계-일반학교와 홈스쿨링 비교를 중심으로. 고려대학교 대학원 석사학위논문.

김준호 외(2003). **청소년 비행론**. 청목출판사.

김준호(2007). **법에 대한 태도와 비행**. 한국형사정책연구원.

김지연(2014). **가출청소년 보호지원을 위한 정책방향과 입법과제**. 국회성평등정책연구포럼·국회입법조사처·한국청소년정책연구원 정책세미나자료.

김진한 외(2018). **학교폭력 예방과 학생의 이해**. 공동체.

김진화 외(2002). **청소년 문제행동론**. 학지사.

김평수, 윤홍근, 장규수(2016). **문화콘텐츠 산업론**. 서울: 커뮤니케이션북스.

김희경(2017). **이상한 정상가족**. 동아시아.

노안영, 강영신(2019). **인간 이해 및 성장을 위한 성격심리학**. 학지사.

노용오(2005). **청소년문화론**. 구상.

노혁(2012). **청소년복지론**. 교육과학사.

노혁(2020). **청소년복지의 이해**. 학지사.

민성길(2006). **최신정신의학**. 일조각.

박병기, 추병완(2004). **윤리학과 도덕교육**. 인간사랑.

박병춘(2002). **배려윤리와 도덕교육**. 울력.

박아청(2007). 에릭슨의 인간형성론의 발달이론적 구조에 관한 일고찰. **한국사회과학연구, 26**(2), 143-163.

박은숙(2016). 한국 홈스쿨링의 실제와 교육적 의의. 동아대학교 대학원 석사학위논문.

박재흥(2002). 세대 개념에 관한 사회학적 고찰, **한국사회학회 추계 특별 심포지움**, 29-42.

박호현, 김종호(2018). 소년법 개정논의에 대한 고찰-소년사법의 보호이념 강화를 중심으로, **동아법학, 78**, 6-13.

백혜정, 송미경, 신정민(2015). **학교밖 청소년 지원정책 체계화 방안연구**. 한국청소년정책연구원 연구보고서(15).

서강식(2007). **피아제와 콜버그의 도덕교육이론**. 인간사랑.

서덕희(2006). 홈스쿨링의 가능성과 한계에 관한 참여관찰연구. 서울대학교 대학원 박사학위논문.

서우석(2007). 청소년의 여가 활동에 사회경제적환경이 미치는 영향에 관한 연구. **한국청소년연구, 18**(1). 한국청소년정책연구원. 273-302.

서울대학교교육연구소(2011). **교육학용어사전**. 하우동설.

서혜석(2007). 청소년의 자살 생각. **한국학술정보**. 40-41.

송광선(2002). 청소년 약물남용의 원인에 관한 연구. 호남대학교 행정대학원 석사학위논문.

송주미(2003). 청소년과 청소년의 권리보호를 위한 국가이념의 방향과 과제. **청소년학연구, 10**(2). 172-194.

송지성, 이성애(2012). 인지발달적 상호작용이 유아 디자인교육에 미치는 영향. **한국디자인문화학회지, 18**(3), 215-227.

신민경, 이숙명(2011). **자퇴할까 학교 남을까**. 도서출판써네스트.

안동현(2009). 청소년정신건강장애, **대한의사협회지, 52**(8). 745-757.

안호영 외 역(1998). **가족은 없다-가족 이데올로기의 해부-**. 일신사.

여성가족부(2022). **청소년백서**. 여성가족부.

오욱환(2021). **교육불평등**. 교육과학사.

오은경(2014). 학교 밖 청소년 유형별 사회적 지지, 진로준비행동, 사회적 배제 및 우울 간의 차이. **청소년시설환경, 12**(2), 65-80.

오찬호(2009). 공포에 대한 동년배 세대의 상이한 반응: 2008년 촛불시위에서 20대를 이해하는 몇 가지 가설. **한국청소년연구, 20**(2), 357-38.

오채근(2005). **비교정신분석학**. 서울: 한국심리치료연구.

유진이(2018). **청소년 심리 및 상담**. 양서원.

윤철경, 성윤숙, 유성렬, 김강호, 박예슬, 이지혜(2016). **학교 밖 청소년 이행경로에 따른 맞춤형 대책연구 I**. 한국청소년정책연구원.

윤흥희(2004). 청소년 약물남용 원인 실태와 예방대책에 관한 연구. 한성대학교 국제대학원 석사학위논문.

이건인, 이해춘(2008). **교육심리학**. 학지사.

이경진, 조성호(2004). 청소년 자살 고위험집단의 심리적 특성. **한국심리학회지 상담 및 심리치료, 16**(4). 667-685.

이상호 역(2003). 피에르 부르디외, **재생산**. 동문선.

이선혜(2000). Bowen 이론의 문화적 보편성과 특수성에 관한 일고. **한국가족치료학지, 8**(1), 159-188.

이숙, 백지숙, 이주연(2009). 청소년 비행/범죄. **아동학회지, 30**(6), 361-373.

이영애(2021). 중학생의 학교폭력 경험(직접 폭력, 사이버 폭력)과 학교생활적응: 부모 지지, 교사 지지, 자기효능감의 매개효과를 중심으로. 창원대학교 대학원 박사학위논문.

이영호(2002). 입시경쟁 교육체제에서의 청소년 학습문화. **교육사회학연구, 12**(1). 135-171.

이윤경(2003). 보살핌 윤리가 갖는 의미에 관한 연구. 이화여자대학교 대학원 석사학위논문.

이윤주(2008). **청소년 자살 상담**. 학지사.

이재창, 조봉환, 최인화, 임경희, 박미진, 김진희, 정민선, 최정인, 김수리(2014). **진로상담의 이론과 실제**. 아카데미프레스.

이정균(2000). **최신정신의학**. 일조각.

이종길(2009). 청소년 자살의 원인과 실태 및 해결 방안 연구. **윤리연구, 1**(72). 한국윤리학회. 299-333.

이종승(2003). Holland의 직업적 성격유형론 탐구. **교육학 연구, 41**(3), 1-18.

한국자살예방협회 편(2008). **자살의 이해와 예방**. 학지사.

임영식, 한상철(2004). **청소년심리의 이해**. 학문사.

장선철(2017). **진로상담의 이해**. 태영출판사.

장혜수(2001). 청소년 약물남용의 사회적 원인과 그 대책에 관한 연구. 단국대학교 대학원 석사학위논문.

장혜진, 김영근(2020). 정서 발달과정에서 정서의 차원 도출을 위한 대표 정서 단어 도구 개발. **사회및성격, 23**(3), 29-58. 한국심리학회.

장휘숙(1999). **청년심리학**. 학지사.

권준수 외 역(2015). **정신 질환의 진단 및 통계 편람**(Diagnostic and statistical manual of mental disorder: DSM) DSM-5. 학지사.

정옥분(2015). **전 생애 인간발달의 이론**. 학지사.

정옥분(2019). **발달심리학**. 학지사.

정윤희, 신태섭(2021). 학교폭력 피·가해 학생 대처 방안에 대한 교사 인식 연구. **교육연구, 8**0, 83-104.

정하성, 유진이(2006). **신 청소년문화론**. 21세기사.

정현정(2020). 청소년의 준법의식에 미치는 영향요인에 관한 연구. 한세대학교 대학원 박사학위 논문.

조복희, 도현심, 유가효(2010). **인간 발달**. 교문사.

조아미(2002) 청소년의 성별과 성역할 정체감이 진로관련 변인에 미치는 영향. **상담및심리치료, 14**(1), 91-108, 한국심리학회.

조형정, 김명랑, 조민희(2017). **학교폭력예방 및 학생의 이해**. 양서원.

조혜영(2016). 청소년문화 연구 동향 분석과 발전과제. **청소년문화포럼, 47**. 109-142, 한국청소년문화연구소.

차미영(2010). 고등학생의 자살생각에 대한 생활사건 스트레스와 사회적 지지 및 우울의 효과. 강원대학교 대학원 박사학위논문.

청소년문화론 인터넷 보충학습자료(2006), 한국방송통신대학교 홈페이지.

청소년정책분석평가센터(2015). **해외 청소년정책동향 모니터링 보고서(제54호)**. 청소년정책분석평가센터

최샛별(2006). 한국 사회에 문화 자본은 존재하는가?. **문화와 사회, 1**, 123-158.

최세영, 최미경(2020). **청소년복지론**. 어가.

최원기, 김창남 전경숙(2000). **청소년문화감수성 함양을 위한 정책적 대안 연구**. 서울: 한국청소년개발원.

크리스 젠크스(1996). **문화란 무엇인가**. 현대미학사.

하지현(2012). **청소년을 위한 정신의학 에세이**. 해냄.

한국진로교육학회(2001). **진로교육의 이론과 실제**. 교육과학사.

한국청소년개발원 편(2005). **청소년문화론**. 교육과학사.

한국청소년연구원 편(1992). **청소년 문제론**. 청소년지도자총서.

한국청소년정책연구원 편(2016). **청소년과 청년의 연령 구분 및 청소년 청년 정책 사례**. 청소년정책리포트 제2호.

한상철, 김혜원, 설인자, 임영식, 조아미(2003). **청소년 문제 행동**. 학지사.

한상철, 김혜원, 설인자, 임영식, 조아미(2014). **청소년심리학**. 교육과학사.

허혜경, 김혜수(2010). **청년발달**. 학지사.

홍봉선, 남미애(2007). **청소년복지론**. 양서원.

홍영수(2005). 청소년의 생활스트레스가 자살 행동에 미치는 영향 및 그에 대한 문제해결 능력의 완충효과. **한국아동복지학회지, 20**, 7-33, 한국아동복지학회.

황매향(2008). 한국인의 정서적 발달과업 탐색: 정서발달에 영향을 미치는 경험을 중심으로. **인간발달연구, 15**, 163-189.

황매향, 김봉환, 최인재, 허은영(2010). 한국 청소년의 연령에 따른 진로발달 특성의 변화추이 분석. **아시아교육연구, 11**(4), 75-94.

황문수 역(2006). **사랑의 기술**. 문예출판사.

황보종우 역(2008). 에밀 뒤르켐의 자살론. 청아출판사.

Baumrind, D.(1991). Effective parenting during the early adolescent transition. In Pa. A. Cowan & E. M. Hetherington(Eds.), *Advances in family research(Vol, 2)*. Hillsdale, New Jersey: Erlbaum.

Blau, G. M., & Gullotta, T. P.(1996). *Adolescent dysfunctional behavior*. Sage.

Bourdieu, P, and Jean Claude Passeron(1990). *Reproduction in Education, Society and Culture*. London: Sage Publications Inc.

Bowen, M.(1978). *Family therapy in clinical practice*. Northvale, NJ: Jason Aronson, Inc.

Cohen, J.(Ed.).(1999). *Educating minds and hearts: Social emotional learning and the passage into adolescence*. Teachers College Press.

Crites, J. O.(1973). *Career Maturity Inventory: Theory of Research Handbook*. CA: McGraw-Hill.

Durkheim, E.(1951). *Suicide*. Glencoe, Illinois: Free Press.

Durkheim, E.(2002). *Moral Education*. New York: Dover Publications.

Erikson, E. H.(1993). *Childhood and society*. New York: WW Norton & Company.

Eshach(2006). *Science Literacy in Primary Schools and Preschools*. Springer. t: https://www.researchgate.net/publication/299391678.

Gilligan, C.(1987). *Moral Orientation and Moral Development. In Justice and Care Essential Readings in Feminist Ethics*. Westviewpress.

Ginzberg, E., Ginsburg, S. W., Axelrad, S., & Herma, J. L.(1951). *Occupational choices*. New York: Columbia University Press.

Gottfredson, L. S.(1981). Circumscription and compromise: A developmental theory of occupational aspirations. *Journal of Counseling Psychology, 28*(6), 545-579.

Greene, N. B., & Esselstyn(1972). The Beyond Control Girl. *Juvenile Justice, 23*, 13-19.

Gribbons, W. D., & , Lohnes, P. R.(1965). Shifts in Adolescents' Vocational Values. *Journal of Counseling and Development, 44*(3). 224-341.

Hall, G. S.(1904). *Adolescence: Its Psychology, Anthropology, Sociology, Sex, Crime, Religion, and Education. In Adolescence*. New York: D. Appleton & Co.

Hart, R. A.(1997). *Children's Particiation: The Theory and Practice of Involving Young Citizens in Community Development and Environmental Care*. UNICEF.

Harwood, D., & Jacoby, R.(2000). Suicidal behavior among the elderly. In K. Howton, & K. Van Heering(Eds.), *International handbook of suicide and attempted Suicide*(pp.275-291). John Wiley & Sons: Chichester.

Haugaard, J. J.(2001). *Problematic behaviors during adolescence*. McGraw-Hill Humanities Social.

Herr, E. L., Cramer, S. H., & Niles, S. G.(2004). *Career guidance and counseling through the lifespan: Systematic approaches*(6th ed.). Allyn & Bacon.

Hirschi, T.(1969). Cause of delinquency. Berkeley: University of California Press.

Holdings, Cultures: *A Cross-Cultural Perspective*. London and New York: Routledge.

Holland, J. L.(1997). *Making vocational choices-A theory of vocational personalities and work environments*(3nd ed). Odessa, FL: Psychological Assessment Resources, Inc.

Homer(1973). Community-based Resources for Runaway girls. *Social Casework, 54*(8), 434-479.

Illich, I.(1970). *학교 없는 사회*(Deschooling Society). 박홍규 역(2009). 생각의 나무.

Inhelder, B., & Piaget, J.(1964). *The Early Growth of Logic in the Child: Classification and Separation*. New York: Humanities Press.

John H. F.(1963). *Developmental Psychology of Jean Piaget*. New Jersey: D. Van Nostrand.

Kessler R. C., Avenevoli. S., Merikangas K. R.(2001). Mood disorders in children and adolescents: an epidemiologic perspective. *Biological Psychiatry, 49*(12). 1002-1014.

Knapp, M. L., & Vangelisti, A. L.(2005). Relationship stages: A communication perspective. *Interpersonal communication and human relationships*, 36-49.

Knapp, M. L., Vangelisti, A. L., & Caughlin, J. P.(2014). *Interpersonal Communication and Human Relationships*(7th ed.). Boston, MA: Pearson.

Krueger, J.(1996). Personal beliefs and cultural stereotypes about racial characteristics. *Journal of Personality and Social Psychology, 71*(3), 536-548.

Lee, J. A.(1976). *The colors of love*. New Press.

Lee, J. A.(1988). Love-styles. In R. J. Sternberg & M. L. Barnes(Eds.), *The psychology of love*(pp. 38-67). Yale University Press.

Lickona, T.(1991). *Educating for Character: How Our Schools Can Teach Respectand Resoponsibility*. New York: Bantam Books.

Marcia J. E.(1966), Development and Validation of Ego-identity Status, *Journal of Personality and Psychology*, 3(5) 551-558.

Merton, Robert K.(1957). *Social Theory and Social Structure*. New York: Free Press.

Murdock, B. B., Jr.(1968). Serial order effects in short-term memory. *Journal of Experimental Psychology, 76*(4, Pt.2), 1-15.

Olweus, D.(1993). *Bullying at School: What we know and what we can do.* Malden. MA: Blackwell.

Parker, S. R.(1972). *The Future of Work and Leisure*. NY: Praeger Publishers.

Plutchik, R.(1980). *A general psychoevolutionary theory of emotion. In Theories of emotion.* Academic press.

Reimer, E.(1971). *인간 없는 학교*(School is dead). 김석원 역(2002). 한마당.

Riesch, S. K., Tosi, C. B., & Thurston, C. A.(1993). Effects of communication training on parents and young adolescents. *Nursing Research, 42*(1).

Sternberg, R. J., & Weis, K.(2006). *The New Psychology of Love*. Yale University Press.

Rubin, Z.(1974). *Doing unto others: joining, molding, conforming, helping, loving*. Prentice-Hall.

Rubin, Z.(1970). Measurement of romantic love. *Journal of Personality and Social Psychology, 16*(2), 265-273.

Somerville, L. H., Jones, R. M., & Casey, B. J.(2010). A time of change: Behavioral and neural correlates of adolescent sensitivity to appetitive and aversive environmental cues. *Brain and Cognition, 72*, 124-133.

Sprinthall, N. A., & Collins, A. W.(1995). *Adolescent psychology: A developmental view.*(3rd Edition ed.) Addison-Wesley.

Sternberg, R. J.(1986). A triangular theory of love. Psychological Review, 93(2), 119-135.

Sternberg, R. J., & Grajek, S.(1984). The nature of love. *Journal of Personality and Social Psychology, 47*(2), 312-329.

Sullivan, H. S.(1953). *The interpersonal theory of psychiatry*. New York: Norton.

Summers, Frank L.(1994). *Object Relations Theories and Psychopathology*. 이재훈 역(2004). **대상관계 이론과 정신 병리학**. 한국심리치료연구소.

Super, D. E.(1953). A theory of vocational development. *American Psychologist, 8*(5), 185-190.

Super, D. E.(1955). The Dimensions and Measurements of Vocational Maturity. *Teachers College Record, 57*(3), 151-163.

Super, D. E.(1957). *The psychology of careers*. New York: Harper.

Sutherland, E. H.(1939). *Principles of criminology*(3rd ed.). Philadelphia: Lippincott.

Sykes, & Matza.(1961). Techniques of neutralization. *Annals of the American Academy of Political and Social Science*, 378.

Tanner, J. M.(1962). *Growth at Adolescence*, 2nd ed. Oxford, Blackwell Scientific.

Tuckman, B. W.(1974). An Age-graded Model for Career Development Education. *Journal of Vocational Behavior, 4*(2), 193-212.

Wakeford, J.(1969). *The Cloistered Elite: A Sociological Analysis of the English Public Boarding School*. London: MacMillan.

Zunker, V. G.(1994). *Career counseling: Applied concepts of life planning*(4th ed.). Pacific Grove, CA: Brooks/Cole.

[인터넷 자료]

교육문화연구소 https://www.edulabkorea.com/reference/general.php?ptype=view&idx=606&page=18&code=general

법제처 홈페이지 https://www.law.go.kr

여성가족부 http://www.mogef.go.kr

위키피디아 사이버폭력 https://ko.wikipedia.org

찾아보기

저자소개

김선애는 상명대학교 대학원에서 「대학생의 자아정체감 형성과 관련변인」으로 석사학위를, 「아동 및 청소년의 반사회적 행동연구」로 박사학위를 받았다. 저서로는 아동관찰 및 행동연구, 청년발달과 이해 등이 있으며, 부모의 통제유형, 부모효능감, 청소년비행, 청소년의 직업성숙도, 아동과 청소년의 개념 구분, 학령기 전후 아동의 놀 권리 등의 연구를 수행하였다. 한국상담학회 전문상담사이자 국제공인 NLP Trainer로서 자존감과 유능감을 개발하는 아동·청소년심리상담과 사회정서지도, 부모교육, 가족상담에 관심을 갖고 현재 나사렛대학교 아동심리교육학과 교수로 재직하고 있다.

청소년이해론

초판발행 2024년 1월 15일 **1판 1쇄** | 2025년 9월 10일 **1판 2쇄**

지은이 김선애
펴낸이 최용구 | **펴낸곳** 도서출판 **신정**
주소 (04316) 서울시 용산구 원효로 89길 19 (원효로1가)
전화 02)3211-4782, 0266(영업부), 3211-4783(편집부), 3211-4784(팩스)
이메일 sjbook2002@naver.com | **홈페이지** www.sjbook.co.kr
등록 2001년 5월 11일 제13-702호
기획마케팅 최용구 장만동 최충구 송대용 | **책임편집** 석기은 황가연

ISBN 978-89-5912-894-5 93330
정가 24,000원